进出口粮食品质检验技术与方法

Jinchukou Liangshi Pinzhi Jianyan Jishu Yu Fangfa

主　编 ◎ 余道坚
副主编 ◎ 李秋枫　刘新娇
　　　　章桂明　陈枝楠
　　　　魏亚东

中山大学出版社
·广州·

版权所有　翻印必究

图书在版编目（CIP）数据

　　进出口粮食品质检验技术与方法/余道坚主编；李秋枫，刘新娇，章桂明，陈枝楠，魏亚东副主编. —广州：中山大学出版社，2014.4
　　ISBN 978 - 7 - 306 - 04781 - 6

　　Ⅰ. ①进… Ⅱ. ①余… ②李… ③刘… ④章… ⑤陈… ⑥魏… Ⅲ. ①进出口商品—粮食—食品检验　Ⅳ. ①F752.652.1 ②TS210.7

　　中国版本图书馆 CIP 数据核字（2014）第 002650 号

出版人：徐　劲
策划编辑：周建华　翁慧怡
责任编辑：翁慧怡
封面设计：林绵华
责任校对：廖泽恩
责任技编：黄少伟
出版发行：中山大学出版社
电　　话：编辑部 020 - 84111996，84113349，84111997，84110779
　　　　　发行部 020 - 84111998，84111981，84111160
地　　址：广州市新港西路135号
邮　　编：510275　　　　传　真：020 - 84036565
网　　址：http://www.zsup.com.cn　　E-mail：zdcbs@mail.sysu.edu.cn
印刷者：广州家联印刷有限公司
规　　格：787mm×960mm　1/16　18.75 印张　422 千字
版次印次：2014 年 4 月第 1 版　2014 年 4 月第 1 次印刷
印　　数：1～2000 册　　定　价：40.00 元

如发现本书因印装质量影响阅读，请与出版社发行部联系调换

编 委 会

主　　任：高玉潮
副 主 任：曲海峰　陈洪俊　赵新柳
委　　员：黄亚军　卢体康　王　峻　罗思云　陈枝楠
　　　　　刘叔义　章桂明　王　晓　赵汗青　贺鹏飞
　　　　　王定国

主　　编：余道坚
副 主 编：李秋枫　刘新娇　章桂明　陈枝楠　魏亚东

编写人员：（以姓氏拼音为序）
　　　　　陈冬美　陈　萍　陈志犇　程颖慧　冯建军
　　　　　焦　懿　康　林　李芳荣　李建军　李秋枫
　　　　　李一农　凌杏园　刘　丽　刘新娇　龙　海
　　　　　娄定风　卢小雨　潘　锋　潘　广　钱大钧
　　　　　汪　莹　王红英　王　颖　向才玉　徐　浪
　　　　　叶　军　曾焯堃　张海滨　张伟锋　郑　耘
　　　　　朱克卫

序

我国有句俗语"民以食为天，食以安为先"，说的是粮食是人民的根本，粮食安全是首要问题。我国是生产和消费粮食最多的国家，尽管已实现粮食产量"十连增"，但进口粮食数量仍然快速增长，年进口量已超过6 000多万t。随着我国对外开放程度的不断扩大，人民生活水平的日益提高，会有越来越多的国家和地区、更多种类的粮食进入我国，进口粮食品质和安全卫生问题将会变得越来越复杂。

小麦、玉米、大豆、大米和大麦是国际贸易中最常见的粮食品种。我国是进口粮食最多的国家，目前，我国进口大豆主要来源于北美和南美地区，进口小麦主要来自美国和澳大利亚，进口玉米主要来自美国，进口大米主要来自泰国、越南等亚洲国家和地区，进口大麦主要来自澳大利亚。世界各国对进出口粮食质量安全的管控要求不一致，特别是品质检验标准差异较大，很难统一。因此，了解国内外主要粮食种类的生产、贸易、分级和品质检验方法很有必要。

目前，我国进出口粮食的品质检验项目主要以国家标准、检验检疫行业标准为依据，而进口粮食贸易合同的检验项目通常是以粮食出口国的标准为检验依据。由于世界各地的粮食分级、项目定义和品质检验标准不尽相同，有些还差异较大，给进口粮食检验工作带来诸多困难。

本书收集了中国、美国、加拿大、澳大利亚、巴西、阿根廷、泰国、越南等国家和地区有关大豆、小麦、大麦、玉米、大米等粮食的分级和品质检验方法，系统介绍了进出口粮食取样、制样和品质检验技术。该书的出版，可为从事粮食进出口贸易、品质检验、教学和科研工作的单位和人员全面了解粮食的品质检验技术与方法提供参考，对促进粮食国际贸易、提高检验人员能力和保障进出口粮食安全有重要的作用和意义。

国家质量监督检验检疫总局
动植物检疫监管司司长
2013 年 8 月

前　　言

　　小麦、玉米、大豆、大麦和大米等粮食谷物是影响世界各地国计民生的重要农产品资源，我国是世界上粮食进出口最多的国家之一，粮食的质量安全和品质直接影响到千家万户，与大众的生活息息相关。质量标准和品质检验是保障我国进出口粮食安全的有力武器之一。

　　随着国际贸易的不断深入，我国进出口粮食数量大，品种多，货值高，涉及的国家和地区范围广。有些国家和地区粮食的进出口贸易优势明显，质量分级和品质检验标准系统规范、成熟有效；而有些国家的粮食定级和品质检验由社会第三方检验机构承担，没有系统的质量分级和品质检验方法。尤其是南美洲的巴西和阿根廷等重要粮食生产和出口国家，粮食品质检验标准很不完善，且出版物语言以葡萄牙语和西班牙语为主，因此，在标准和品质检验等技术资料的收集过程中遇到很大的困难。

　　出入境检验检疫部门成立10多年以来，从事进出口粮食品质检验的人员越来越少，品质检验技术标准相对缺乏，特别是检验检疫、粮食、农业和企业等从事品质检验的人员很难获得有关国外粮食品质检验有效的参考方法和检验依据。鉴于此，深圳检验检疫局利用深圳口岸进出口粮食种类较多，检验人员和设备设施比较齐全等有力资源，牵头组织了深圳、广东、上海、天津等检验检疫部门从事进出口粮食品质检验的人员参与编写主要粮食的品质检验方法。编写人员先后赴深圳（蛇口港）、广州（新沙港）、上海（外高桥）、江苏（南京、张家港、苏州）和湖北武汉等地开展进出口粮食品质检验标准和方法调研，国家质检总局两次在深圳召开了检验检疫系统粮食品质检验标准研讨会和进口粮食检验技术培训班，极大地丰富和完善了本书的有关内容。

　　本书内容共分十章，列出了品质检验常用名词的定义与术语，系统介绍了进出口粮食品质检验取样、制样、感官检验和理化检验技术方法，重点介绍了主要设备设施及其使用步骤，部分设备设施配备了彩图，还分别收集了中国、美国、加拿大、澳大利亚、巴西、阿根廷、泰国、越南等国家和地区有关小麦、大豆、大麦、玉米、大米的质量分级标准、检验项目、流程和检验方法，并收集了美国常用的粮谷感官检验图谱近90余幅，供初学者比对参考。

　　本书的出版得到深圳检验检疫局的高度重视，成立了以高玉潮局长为主任的编委会。本书还得国家质检总局动植物检疫监管司领导的重视和支持，黄冠胜司长亲自为本书作序，对序言的文字字斟句酌。质检总局标准法规中心以及广东、上海、江苏和天津检验检疫局的同行热情协助翻译和编写，广东检验检疫局还成立了国外品质检验标准研究小组，参与编写人员分工协作，合力完成。本书由质检总局科技项目（2012IK174）经费资助，中山大学出版社周建华总编在编辑和出版过程中给予很大的帮助。在书样即将付梓之际，对为本书作出贡献的所有人员表示最诚挚的谢意！

由于进出口粮食的品种繁多，所涉及的贸易国家数量较多，因此收集的资料有限，还有很多国家和地区的粮食质量标准未在本书中收录。因时间较为仓促，编者水平有限，错漏之处在所难免，请广大读者不吝批评指正。

编　者

2014 年 1 月 16 日

目 录

第1章 绪论 ··· 1
  1.1 品质检验的产生与发展 ·· 1
    1.1.1 品质检验的含义 ·· 1
    1.1.2 粮食品质检验方法分类 ·· 1
    1.1.3 我国粮食品质检验的发展 ·· 2
  1.2 世界主要粮食生产与贸易概述 ·· 3
    1.2.1 全球小麦的生产与贸易 ·· 3
    1.2.2 全球大豆的生产与贸易 ·· 4
    1.2.3 全球玉米的生产与贸易 ·· 7
    1.2.4 全球大麦的生产与贸易 ·· 9
  1.3 世界主要粮食贸易国家品质检验依据 ······································ 9
    1.3.1 中国进出口粮食品质检验管理体系 ····································· 11
    1.3.2 美国进出口粮食品质检验管理体系 ····································· 11
    1.3.3 加拿大进出口粮食品质检验管理体系 ··································· 12
    1.3.4 澳大利亚进出口粮食品质检验管理体系 ································· 12
    1.3.5 巴西进出口粮食品质检验管理体系 ····································· 13
    1.3.6 阿根廷进出口粮食品质检验管理体系 ··································· 13
第2章 粮食检验常用名词术语和定义 ·· 15
  2.1 粮食、油料及加工产品术语 ··· 15
  2.2 抽样、制样及样品术语 ··· 17
  2.3 感官检验名词术语 ··· 18
  2.4 理化检验名词术语 ··· 19
第3章 粮食品质检验技术与方法 ·· 21
  3.1 取样技术与方法 ··· 21
    3.1.1 取样的目的和意义 ··· 21
    3.1.2 取样前准备 ··· 21
    3.1.3 取样的技术要求 ··· 22
    3.1.4 取样方法 ··· 24

                3.1.5　样品的盛装、标识和接收 …………………………………… 25
                3.1.6　取样应注意的问题 ……………………………………………… 25
        3.2　制样技术与方法 …………………………………………………………… 25
                3.2.1　制样的目的和意义 ……………………………………………… 25
                3.2.2　制样前准备 ……………………………………………………… 26
                3.2.3　制样方法 ………………………………………………………… 26
                3.2.4　样品用量 ………………………………………………………… 27
                3.2.5　制样需注意的问题 ……………………………………………… 27
        3.3　感官检验技术与方法 ……………………………………………………… 28
                3.3.1　概述 ……………………………………………………………… 28
                3.3.2　感官检验的要求 ………………………………………………… 28
                3.3.3　感官检验的准备 ………………………………………………… 29
                3.3.4　感官检验方法 …………………………………………………… 30
                3.3.5　结果计算 ………………………………………………………… 33
                3.3.6　复验 ……………………………………………………………… 33
                3.3.7　粮食感官检验项目比较 ………………………………………… 33
        3.4　理化检验 …………………………………………………………………… 34
                3.4.1　水分的检验技术与方法 ………………………………………… 34
                3.4.2　粗脂肪的检验技术与方法 ……………………………………… 37
                3.4.3　粗蛋白质的检验技术与方法 …………………………………… 39
                3.4.4　降落数值的检验技术与方法 …………………………………… 43
                3.4.5　近红外检测方法 ………………………………………………… 44

第4章　粮食品质检验仪器与设备 …………………………………………………… 46
        4.1　取样设备 …………………………………………………………………… 46
                4.1.1　品质检验常用的取样工具 ……………………………………… 46
        4.2　制样设备 …………………………………………………………………… 50
                4.2.1　分样器 …………………………………………………………… 50
                4.2.2　粮谷粉碎机 ……………………………………………………… 51
        4.3　实验室检验设备 …………………………………………………………… 52
                4.3.1　感官检验设备 …………………………………………………… 52
                4.3.2　理化检验设备 …………………………………………………… 55

第5章　大豆品质检验方法 …………………………………………………………… 62
        5.1　概述 ………………………………………………………………………… 62
                5.1.1　世界大豆的生产和贸易状况 …………………………………… 62
                5.1.2　大豆品质检验的主要标准和技术性规范 ……………………… 64
                5.1.3　主要大豆贸易国的大豆分类与分级 …………………………… 66

    5.1.4 大豆品质检验项目和方法比较 ·· 67
  5.2 中国大豆品质检验 ··· 69
    5.2.1 中国大豆标准 ··· 69
    5.2.2 中国大豆分类与分级 ··· 70
    5.2.3 中国大豆品质检验方法 ··· 71
  5.3 美国大豆品质检验 ··· 75
    5.3.1 美国大豆标准 ··· 75
    5.3.2 美国大豆分类与分级 ··· 76
    5.3.3 美国大豆品质检验方法 ··· 78
  5.4 加拿大大豆品质检验 ··· 89
    5.4.1 加拿大大豆标准 ··· 89
    5.4.2 加拿大大豆分类与分级 ··· 89
    5.4.3 加拿大大豆品质检验方法 ··· 90
  5.5 南美大豆品质检验 ··· 99
    5.5.1 南美大豆标准 ··· 99
    5.5.2 南美大豆分级 ··· 99
    5.5.3 南美大豆品质检验方法 ··· 100

第6章 小麦品质检验方法 ·· 104
  6.1 概述 ·· 104
    6.1.1 世界小麦的生产和贸易状况 ·· 104
    6.1.2 小麦品质检验的主要标准和技术性规范 ···························· 107
    6.1.3 主要小麦贸易国的小麦分类与分级 ·································· 107
    6.1.4 小麦品质检验项目和方法比较 ·· 108
  6.2 中国小麦品质检验 ··· 111
    6.2.1 中国小麦标准 ··· 111
    6.2.2 中国小麦分级 ··· 112
    6.2.3 中国小麦品质检验方法 ·· 112
  6.3 美国小麦品质检验 ··· 116
    6.3.1 美国小麦标准 ··· 116
    6.3.2 美国小麦分类与分级 ·· 116
    6.3.3 美国小麦品质检验方法 ·· 119
  6.4 加拿大小麦品质检验 ··· 128
    6.4.1 加拿大小麦标准 ··· 128
    6.4.2 加拿大小麦分类与分级 ·· 128
    6.4.3 加拿大小麦品质检验方法 ·· 128
  6.5 澳大利亚小麦品质检验 ··· 132

  6.5.1 澳大利亚小麦标准 ………………………………………… 132
  6.5.2 澳大利亚小麦分类与分级 ………………………………… 133
  6.5.3 澳大利亚小麦品质检验方法 ……………………………… 133
  6.5.4 其他事项 …………………………………………………… 141

第7章 大麦品质检验方法 …………………………………………… 142
 7.1 概述 …………………………………………………………… 142
  7.1.1 世界大麦的生产和贸易状况 ……………………………… 142
  7.1.2 大麦品质检验的主要标准和技术性规范 ………………… 143
  7.1.3 主要大麦贸易国的大麦分类和分级 ……………………… 145
  7.1.4 大麦品质检验项目与方法概述 …………………………… 147
 7.2 中国大麦品质检验 …………………………………………… 149
  7.2.1 中国大麦标准 ……………………………………………… 149
  7.2.2 中国大麦分类与分级 ……………………………………… 149
  7.2.3 中国大麦品质检验方法 …………………………………… 151
 7.3 美国大麦品质检验 …………………………………………… 155
  7.3.1 美国大麦标准 ……………………………………………… 155
  7.3.2 美国大麦分级 ……………………………………………… 156
  7.3.3 美国大麦品质检验方法 …………………………………… 159
 7.4 加拿大大麦品质检验 ………………………………………… 165
  7.4.1 加拿大大麦标准 …………………………………………… 165
  7.4.2 加拿大大麦分级 …………………………………………… 166
  7.4.3 加拿大大麦品质检验方法 ………………………………… 173
 7.5 澳大利亚大麦品质检验 ……………………………………… 182
  7.5.1 澳大利亚大麦标准 ………………………………………… 182
  7.5.2 澳大利亚大麦分级 ………………………………………… 182
  7.5.3 澳大利亚大麦品质检验方法 ……………………………… 197

第8章 玉米品质检验方法 …………………………………………… 204
 8.1 概述 …………………………………………………………… 204
  8.1.1 世界玉米的生产和贸易状况 ……………………………… 204
  8.1.2 玉米品质检验的主要标准和技术性规范 ………………… 207
  8.1.3 主要玉米贸易国的玉米分类与分级 ……………………… 209
  8.1.4 玉米品质检验项目和方法比较 …………………………… 210
 8.2 中国玉米品质检验 …………………………………………… 212
  8.2.1 中国玉米标准 ……………………………………………… 212
  8.2.2 中国玉米分级 ……………………………………………… 213
  8.2.3 中国玉米品质检验方法 …………………………………… 213

- 8.3 美国玉米品质检验 …… 218
  - 8.3.1 美国玉米标准 …… 218
  - 8.3.2 美国玉米分级 …… 218
  - 8.3.3 美国玉米品质检验方法 …… 221

第9章 大米品质检验方法 …… 228
- 9.1 概述 …… 228
  - 9.1.1 世界大米（水稻）的生产和贸易状况 …… 229
  - 9.1.2 大米品质检验的主要标准和技术性规范 …… 231
  - 9.1.3 大米的分类和检验项目概述 …… 231
- 9.2 中国大米品质检验 …… 232
  - 9.2.1 中国大米标准 …… 232
  - 9.2.2 中国大米分级 …… 232
  - 9.2.3 中国大米品质检验方法 …… 234
- 9.3 泰国大米品质检验 …… 238
  - 9.3.1 泰国大米标准 …… 238
  - 9.3.2 泰国大米分级 …… 238
  - 9.3.3 泰国大米品质检验方法 …… 241
- 9.4 越南大米品质检验 …… 245
  - 9.4.1 越南水稻品种资源分类 …… 245
  - 9.4.2 越南大米品质检验方法 …… 245

第10章 美国主要粮食品质检验图谱 …… 248
- 10.1 美国大豆品质检验图谱 …… 248
- 10.2 美国小麦品质检验图谱 …… 254
- 10.3 美国大麦品质检验图谱 …… 261
- 10.4 美国玉米品质检验图谱 …… 266
- 10.5 美国大米品质检验图谱 …… 275

参考文献 …… 281

第 1 章 绪　　论

粮食是人类赖以生存和繁衍的物质基础，是关系到国计民生和社会稳定的重要战略物资。民以食为天。我国人口众多，每年粮食和饲料的消费需求巨大。近年来，随着我国经济的持续增长，人民生活水平的进一步提高，国际贸易活动的不断深入，我国进出口粮食增长十分迅速，每年从美国、巴西、阿根廷、澳大利亚、加拿大、泰国、越南等国家和地区进口大豆、小麦、大麦、玉米和大米等大宗粮食达 6 000 万～8 000 万 t。大宗粮食产品的质量安全是我国关注的首要问题，也是保障人民健康的重要任务；同时，进出口粮食的品质检验工作也要与世界接轨。因此，清楚了解国内外粮食质量分级标准和品质检验方法，对做好进出口粮食的品质检验工作有重要的现实意义。

1.1　品质检验的产生与发展

1.1.1　品质检验的含义

品质检验（Quality Inspection）是指通过感官检验、化学检验、仪器分析、物理测试、微生物学检验等方法和手段，对进出口商品的品质、规格、等级进行检验，确定其是否符合外贸合同（包括成交样品）、标准等规定。

粮食的品质检验包括外观检验和内在品质检验，其中，外观检验包括外形、结构、色泽、气味、触感、疵点、表面缺陷等项目，内在品质检验包括有效成分种类和含量、有害物质的限量、商品的化学成分和物理性能等项目。

1.1.2　粮食品质检验方法分类

从采用的检验技术手段和方法来划分，粮食品质检验可分为物理检验、化学检验、生物检验和色谱分析等四类。目前，粮食的品质检验主要以物理检验和化学检验为主。下面重点介绍物理检验和化学检验。

一、物理检验

物理检验是利用人体感觉器官或科学仪器，从粮食的外部形态特征或粮食的不同物理特征、特性来鉴别粮食的品质，其显著特点是检验后粮食基本不改变原有性状。根据检验的主体，物理检验可分为感官检验和仪器检验。感官检验就是通过人体的感觉器官，从粮食的外部形态特征或不同的物理特性来鉴别粮食的品质，主要是根据长期工作积累的经验，用眼看、手摸、耳听、鼻嗅、牙咬等方法检验粮食的成熟度（饱满程度）、水分、杂质、不完善粒、虫蛀、霉变、色泽和气味等。通过人体的感官来判断粮食的品质，方法简单，结果直观，但需要一定的实践经验，检验结果不能量化，不同的检验人员和不同批次的粮食检验结果没有可比性，因此结果不够准确。感官检验结果可作为判定粮食品质的初检或粗检，属粗略估测、参考数字，不能作为出证数据。而现代的粮食品质中的感官检验还需借助和使用实验仪器，如除杂机、分样器、容重仪和天平等进行检验，检验结果更为可靠、准确，取得的数据可作为出证的依据。

二、化学检验

化学检验是通过精密复杂的仪器设备，按照标准的检验程序和使用标准的化学试剂测定粮食的水分和灰分、粗脂肪、粗蛋白等化学成分，以及有毒、有害物质的含量。

粮食品质检验的范围很广，主要包括外观与内在的质量检验。外观质量检验主要是对粮食的色泽、气味、类型、等级和健全程度等的检验；内在质量检验一般指有效成分的种类含量，有害物质的限量，商品的化学成分、物理性能、机械性能、工艺质量、使用效果等的检验。

1.1.3 我国粮食品质检验的发展

沈阳师范大学职业技术学院的于蓝总结了我国粮食品质检验的历史和发展，认为按照时间分为六个阶段。整体来看，品质检验技术的发展与我国经济的快速发展同步。

一、感官检验技术时期

20世纪50年代，新中国刚成立不久，一切百废待兴。我国的粮食检验技术存在无仪器、无设备的低级水平，主要靠检验人员的眼看、手摸、耳听、鼻嗅和牙咬等方式。

二、化学检验技术时期

20世纪60年代中期至70年代末，我国品质检验在感官检验和物理检验的基础上，将化学成分检验纳入其中，形成了粮食的综合检验技术。

三、全项目检验时期

20世纪八九十年代，我国实行改革开放政策，进出口农产品的国际贸易活动日益增多，开始进口少量国外优质农产品，国家粮油标准体系趋于完善，检验项目有了很大的扩充。针对进口的国外农产品（如大豆、小麦、玉米等），我国粮食主管部门和原进出口商检部门曾制定了系列的粮食品质检验专业标准，如ZBB系列标准。

四、现代检测技术时期

20世纪90年代初期，我国经济快速增长，新型科学技术层出不穷，特别是计算机应用技术的普及，粮食品质检验的信息化程度提高，技术内容覆盖面更加广阔。同时，国家也十分注重粮食的品质检验技术工作，相关检验技术标准构建十分迅速。

五、与国际先进检验技术接轨时期

20世纪90年代后中期，我国制定和出台了《进出口商品检验法》，进出口粮食的品质检验有了法理依据，粮食贸易与国外交流更加密切，品质检验技术和方法与国际先进检验技术全面对接。

六、技术整合和社会服务时期

21世纪以来，我国对进出口粮食检验检疫的主管部门进行了整合。随着我国国际贸易的快速增长，进出口粮食的数量持续增加，质量要求也不断提高。2002年新修订的《中华人民共和国进出口商品检验法》颁布实施，进出口粮食品质检验法的项目明显减少，粮食的检验设备设施条件有了很大的提升，各种技术得以综合应用及整合。粮食国际贸易规范化和趋同化程度越来越高，特别是贸易合同和品质检验项目世界各地基本一致，品质检验社会化趋势明显。

1.2 世界主要粮食生产与贸易概述

1.2.1 全球小麦的生产与贸易

一、全球小麦生产情况

全球有70余个国家和地区生产小麦，根据历年世界各国家和地区大麦种植情况，美国农业部估计2013年世界小麦的产量达7.98亿t，其中产量最高的国家和地区有欧盟（EU-27）、中国、印度、美国、俄罗斯、加拿大、澳大利亚、巴基斯坦、乌克兰、土耳其、伊朗、哈萨克斯坦、阿根廷等（见图1-1）。

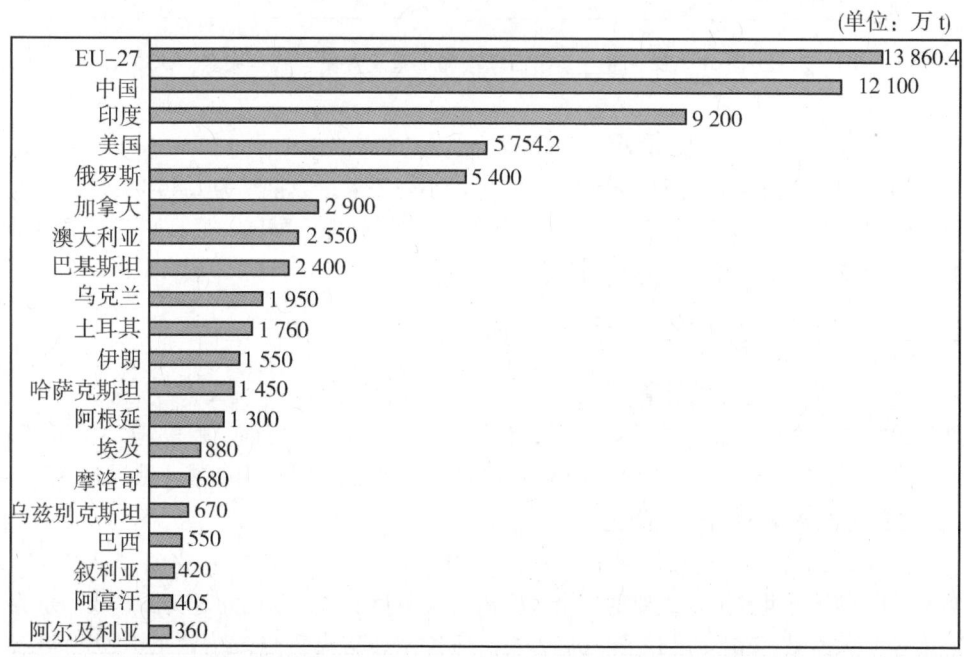

图1-1 2013年全球小麦主要生产国家和地区产量（数据来源：USDA）

二、全球小麦出口情况

2013年，全球共有近60个国家和地区供小麦出口，数量约为1.49亿t，其中美国、欧盟、加拿大、澳大利亚、俄罗斯、乌克兰、印度、阿根廷、哈萨克斯坦等是世界重要小麦出口的国家和地区（见图1-2）。

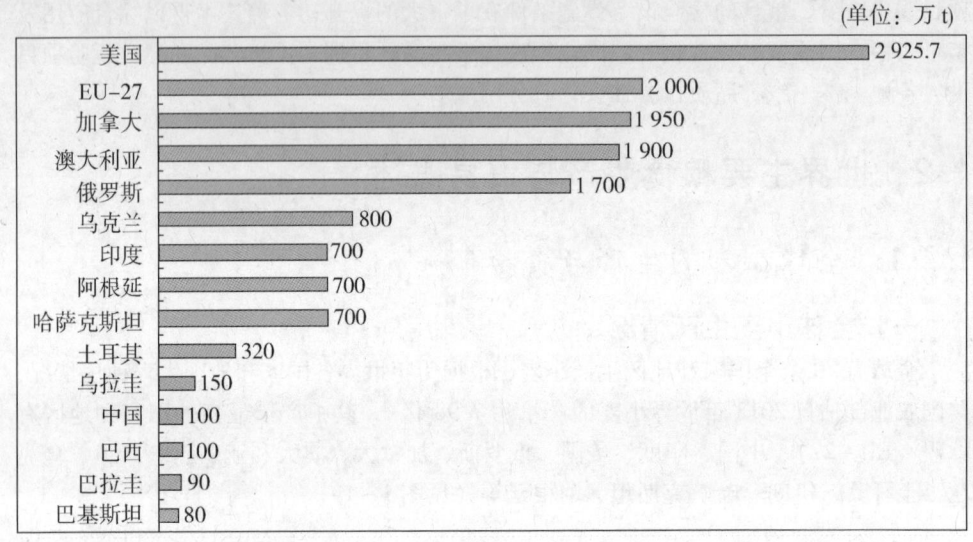

图1-2　2013年全球小麦主要出口国家和地区及数量（数据来源：USDA）

三、全球小麦进口情况

2013年，全球110余个国家和地区有进口小麦需求，数量约为1.46亿t，其中埃及、中国、巴西、印度尼西亚、阿尔及利亚、日本、欧盟、韩国、尼日利亚、墨西哥等国家和地区的小麦进口需求量居前列（见图1-3）。

1.2.2　全球大豆的生产与贸易

一、全球大豆生产情况

2013年，全球大豆生产总量约为2.86亿t，其中美国、巴西、阿根廷、中国、印度、巴拉圭、加拿大、乌拉圭、玻利维亚、俄罗斯等是大豆主要生产国（见图1-4）。

二、全球大豆出口情况

全球有20余个国家和地区出口大豆，2013年出口量约为1.07亿t，其中巴西、美国、阿根廷是世界上最重要的三个大豆出口国。目前，巴西已超过美国，成为世界上第一大大豆出口国，巴拉圭、加拿大、乌拉圭、乌克兰也成为新的大豆出口国（见图1-5）。

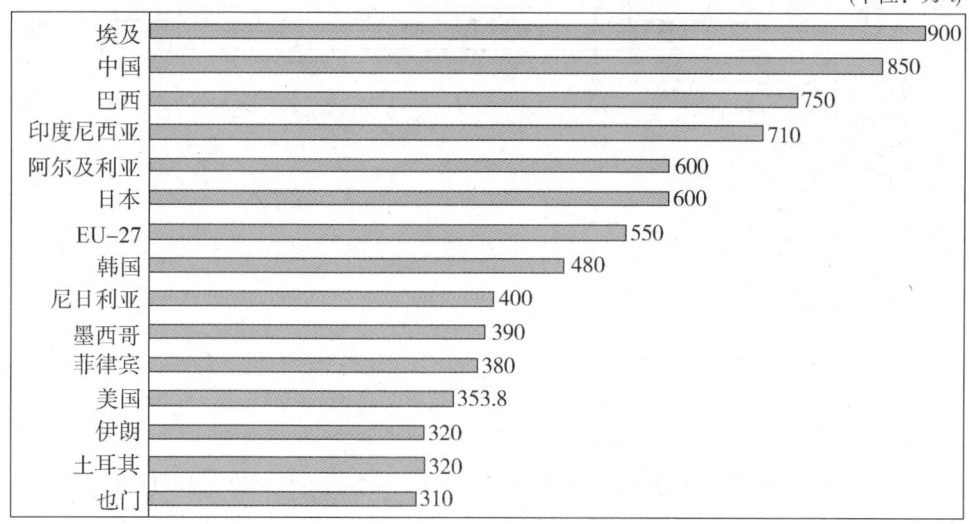

图1-3 2013年全球小麦主要进口国家和地区及数量（数据来源：USDA）

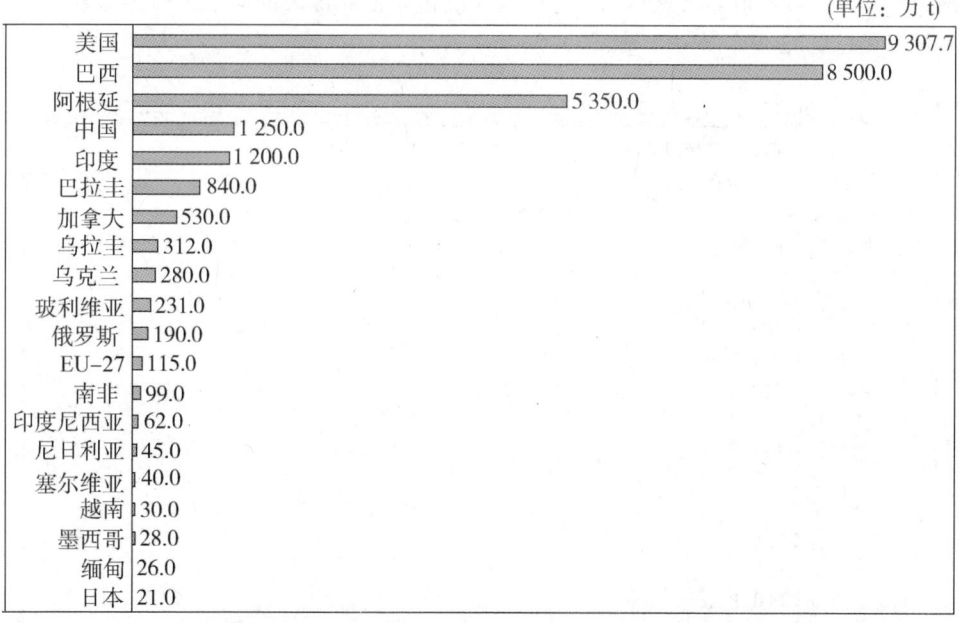

图1-4 2013年全球大豆主要生产国家和地区及产量（数据来源：USDA）

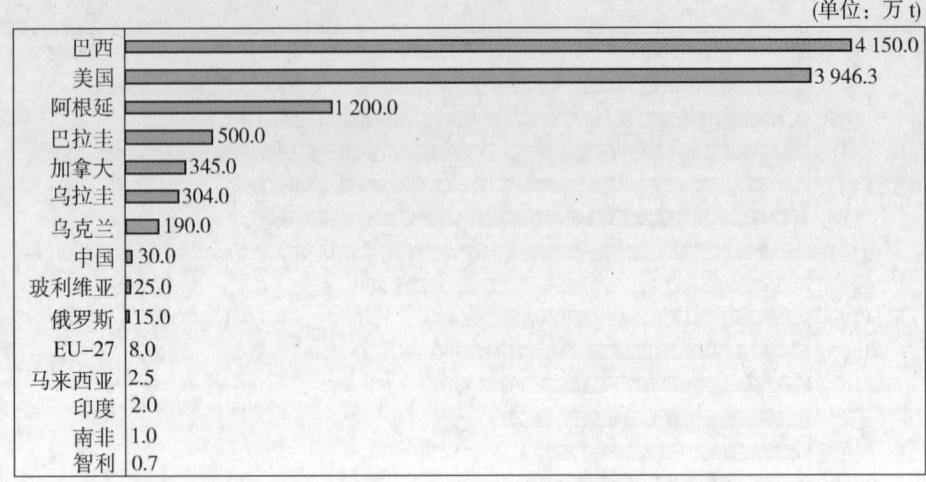

图1-5 2013年全球大豆主要出口国家和地区及数量（数据来源：USDA）

三、全球大豆进口情况

2013年，全球有40余个国家和地区需要进口大豆，需求量约为1.04亿t，其中包括中国、欧盟、墨西哥、日本、中国台湾、印度尼西亚、泰国、埃及、越南、韩国、土耳其、俄罗斯等国家和地区，中国和欧盟是世界最大的大豆进口国家和地区，占世界进口量的80%以上（见图1-6）。

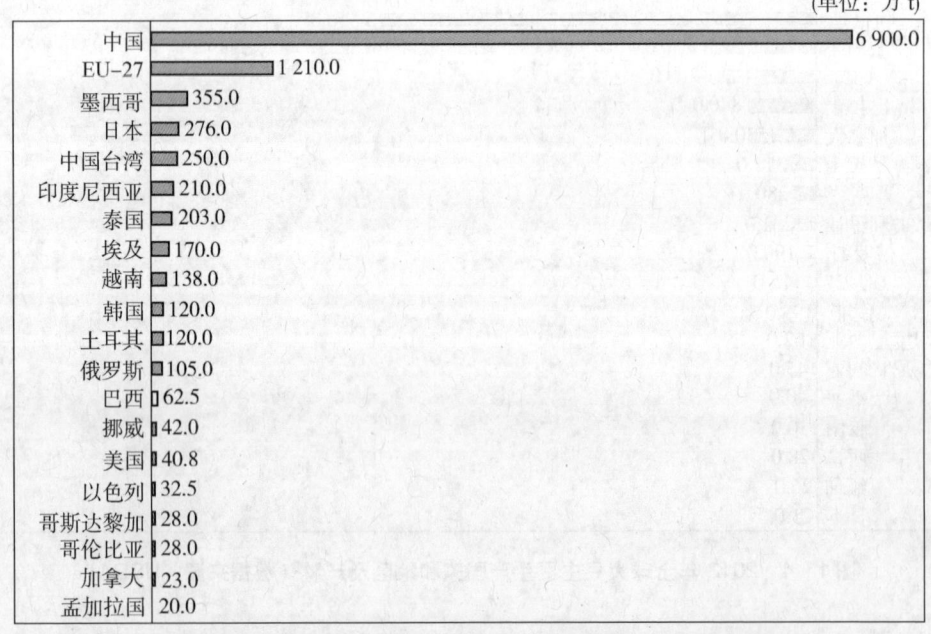

图1-6 2013年全球大豆主要进口国家和地区及数量（数据来源：USDA）

1.2.3　全球玉米的生产与贸易

一、全球玉米生产情况

全球有 110 多个国家和地区种植玉米，2013 年的玉米总产量约为 9.6 亿 t，其中美国和中国是世界上玉米产量最高的国家，巴西、欧盟、阿根廷、乌克兰、墨西哥、印度、加拿大、南非和俄罗斯等是重要的玉米生产国家和地区（见图 1-7）。

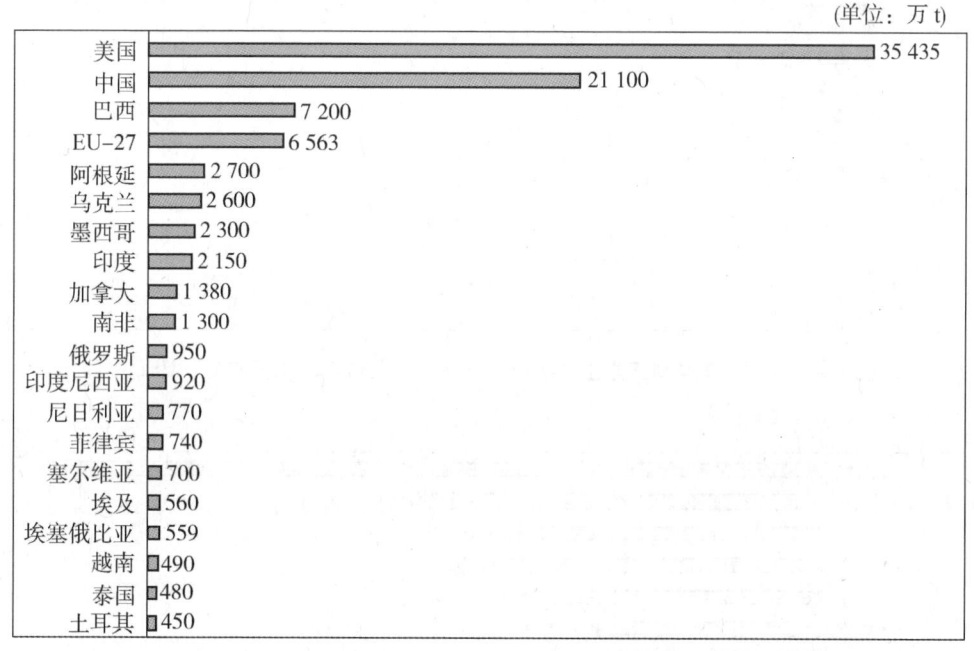

图 1-7　2013 年全球玉米主要生产国家和地区及产量（数据来源：USDA）

二、全球玉米出口情况

全球有 40 余个国家和地区出口玉米，2013 年的出口量约为 1.04 亿 t，其中美国是世界上最大的玉米出口国，阿根廷、巴西、乌克兰、印度、欧盟、俄罗斯、巴拉圭、南非等是重要的玉米出口国家和地区（见图 1-8）。

三、全球玉米进口情况

2013 年，全世界约有 90 个国家和地区有进口玉米的需求，进口量约为 9 905 万 t，其中日本、韩国、中国、欧盟、墨西哥、埃及等世界上重要的玉米进口国家和地区（见图 1-9）。

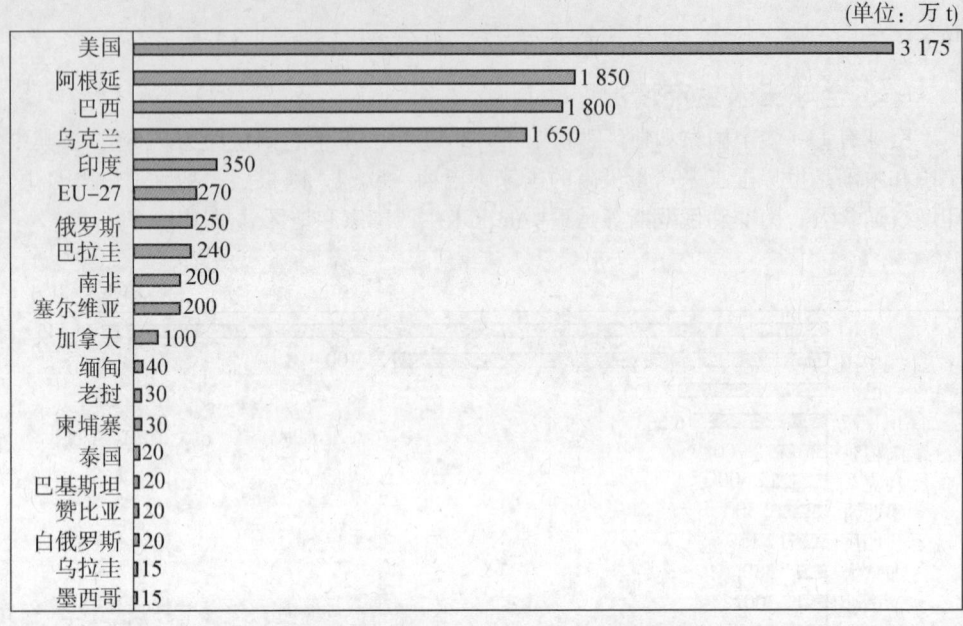

图1-8 2013年全球玉米主要出口国家和地区及数量（数据来源：USDA）

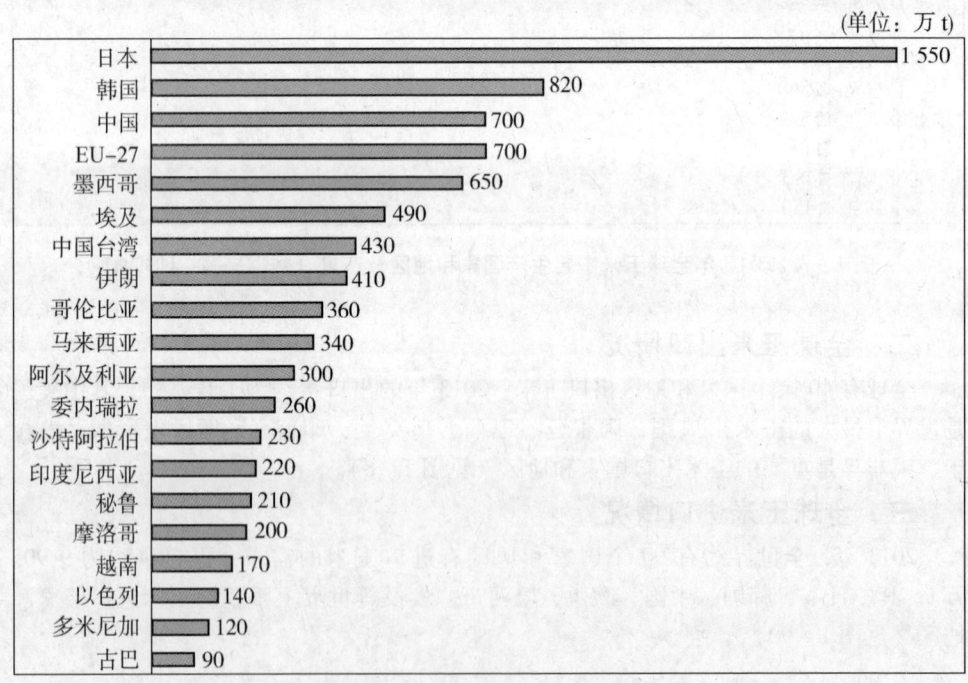

图1-9 2013年全球玉米主要进口国家和地区及数量（数据来源：USDA）

1.2.4 全球大麦的生产与贸易

一、全球大麦生产情况

根据历年世界各国和地区大麦种植情况，美国农业部估计2013年世界主要种植大麦的国家和地区近60个，大麦的生产量约为1.39亿t，其中欧盟、俄罗斯、加拿大、澳大利亚、土耳其、乌克兰、美国、阿根廷、伊朗、摩洛哥、中国、哈萨克斯坦、阿尔及利亚、印度、白俄罗斯等国家和地区大麦产量排在前列（见图1-10）。

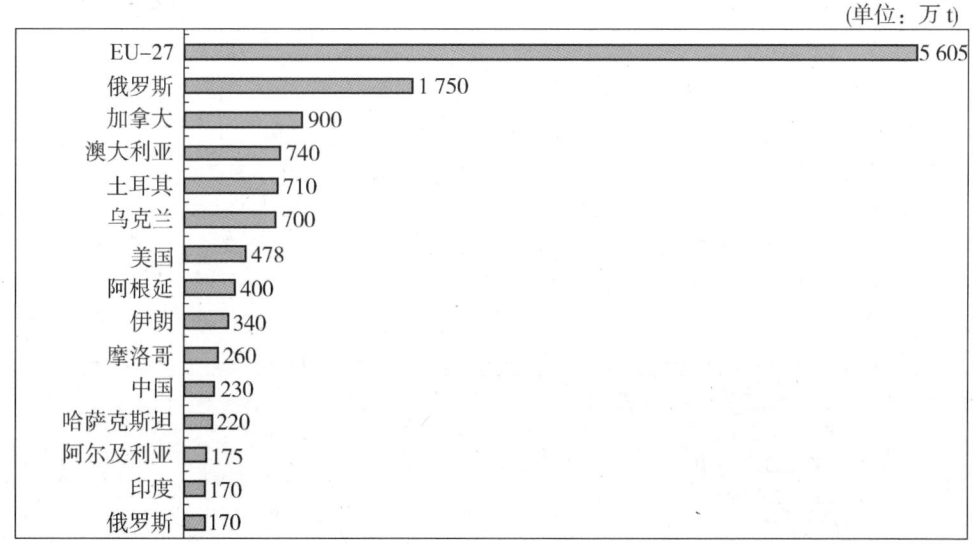

图1-10 2013年全球大麦主要生产国家和地区产量（数据来源：USDA）

二、全球大麦出口情况

全球约有16个国家和地区出口大麦，2013年出口量约为1 878万t，其中澳大利亚、俄罗斯、欧盟、阿根廷、乌克兰、加拿大、哈萨克斯坦等国家和地区是世界上主要的大麦出口国（见图1-11）。

三、全球大麦进口情况

全球有近50个国家和地区有进口大麦的需求，2013年的进口量约为1 780万t，其中沙特阿拉伯、中国、日本、伊朗、约旦、英国、突尼斯、阿联酋和巴西等国家是重要的大麦进口国（见图1-12）。

1.3 世界主要粮食贸易国家品质检验依据

世界各国对粮食的品质检验均有各自的检验监督管理部门和体系，并建立了粮食

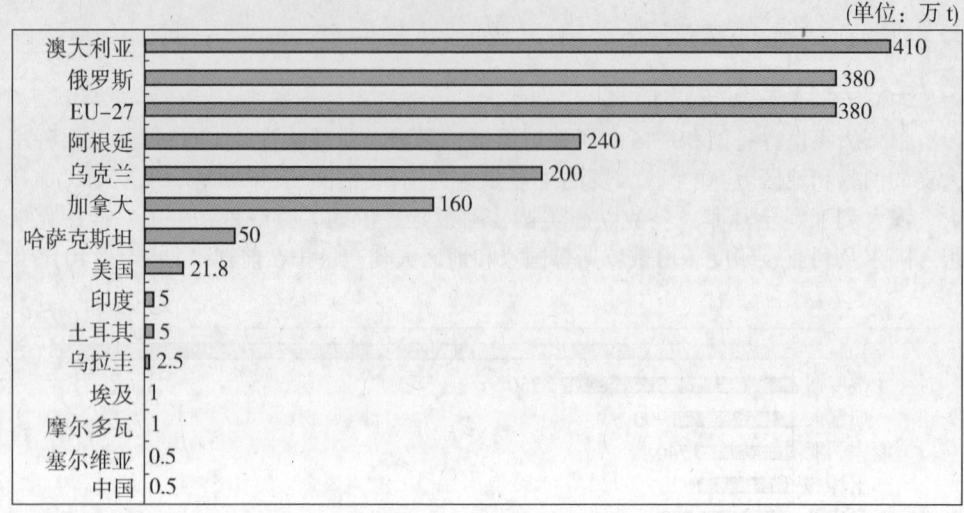

图1-11　2013年世界大麦主要出口国家和地区及数量（数据来源：USDA）

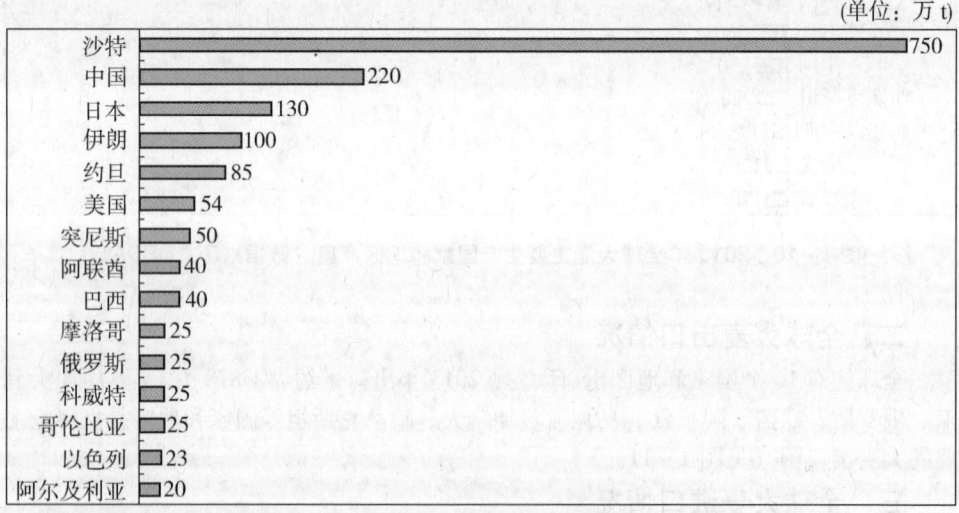

图1-12　2013年世界大麦主要进口国家和数量（数据来源：USDA）

品质检验的国家标准。技术标准是粮食品质检验的依据，具有高度的统一性，体现了一个国家或地区对粮食质量的集中管理和监督。粮食标准是国家的一项重要的技术政策和技术法规，可有效保障粮食质量。粮食品质检验工作，必须以质量标准和操作规程为依据。

1.3.1 中国进出口粮食品质检验管理体系

为保护进出口商品的质量安全、人类健康和食品安全、动物或者植物的生命和健康，保护环境，防止欺诈行为和维护国家安全，《中华人民共和国进出口商品检验法》（简称《进出口商品检验法》）明确公布了我国必须实施检验的进出口商品目录。对列入目录的进出口商品，按照国家技术规范的强制性要求进行检验；尚未制定国家技术规范的强制性要求的，应当依法及时制定，未制定之前，可以参照国家商检部门指定的国外有关标准进行检验。

我国进出口粮食的品质检验按照国家质检总局颁布的《出入境粮食和饲料检验检疫管理办法》进行，该办法对贸易方式和非贸易方式出入境（含过境）的粮食和饲料的品质检验进行了明确规定，其中粮食包括禾谷类（如小麦、玉米、稻谷、大麦、黑麦、燕麦、高粱等）、豆类（如大豆、绿豆、豌豆、赤豆、蚕豆、鹰嘴豆等）、薯类（如马铃薯、木薯、甘薯等）等粮食作物的籽实（非繁殖用）及其加工产品（如大米、麦芽、面粉等）。大豆、小麦、大麦、玉米、大米等是我国进出口量最大的粮食品种。在国家质检总局公布的《出入境检验检疫机构实施检验检疫的进出境商品目录》中，将大豆（黄大豆、黑大豆、青大豆等）、小麦、大麦、大米（糙米、精米、碎米）列为进口法定检验商品，但在分类上归入植物产品这一类别中。

目前，我国进出口大豆、小麦、大麦、玉米和大米等大宗粮食的品质检验项目主要以进出口贸易合同为依据，检验方法主要采用国家标准、出入境检验检疫行业标准和合同列明的出口国标准，例如我国针对主要的农产品分别制定了相应的品质要求国家标准——GB 1351《小麦》、GB 1352《大豆》和 GB 1353《玉米》以及粮油检验国家和行业系列标准。

1.3.2 美国进出口粮食品质检验管理体系

美国粮食品质检验历史悠久，可以追溯到 100 年以前，1916 年 8 月 11 日美国国会即通过了《美国粮食标准法案》（Unital States Grain Stomdards Act），根据该法案制定了第一个粮食检验标准即玉米检验标准于 1916 年 12 月 1 日生效，小麦检验标准于 1917 年 8 月 1 日开始生效，大豆检验标准则于 1940 年 11 月 20 日开始实施生效。迄今为止，美国已制定了大麦、油菜籽、玉米、亚麻籽、混合谷物、燕麦、黑麦、高粱、大豆、葵花籽、黑小麦、小麦等谷物标准，其标准是世界上最完善的粮食检验技术法规之一。美国粮食检验标准的制定和修订由政府机构或政府授权的机构牵头，一般情况下会成立由政府官员、利益主体（农场主、加工商行业协会）及技术专家组成的工作组或委员会，标准以公文或网站等形式向全社会广泛征求意见，有关行业协会等利益团体也会利用举办技术咨询活动来征求意见。现在美国粮食谷物检验主要的依据是《美国谷物定级标准》（http：//www.gipsa.usda.gov/fgis/standproc/usstands.html）和《美国谷物检验手册》（http：//www.gipsa.usda.gov/Publications/pub_fgis.

html#hb)。

其中,现行有效的美国小麦和大豆的检验手册是 2004 年修订版,美国玉米检验手册是 2007 年修订版,分别规定了小麦、大豆、玉米的检验方法。小麦定级标准 2006 年修订、大豆定级标准 2007 年修订、玉米定级标准 1996 年修订,分别规定了小麦、大豆、玉米的术语和定义,分类与分级标准,等等。美国进出口粮食品质检验的主管部门为隶属美国农业部(USDA)的联邦谷物检验局(Federal Grain Inspection Service, FGIS)。该机构成立于 1976 年,主要职能是建立谷物和其他各类粮食的品质检验标准,制定操作规范,并负责协调美国联邦、州和私人品质检验实验室,为国内贸易和出口贸易保证提供公正、有偿的官方检验和称重服务。美国联邦谷物检验局(FGIS)负责所有美国出口谷物的强制性检验并出证,包括数(重)量和品质各个项目,如客户有要求的,可提供蛋白质、粗脂肪等检测服务。若联邦谷物交易所在装运港未设派出机构,出口商也可提交由美国农业部出具的官方检验报告。FGIS 通常还会按粮食分级体系(Cereals Grading System)对被检验的谷物进行定级。

1.3.3　加拿大进出口粮食品质检验管理体系

加拿大粮食品质检验的历史也十分悠久。早在 1912 年,加拿大就通过谷物法案,成立了粮食委员会。现行有效的法规包括《加拿大粮食法案》(Canada Grain Act)和《加拿大粮食条例》(Canada Grain Regulations)。加拿大粮食检验的主管部门是加拿大粮食委员会(Canadian Grain Commission, CGC),该机构是联邦政府的官方机构,其主要职责是加拿大粮食的官方出证,也是加拿大在粮食品质领域的科学研究组织。CGC 主要为国内和出口粮食提供品质、质量安全和重量等证书。

加拿大主要粮食品质检验方法参照 2013 年 8 月出版的《官方粮食分级指南》(Official Grain Grading Guide, ISSN 1704-5118),该指南的内容包括容重、水分检验方法、定义、各类筛具以及大豆、大麦、小麦、玉米等 20 余种粮食的分级质量指标。加拿大粮食的取样参照 CGC 2013 年 8 月 1 日修订的《取样系统手册和推荐指南》(Sampling Systems Handbook and Approval Guide)。加拿大粮食检验的信息经常更新,最新信息请参见相关网站(http://www.grainscanada.gc.ca/)。

1.3.4　澳大利亚进出口粮食品质检验管理体系

澳大利亚粮食委员会(Grain Trade Australia,简称 GTA)成立于 1991 年,其职责是制定粮食标准、贸易规程和粮食合约,主要任务是通过粮食供应链促进粮食商业活动。

GTA 标准委员会负责制定有关粮食的标准,1999 年开始发布粮食贸易规程,其各种粮食商品的标准制定均广泛地吸引行业从业者参加。GTA 标准委员会每年会回顾一次所有标准,并在下一年度发布之前至少通过两种方式征求行业意见。

GTA 现有粮食标准包括大麦、玉米、燕麦、谷类、高粱、黑小麦(Triticale)和小麦等，上述粮食均有相应的手册，其中小麦、大麦、高粱、燕麦和玉米有单独的检验手册，其他粮食为合并手册。手册内容包括项目的定义、分级参数、不同的分类信息、检验方法、分级和相关检验程序和参考文献等。GTA的粮食标准每年都有调整，现行有效的版本为2013/2014季（http://www.graintrade.org.au/）。

1.3.5　巴西进出口粮食品质检验管理体系

巴西进出口粮食的主管机构是农业部，但不负责制定粮食谷物分级和品质检验标准。巴西的粮食品质检验是由谷物行业或政府贸易协会根据该国第82号法令制定的大豆分级系统（Conselho Nacional do Comercio Exterior，CONCEX），将大豆分为四个等级，每个等级有品质检验项目限量，但这个分级标准不是依据出口合同要求。目前巴西共有70余项纤维、谷物和油料标准。自2000年谷物品质检验私人化后，农业部不再检验和签发所有品质检验和衡重证书。

巴西出口大豆和玉米品质检验项目均按照国家粮食出口协会（Association of National Export Cereal，ANEC）第41号（大豆）和第43号（玉米）标准合同进行。ANEC会向农业部和谷物产业代表咨询检测项目，但项目的最终确定是依据商业合同条款，而不是农业部制定的标准和要求。其中，大豆品质检验合同ANEC 41自2000年3月1日生效，合同规定了大豆品质检验项目的限量指标。

巴西的粮食检验体系与美国不同，其粮食检验体系私有化，政府仅限于对植物检疫的签发工作和在一定程度上对品质检验证书进行监督。政府授权私人检验员和/或公司完成检验工作，私人检验员依照粮食及饲料贸易协会（Grain and Feed Trade Association，GAFTA）、联邦油料、种子和油脂协会（Federation of Oils, Seeds and Fats Association，FOSFA）以及国际标准组织（International Organization for Standardization，ISO）有关指引进行取样、检验和出证。粮食出口贸易时，买卖双方的检验人员、粮仓和农业部官员均参与粮食品质检验过程以确定重量和品质。巴西有数十家经农业部授权可开展谷物品质检验业务的私人检验机构，有当地的小公司主要面向国内市场，也有SGS和BSI等跨国检验机构，主要从事出口检验业务。出具谷物等级的私人检验人员需由农业部授权且依照GAFTA/FOSFA指引办理业务。

1.3.6　阿根廷进出口粮食品质检验管理体系

阿根廷政府参与粮食品质检验和标准制定，但检验体系与巴西相近，阿根廷粮食出口检验由国家农业卫生局（SENASA）负责监督品质和签署植物检疫证书，该机构类似美国FGIS和农业部（USDA）动植物检疫局（APHIS）。自阿根廷检验业务在20世纪80年代末私有化，SENASA的工作是监督品质、监管贮藏、检查熏蒸效果和签署植物检疫证书。SENASA通过分布在Rosario、Bahia Blanca和布宜诺斯艾利斯的三所学校认可检验人员，检验公司需年审，不合格会被吊销证书或处以罚款。

SENASA官员与检验公司检验人员一道监督出口谷物的品质和在输送带上取样，

以确保出口产品符合本国最低标准，样品须保存 30 天或到规定的处理期限。如果在装卸中发现质量和植物检疫标准不合格，SENASA 有权停止装卸，调整货源并实施检疫，同时还可封存货仓。SENASA 官员不全程跟踪出口谷物装卸过程，很少检测谷物的品质，很大程度上依赖检验公司和货主。货物装载完毕，SENASA 按照阿根廷证书样品签署植物检疫证书，7 天即可完成。货主必须将进口商额外的植物检疫需求发送到 SENASA，如中国要求在植物检疫证书上有出口船只的附加声明，SENASA 则会按照货主的申请在植物检疫证书上增加转基因或真菌毒素检测之类的补充声明。

CAC 是为阿根廷谷物进行品质检验的指定参考实验室，全称为 Camara Arbitral de Cereales（简称 CAC），阿根廷共有 6 个独立的 CAC 机构或仲裁办公室，每一个都有代表生产者和出口商的行业董事会。CAC 主要有三大活动：作为谷物贸易的仲裁中介，为种子、谷物定价，应要求进行样品检验和定级，以及其他有关品质的活动。独立的 CAC 互相交换样品进行某个项目测试以确保品质检验过程，质量私人检验人员也定期向 CAC 送检样品以保证品质检验质量。

根据阿根廷法律规定，符合品质标准的谷物（1～3 级小麦和玉米，大豆仅有一个等级）应由谷仓接收。其基本流程如下：由谷仓人员取样和检验，如谷物品质符合 1 级，按最少检验项目和适当的费用收购。谷物品质符合 2 级，谷物需送到非盈利检验公司 CAC 进行定级。极少情况下买卖双方对 CAC 结果有异议，样品需送到政府机构 SENASA 进行最后检验。谷物品质符合 3 级，谷物送到 CAC，操作方法与 2 级谷物一样。

不符合标准的谷物，由谷仓自行决定是否收购或拒收，如果收购，谷物要进行再次处理；如拒收，货主可能请求 CAC 检验，必要时谷物转销国内。

阿根廷的多数谷物出口采用 GAFTA-38 合同，船运的小麦和玉米多为 1 级或 2 级，船运大豆通常高于限定的等级。除了阿根廷基础标准之外，大部分进口商会有高于标准限量的其他合同要求，甚至增加品质标准。私人检验人员、谷仓和政府官方检验团体均参与品质检验和衡重。阿根廷 SENASA 认定了近 30 家检验公司（类似于美国的 FGIS 和 APHIS），私人检验员依照 GAFTA/FOSFA 检验指引认定。阿根廷的检验公司有 SGS、BSI 和 Bureau Veritas，与巴西一样，公司检验员是买卖双方的代表，签发衡重和品质检验证书。

第 2 章　粮食检验常用名词术语和定义

粮食品质检验的名词术语和定义很多，本书仅收集了进出口粮食检验中品质检验常用的部分术语和定义，包括粮食、油料及加工产品术语，抽样、制样及样品术语，感官检验名词术语和理化检验名词术语等四大部分。

2.1　粮食、油料及加工产品术语

粮食、油料及加工产品术语具体如下。

（1）粮食（Grain）：谷物、豆类、薯类及其加工产品的统称。

（2）谷物（Cereal）：禾本科草本植物的种子（如稻谷、小麦、玉米、大麦等）和蓼科草本植物的种子（如荞麦）。

（3）豆类（Bean）：豆科草本植物的种子，如大豆、蚕豆、绿豆、豌豆、小豆等。

（4）薯类（Potato）：陆生作物中可供食用的块根或地下茎，如旋花科多年生草本植物栽培甘薯的块根（亦称土豆、地蛋、洋芋）、灌木状多年生植物的块根木薯和板薯等。

（5）原粮（Raw Grain）：未经加工的谷物、豆类、薯类等的统称。

（6）稻谷（Paddy）：禾本科草本植物栽培稻的果实，由颖（稻壳）及颖果（糙米）组成。一般分为早籼稻谷、晚籼稻谷、早粳稻谷、晚粳稻谷、糯稻谷五类。

（7）大豆（Soybean，Soyabean，Soya）：豆科草本植物栽培大豆荚果的籽粒。籽粒呈椭圆形至近球形，种皮有黄、青、黑等颜色。

（8）小麦（Wheat）：禾本科草本植物栽培小麦的果实。外形呈卵形或长椭圆形，腹面有深纵沟。按照小麦播种季节的不同分为春小麦和冬小麦；按小麦籽粒的粒质和皮色分为硬质白小麦、软质白小麦、硬质红小麦、软质红小麦。

（9）玉米（Maize，Corn）：亦称玉蜀黍、大蜀黍、棒子、苞谷、苞米、珍珠米。禾本科草本植物栽培玉米的果实。籽粒形状有马齿形、三角形、近圆形、扁圆形等，种皮颜色主要有黄色和白色，按其粒型、粒质分为马齿形、半马齿形、硬粒型、爆裂形等类型。

（10）加工产品（Processed Product）：原粮经机械等方式加工的初级产品，如大米、小麦粉等。

（11）大米（Milled Rice，White Rice，Rice）：稻谷经脱壳碾去皮壳所得的成品粮的统称，可以分为籼米、粳米和糯米，糯米又分为籼糯米和粳糯米。

(12) 糙米（Husked Rice）：稻谷经脱壳后的产品。

(13) 杂粮（Other Food Grain）：除稻谷、小麦、玉米、大豆以外的原粮的统称，包括高粱、大麦、荞麦、青稞、绿豆、红薯等。

(14) 高粱（Sorghum，Kaoliang，Milo）：亦称红粮、小蜀黍、红棒子。禾本科草本植物栽培高粱作物的果实。籽粒有红、黄、白等颜色，呈扁卵圆形。按其粒质分为糯性高粱和非糯性高粱。

(15) 大麦（Barley）：禾本科草本植物栽培大麦的果实。籽粒扁平中宽，两端较尖，腹部有纵沟，内、外颖紧抱籽粒不易分离。籽粒种皮有黄色、白色、紫色、蓝灰色、紫红色、棕黄色等，按其颖壳形状有二棱、四棱、六棱之分。

(16) 小豆（Small Bean）：豆科草本植物栽培小豆荚果的种子。椭圆或长圆形，根据种皮颜色可分为红小豆、白小豆、绿小豆等。

(17) 绿豆（Green Bean）：豆科草本植物栽培绿豆荚果的种子。根据种皮颜色可分为明绿豆、黄绿豆、灰绿豆。

(18) 蚕豆（Broad Bean）：亦称胡豆、罗汉豆、佛豆。豆科草本植物栽培蚕豆荚果的种子，种子扁平呈椭圆形。根据粒型大小分为大粒蚕豆、中粒蚕豆、小粒蚕豆。

(19) 豌豆（Pea）：亦称麦豆、毕豆、小寒豆、淮豆。豆科草本植物栽培豌豆荚果的种子。球形，种皮呈黄、白、青、花等颜色，表面光滑，少数品种种皮呈皱缩状。

(20) 油料（Oil Bearing Material）：制取植物油原料的统称，如大豆、芝麻、油菜籽等。

(21) 芝麻（Sesame Seed）：亦称脂麻。胡麻科草本植物栽培芝麻硕果的种子。根据种皮颜色分为白芝麻、黑芝麻、其他纯色芝麻和杂色芝麻四类。种子含油量一般在40%～58%。

(22) 油菜籽（Rapeseed）：十字花科草本植物栽培油菜长角果的小颖粒球形种子，种皮有黑、黄、褐红等色。种子含油量一般在35%～48%。

(23) 花生（Peanut）：亦称落花生、长生果。豆科草本植物栽培花生的荚果，果皮表面有网纹或凸起的纵纹。

(24) 花生仁（Peanut Kernel）：亦称花生米。花生果的种子，呈长圆形、长卵形或短圆形等，种皮淡红色、红色或紫红色，仁白色。仁含油量一般在40%～60%。

(25) 葵花籽（Sunflower Seed）：亦称向日葵籽。菊科草本植物栽培向日葵短卵形瘦果的种子，有油用型、食用型及兼用型三种。油用种子含油量一般在30%～45%，仁含油量一般在40%～60%。

(26) 棉籽（Cotton Seed，Cotton-seed）亦称花籽。锦葵科草本或多年生灌木棉花蒴果的种子，按其籽壳外有无短绒而分别叫作毛籽或光籽。种子含油量一般在17%～26%，仁含油量一般在34%～50%。

2.2 抽样、制样及样品术语

抽样、制样及样品术语具体如下。

（1）批（Consignment）：进口粮谷检验检疫。按申请人的申请作批，一般以同一发货人运交同一收货人由同一运载工具装运的同合同、同类别、同等级的粮谷为一批。

（2）船批（Shiplot）：以装货的全船粮谷作为一批的称为船批。

（3）舱批（Holdlot）：以装货粮谷的一个舱作为一批的称为舱批。

（4）小批（A Lot）：因装货粮谷批量较大，或因其他情况对整批货物分车、分仓、分层、分区或根据装货地点、装货先后划分小批次扦样、检验检疫时，其各个小批次称为小批。

（5）筒仓批（Silolot）：以散装存放粮谷的一个筒仓作批的称为筒仓批。

（6）抽样（Sampling）：采用适合的工具按照规定的方法从一批货物中抽取代表性的样品。

（7）制样（Reducing Sample，Preparation of Test Sampling）：使用适合的工具按照规定的方法将样品均匀混合、缩分，制备出代表该批货物品质的试验样品。

（8）份样（Increment）：用标准扦样工具和规定扦样方法，从单个扦样或单个包装中扦出的小量样品。

（9）初始样品（Primary Sample）：各个单株样品集中后组成的小批样品，一般散装粮谷不少于 8 kg，包装不少于 4 kg。

（10）原始样品、平均样品（Bulk Sample）：初始样品按规定方法缩分至一定数量后，用作小批全项目检验检疫的样品，一般散装粮谷不少于 4 kg，包装不少于 2 kg。

（11）工作样品、供试样品（Laboratory Sample）：从小批样品缩分出的供进行各单项检验检疫、检测的样品。

（12）试验样品（Test Sample）：从工作样品中分取、制取或随机匀取的用于实际检验检疫、鉴定的样品。在少数检验检疫、鉴定项目中，试验样品就是工作样品。

（13）存查样品（Restore Sample）：按规定扦样、分样程序从原始样品分取留存，供复查复验的代表小批或全批粮谷检验检疫的代表性样品，其数量应至少能满足一次全项目检验检疫之用，一般为 1 kg。

（14）特殊样品（Identity Sample）：代表扦样、分样、检验检疫中发现的结块、变质、异味、大块杂质、土块、恶性杂质、有毒有害物质、杂草种子、仓储害虫等有害生物的局部样品或实物。

（15）标样（Standard Sample）：贸易关系人根据规定程序制备的，经授权组织批准作为品质检验或评定依据的样品，或出口国官方按出口标准规定仿制、发放的供对照评定的品种、等级等实物样品。

(16) 成交样品（Contract Sample）：买卖双方共同确认的样品，作为在装货前和卸货后对货物的外观品质和等级进行检验的参考依据。

2.3 感官检验名词术语

感官检验名词术语具体如下。

(1) 外观、色泽、气味、滋味（Appearance, Color, Odor, Taste）：一批货物固有的外观、色泽、气味和滋味。

(2) 杂质（Foreign Matter, Impurity, Admixture）：非本样品物质及失去使用价值的本品物质。

(3) 大样杂质（Foreign Matter in Large Sample）：通常从500 g以上试验样品中拣出的杂质，包括大型杂质和筛下杂质。

(4) 大型杂质（Large Impurity, Toppings）：显著大于本品颗粒，易于拣出的杂质。

(5) 筛下物质（Throughs, Screening）：通过规定孔筛的物质，包括筛下的本品小粒和破碎粒。

(6) 小样杂质（Foreign Matter in Test Sample）：通常从250 g以下试验样品中拣出的各种非本品物质和已经失去使用价值的本品颗粒等。

(7) 小型杂质（Small Impurity）：相近或小于本品颗粒的杂质的统称。

(8) 有害有毒杂质（Harmful or Poisonous Impurity）：货物中的一切有损人畜健康、加工器械的杂物，如金属物、石块、玻璃、沥青、鼠鸟粪便、麦角、有害植物种子等。

(9) 矿物质（Mineral Matter）：沙石、砖块、煤渣等无机坚硬物质。

(10) 不完善粒（Unsound Kernel, Imperfect Kernel）：有虫蚀、病斑、生芽、霉变、破碎、冻伤、烘伤或未熟等缺陷，但仍有使用价值的颗粒粮食、油料的统称。

(11) 损伤粒（Damaged Kernel）：一般指颗粒状粮食、油料中有虫蚀、霉变、出芽、热损、冻伤、病斑以及子叶或胚乳明显变色、变质等颗粒。

(12) 类型纯度（Type Purity）：主体类型的质量占试样的百分率。

(13) 异类型粒（Other Type Kernel）：试样中混入的非主体类型的本品颗粒，有时也称为异品种，如糯米中的粳米、籼米，大花生仁中混入的小花生仁，等等。

(14) 异色粒（Other Color Kernel）：试样中混入的非主体色泽的本品颗粒。

(15) 异种粒（Other Grain Kernel）：试样中混入的与主体粮种不同但有相近使用价值的粮种颗粒，如蚕豆中混入的豌豆等。

(16) 异形粒（Other Shape Kernel）：试样中混入的与主体粒型明显不同的本品颗粒。

（17）品种纯度（Vatietal Purity）：本品种的质量占试样的百分率。

（18）组别（Class）：根据小麦等粮食的颗粒色泽、质地、栽培季节和用途等特点所作的分类。

（19）对比组别（Contrasting Class）：与主体组别的色泽和质地明显不同的组别。

（20）其他组别（Other Class）：主体组别以外的其他所有组别。

（21）纯粮率（Purity）：净试样质量减1/2不完善粒质量之差，占试样质量的百分率。

（22）粒度（Kernel Measure）：按粮食、油料颗粒长度、直径或形状分类。

（23）几何粒度（Size Measure）：根据粮食、油料颗粒的长度、宽度（直径）、厚度等外形几何参数或根据其规定的筛具进行筛分检验所形成的筛下物和筛上物所作的分类，如粗细度、瘦小粒、饱满粒等。

（24）定量粒度（Kernel of Weight Specified）：规定质量的粮食、油料颗粒的粒数。

（25）计数粒度（Weight of the Kernel Specified）：规定粒数的粮食、油料颗粒的质量，如千粒重、百粒重等。

（26）千粒重（Mass of 1000 Kernel，1000 Kernel Weight）：1000粒粮食、油料籽粒的质量，以"克"为单位。

（27）百粒重（100 Kernel Weight）：100粒粮食、油料籽粒的质量，以"克"为单位。

（28）容重（Test Weight）：用容重器测得的单位容积中粮食（油料）籽粒的质量，以"克/升"表示。

（29）发芽势/率（Germinative Energy/Germination）：粒型、色泽基本正常，胚部无明显破损的纯净试样培养于最适宜条件下，在规定时间内发芽颗粒的百分率。

2.4 理化检验名词术语

理化检验名词术语具体如下。

（1）降落数值（Falling Number）：规定量的谷物全研磨物或面粉的糊化物在降落数值仪沸水浴中被酶液化后，搅拌器下降一特定距离所需的时间，以"秒"为单位。

（2）水分及挥发物（Moisture and Volatile）：样品在规定条件下经烘干后的质量损失。

（3）灰分（Ash）：样品在规定条件下，经高温灼烧至完全灰化，灰化后物质占试样质量的百分率。

（4）粗脂肪（Crude Fat）：粮食、饲料、油料中能溶于乙醚（或石油醚）的物质。除脂肪外，还包括游离脂肪酸、磷脂类、色素及蜡等。

（5）粗蛋白（Crude Protein）：粮食、饲料、油料中含氮物质。除蛋白外，还包括非蛋白质含氮物质,如酰胺及铵盐等。

(6)粗纤维(Crude Fibre):粮食、饲料中不溶于水、乙醚、酒精、稀酸和稀碱的物质。除纤维素外,还包括木质素、角质和部分半纤维素等。

第 3 章 粮食品质检验技术与方法

粮食中含有人体所需的重要的营养素和能量，是维持生命与健康的必需品。粮食品质检验十分重要，可为后续的销售、加工、贮运提供依据，在国际贸易合同和相关标准中对粮食的等级、感官和理化等品质指标均有明确规定。粮食的品质检验主要通过感官检验、化学检验、仪器分析、物理测试和微生物学检验等方法，对进出口粮食的品质、规格、等级等进行检验，确定其是否符合有关标准和合同的规定。

品质检验的范围很广，大体上包括外观质量检验与内在质量检验两个方面。粮食的品质检验过程一般包括取样、制样、感官检验和理化检验。总体上应以合同、贸易协定、标准中规定的项目为基础，按照标准方法、分级标准进行检验。本章从取样、制样、感官检验和理化检验等四个方面来介绍粮食的品质检验的技术与方法。

3.1 取样技术与方法

3.1.1 取样的目的和意义

取样是使用适合的工具按照规定的方法从一批产品中抽取适量的代表性样品。取样的过程和方法应按有关标准进行，要使被抽检的样品具有代表性，以保证取样结果的合理性。取样的主要目的是从被抽取样品单位的分析、研究结果来估计和推断全部样品的特性，是一种经济有效的方法；取样还可结合现场检验和鉴定同时进行。取样的内容包括样品的数量、重量、包装、外观等方面，操作时应力求按照规定的方法抽取到一定数量的、能代表全批样品质量的样品以供检验。正确的取样能为后续的检验工作提供有代表性的样品，从源头上为检验结果的准确性提供重要的保证。不正确或不规范的取样可能导致结果的偏差，造成巨大的损失，使不合格的产品流入市场，危害消费者的身体健康和利益。

3.1.2 取样前准备

取样前的准备工作是取样的重要步骤，应根据不同的取样类型制订相应的取样方法，按照取样程序或有关标准准备取样工具等。

一、常用取样工具

（1）单管扦样器：适用于袋装货物的取样。其分为两种类型：①长 60～75 cm，槽口宽 1.0～1.8 cm，最大外径约 2.5 cm，适用于豆类、玉米取样；②长 50 cm，槽口长 40 cm，槽口宽 0.8～1.5 cm，外径 1.6～2.0 cm，尖端部分约 4 cm，为实心圆锥体，适用于小、中粒粮食和油籽取样。

（2）双套管扦样器和槽形承受器：适用于散装货物的取样。

（3）取样铲：长约 13 cm，宽约 8 cm，边高约 4 cm，柄长约 8 cm。

（4）机械自动化取样设备，主要包括分流型机械取样器、旋转式缩分器、重力缩分器和转盘式集样器等。

（5）其他取样工具：主要包括艾利斯杯（用于动态粮食的取样），其是一种手工扦样装置，由轻质铝制成，用于从输送带上运行的粮食获取样品；鱼鹰嘴式扦样勺（用于动态粮食的取样），有一个皮制的袋子，约 10 cm×45 cm，袋口四周镶入一根钢带，使开口固定，扦样勺有一根约 100 cm 的长把。

（6）分样板。

（7）分样器：包括二分、三分、四分分样器。

（8）分样布或适合的铺垫物。

（9）样品袋（筒）：采用牢固、卫生的材料制成的容器，可密闭。

（10）样品瓶：500～1 000 mL 棕色玻璃瓶或塑料瓶。

（11）不锈钢匙。

二、取样方式

根据取样地点的不同，粮食取样分为船舱、仓库或筒仓取样，装卸时取样和加工时取样等三种方式。

（1）船舱、仓库或筒仓取样：货物存放在船舱、仓库或筒仓等固定场所，按样品批次取样。

（2）装卸时取样：货物在装、卸货过程中实施取样。

（3）加工时取样：货物在加工过程中进行取样。

3.1.3 取样的技术要求

进出口粮食的贸易运输或储存的方式一般有散装、筒装和袋装等类型，以下将分别介绍针对这几种类型货物的取样技术。

一、散装类粮食取样技术要求

散装粮食应检查粮食有无水湿结块、发热酸败、发霉变质、异味等异常情况，以及等级的一般情况。

散装粮食用轮船运输货物时，在装载或卸货前，先在舱内表层设点抽取第一个原始样品，以后每装卸一批增抽一份原始样品。每个原始样品都应从距离船舱四壁 1 m 远的全舱范围内设点，至少选取 50 个点抽样。

按粮食堆存面积分区设点，以 50 m² 为一个取样区，每区设中心及四角（距边缘 1 m 处）5 个取样点，每增加一个取样区，增加 3 个取样点。

从流动的货物中抽取原始样品，应按受检货物的质量、传送时间和流动速度，确定取样点。

散装库房每区面积不超过100 m²，层深约1.5 m，各区均匀设立10个取样点，超过或低于规定面积，按比例增加或减少取样点数，层深上下或纵横向每增加1.5 m增加10个取样点，使用1.0 m双套管扦样器扦取粮食样品，取样点应设在距粮堆边缘约1.0 m处。也可直接采用每出入库房约100 t粮食，使用1.0 m双套管扦样器随机均匀扦取10个扦样点扦取一个小样，每10个以下的小样可混合成一个初始样品，再用分样器缩分出原始样品。

散装露天堆垛设立取样区面积不超过50 m²，高度约1.5 m，各区均匀设立5个取样点，超过设定面积的，按比例增加取样点数。堆垛高度要求不超过1.5 m，表层相对平整，依据堆垛高度一般使用1.0 m双套管扦样器扦取粮食样品，取样点应设在距粮堆边缘约50 cm以内处，堆垛高度超过1.5 m可采用深层双套管扦样器，每500 t扦取一个小批原始样品的总量不少于8 kg。

散装自动采样中流粮采样以质量单元采样方式进行。采样时，应保证截取一个完整流粮横截段作为一个子样，子样不能充满整个采样器或从采样器中溢出。子样应尽可能从流速较均匀的流粮中采取。应尽量避免流粮的品质变化周期与采样器周期重合，以避免采样的偏倚。初级子样按照预先设定的相同质量间隔采取，应采用可变速度的采样器。当预先计算的子样数已采够，而该采样单元的流粮未流完，应继续采样，直至结束。采样时间间隔可由卸船系统的计重子系统给出。

二、筒仓粮食取样技术要求

筒仓是贮存散装物料的仓库，用来贮存粮食等粒状物料。筒仓能缩短物料的装卸流程，降低运行和维修费用，消除繁重的袋装作业，有利于机械化、自动化作业，因此已成为最主要的粮仓形式之一。筒仓的设计一般做到内壁平整光滑，布局合理，便于物料装卸。机械化筒仓在底部安装有卸料漏斗，上通廊设有装料的运输设备。装料时，卸料坑的散料通过提升机运至上通廊并卸入水平皮带运输机，皮带运输机将散料卸到筒仓进粮口流入筒仓。卸料时，散料通过卸料漏斗卸到下通廊，由水平皮带运输机运出。此外，在粮食进仓前、贮存期及出仓后还要进行干燥、称量、翻仓、消毒、清理等工作，为此，需配备相应的设备与装置，以便逐步实行自动化操作。一般情况下，在筒仓内不采用人工取样。对具备机械化扦样设备的筒仓，出入筒仓的粮食采用规定的设备，每出入筒仓1 000 t扦取一份样品；不具备机械化扦样设备的筒仓，使用规定的取样工具，按照规定的工作批量，根据实际情况采用动态或静态取样方法扦取代表性样品。

三、袋装粮食取样技术要求

袋装粮食应检查粮食的标记、品种、等级是否相符，包装有无破损、污染、异味，并查看袋内粮食的一般品质情况。确定取样件数和取样部位。

（一）取样件数

（1）10袋以下，逐袋取样。

（2）10～100袋，任取10件。

（3）100袋以上，按一批货物总袋数的平方根数抽取，即：

$$n = \sqrt{N}$$

式中：N 为一批货物的总袋数。

n 为应抽取件数（n 值取整数，小数部分向上修约）。

（二）取样部位

实施仓库内取样时，在堆垛四周按正弦曲线从上、中、下层随机确定取样点；实施装卸取样时，根据装、卸货速度和作批数量随机抽取。

3.1.4 取样方法

一、双套管扦样器

手持双套扦样器，关闭流样口，保持流样口向上，用力将扦样器往货物表面垂直的方向插入，旋转扦样器手柄180°，打开流样口，紧握探管上下转动几次，然后回旋手柄关闭流样口，从货层中拔出扦样器，旋开流样口，将抽取的样品无损失地倒入槽形接收器中。然后关闭流样口，继续抽取其他取样点的样品。

二、单管扦样器

手握扦样器把柄，流样口朝下，从袋口或袋角一角斜向插入袋内，旋转扦样器约180°，使流样口朝上，稍停片刻，使粮食流入扦样器探管内，保持流样口朝上的方向拔出扦样器，从手柄端将样品倒入样品袋中。如上操作抽取各应抽包件直至完成应抽取的总件数，每件抽取的样品数量应基本一致，各样品混合后组成原始样品。

三、倒包抽样

倒包抽样，即将袋装货物拆开，缓慢地放倒，双手紧握袋底两角，提起约50 cm高，拖倒约1.5 m长，全部倒出后，从相当于袋的中部和底部用取样铲抽取样品，每包、每点抽样数量应一致。袋装粮食、饲料和油料使用单管扦样器抽样时，应从抽样包件中随机抽取5%进行倒包。若发现包间差异明显或其他异常情况，应增加倒包件数，用取样铲抽取样品。对于形状不一、粒度较大、不适于用单管扦样器抽样的大粒豆类及大粒油料，应进行拆包、倒包，倒包数应不少于抽取总包数的20%。应该用取样铲抽取样品；取样铲从各个取样点货物表面向下10 cm铲取样品，将抽取的样品无损失地倒入接收器内，继续抽取其他取样点的样品。

四、拆包抽样

将袋口拆开，用取样铲从上部取出所需样品。每包抽样数量应一致。

五、机械自动化取样

自动化取样的原理大致概括为，采用一定的输送方式（如皮带传动），由减速电机带动取样部件，按照设定的清料—间隔—取样—间隔的循环进行取样操作。结合机械自动化取样设备的操作规程进行取样,依据装、卸粮流速度设定取样频次。

3.1.5 样品的盛装、标识和接收

一、样品的盛装

样品应用容量适宜的规定容器（如样品瓶或样品袋）盛装并密封,样品应防止任何外来杂质的污染、日晒、雨淋,避免质量变化和外来生物的感染、寄生和繁衍等外部因素对样品引起的变化。

二、样品的标识

抽取的样品应加以唯一性标识。样品标识应包括样品编号、样品名称、抽样时间和抽样人等内容。

三、样品的传递与接收

样品的传递和接收要及时,确保样品品质不发生变化。

3.1.6 取样应注意的问题

（1）取样人员应提前做好取样的各项准备工作,了解品质检验规定与有关要求。

（2）检查取样用具是否清洁、干燥、完好,检查取样机械运转是否正常。

（3）制订取样方案及程序。

（4）样品要具有充分的代表性。抽样时应按照规定的抽样方法执行,不受各种因素的干扰或带有主观片面性。

（5）尽可能缩短抽样时间,确保样品品质不发生变化。

（6）样品要有足够的数量。一般情况下,散装粮食、油料的原始样品和平均样品最小量分别为 8 kg 和 4 kg；袋装粮食、油料的原始样品和平均样品最小量分别为 4 kg 和 2 kg。不同品种的粮食样品用量详见本书各章节。

（7）如发现异常现象,应适当扩大抽样比例,将残损样品、变质样品与正常样品分开,并分别抽样。

（8）在取样的过程中应意识到发生危险的可能性,始终遵守安全第一的原则。

（9）取样工作应有相应的记录,能真实地反映取样工作过程和样品状况,可包括样品名称、取样依据和取样个数等信息。

3.2 制样技术与方法

3.2.1 制样的目的和意义

制样是使样品达到分析或试验状态的过程。试样制备的目的是通过混合、缩分、过筛和粉碎等步骤将采集的样品制备成能代表原来样品特性的检验用样品。

混合的目的是使样品尽可能均匀。一般情况下,缩分前进行充分混合会减小制样

误差。其中，最常用的一种混合方法是使试样多次通过二分器或多容器缩分器，每次通过后把试样收集起来，再倒入缩分器反复进行混合。

缩分的目的是将扦取的代表性样品缩分至试验所需的具有均匀组分的样品量的过程。缩分把样品分成具有代表性的几部分，使其中一份留下来。它是一种减少样品数量的过程，也是制样的最关键的步骤。试样缩分可以用机械法，也可用人工方法进行。为减少人为误差，建议尽量使用机械方法缩分。

过筛的目的是用选定孔径的筛子从样品中分选出不同粒级检验物。

粉碎的目的是指在制样过程中，用机械或人工方法减小样品的粒度，包括装上适合孔径的筛板、进样和收集等步骤。

进出口粮食感官和理化品质检验结果的可靠性，不仅取决于检验技术本身的准确性，还取决于样品的制备。样品的各项品质指标因样品的品种、栽培技术、气候条件以及加工和贮存方法等因素不同而有很大的差异，正确合理的样品制样能帮助获得具有代表性的检验样品，合理减轻工作量，从而有针对性地做好品质检验工作。

3.2.2 制样前准备

制样前要准备好所需的相关的仪器设备及器具，制样需要分样器、粉碎机、卡特除杂机、电子天平、分样板等设备和设施。

3.2.3 制样方法

在进出口粮食的品质检验中，制样主要包括感官检验所需的混合、缩分、过筛、点取等，以及理化检验中的粉碎处理。

一、缩分法

放稳清洁、干燥的分样器，关闭漏洞开关，将样品从高于漏斗口约 5 cm 处倒入漏斗内，打开漏斗开关，将样品流尽后，轻拍分样器外壳，关闭漏斗开关。再将所有盛样器内的样品同时倒入漏斗内，继续按上法重复混合 2~3 次。以后每次用一个盛样器内的样品按上法继续分样，直至盛样器内的样品接近需要量为止。

二、四分法

将样品倾于清洁、干燥的混样台上，两手各执分样板一块，将样品从左右两侧铲起约 10 cm 高，对准中心同时倒落；再换其垂直方向同样操作。如此反复混合 4~5 次，将样品压铺成厚的正方形，用分样板在样品上划两条对角线，分成 4 个等腰三角形，弃去两个对顶角的样品。剩下的样品再按上述方法反复分取，直至最后剩下的 2 个对顶三角形的样品接近需要量为止。

三、点取法

将样品倾于清洁、干燥的平面上，用分样板平铺成均匀厚度的方形，划分小格，用取样铲从每个小格铲取样品，不少于 16 份，每格中抽样数量应一致。

进出口粮食因品种、来源国家或地区的差异，检验项目各有不同，因此分样流程也有所区别，大豆、大麦、小麦、玉米等粮食的分样流程与方法参考本书其他章节。

3.2.4 样品用量

按照我国检验检疫行业标准《进出口粮油、饲料检验抽样和制样方法》（SN/T 0800.1）的规定，粮食、油料品质检验项目的参考试样量可参考表3-1，大豆、大麦、小麦、玉米、大米等粮食的样品试用量详见本书其他章节。

表3-1 进口粮食品质检验试样量

检验项目	品　　名	最小参考试样量（g）
水分及挥发物	中小粒粮食、油料	50
	大粒粮食、油料	100
大样杂质	中小粒粮食，小粒油料	500
	大粒粮食，中粒油料	1 000
	大粒油料	2 000
小样杂质、不完善粒、类型纯度及互混、粒型、粒度	小粒油料	20
	小麦、大麦	100
	玉米、大豆	200
品种纯度、香米纯度	大麦、香米	10
千粒重、发芽率	粮食、油料	100
碎粒、红线（斑）粒、黄米、损伤粒	大米	50
稻谷、带壳稃籽、矿物质、异种粮	大米	1 000

3.2.5 制样需注意的问题

（1）制样时应根据样品的特性、原始样品的情况，确定制样的方法。

（2）检验室收到平均样品后，应核查样品标识，适当平衡样品温差后，再进行试样制备。

（3）制样时应使原始样品的各部分都有相同的概率进入试样。

（4）由原始样品制备成平均样品，或由平均样品制备成各项试验样品之前，必须充分混匀。

（5）在制样过程中，制样方法和制样工具、设备等都不能破坏样品的代表性、改变样品的组成，不能使样品受到污染。

（6）制取的实验室样品量必须满足检验项目的规定。

(7) 存查样品要保持所取样品的原始状态，贴上明晰的标签，在通风、干燥、防虫的条件下保存。通常情况下保存时间一般至规定的复验申请期期满为止。

3.3 感官检验技术与方法

3.3.1 概述

粮食的感官品质检验就是凭借人体自身的感觉器官，对产品的质量状况作出客观的评价。感官检验是通过眼睛看、鼻子嗅、耳朵听、用口品尝和用手触摸等方式，对产品的外观形态进行综合性的鉴别和评价。进出口粮食品质的优劣最直接表现在它的感官性状上，通过感官指标来鉴别产品的优劣，不仅简便易行，而且灵敏度高，直观而实用，与使用各种仪器进行分析相比，有很多优点。

(1) 通过对粮食感官性状的检验，可及时、准确地鉴别出粮食质量有无异常，便于早期发现问题，及时进行处理。

(2) 方法直观、手段简便，一般不需要借助大型或复杂仪器设备。

(3) 感官检验能够察觉其他检验方法所无法鉴别的粮食质量特殊性变化，如热损伤粒。

感官检验是在长期的检验实践中积累起来的行之有效的方法，表面上这些"眼看手摸"很初级，有不少可用物理的、化学的方法替代，也取得一定的成效，却不能完全被替代。迄今为止感官检验仍被广泛使用，尤其是在农产品方面的鉴定显得尤为突出，而粮食感官检验就是其中的典型例子。感官鉴别既可以在实验室进行，又可以在现场进行，由于它简便易行、可靠性高、实用性强，目前已得到国际上的普遍承认和采用，并已日益广泛地应用于进出口粮食检验的实践中。因此，通晓各类食品质量感官鉴别方法，为日常检验监管提供了必要的客观依据。通常需要检验的感官项目有杂质、破碎粒、损伤粒等，也有纯度等适用于特定粮种的项目。

进出口粮食的感官检验主要是判断样品的颜色、气味、杂质含量、纯度等，还可能要借助分类、生理或病理等基础知识，甚至借助光学仪器来进行颗粒检验。因此，进出口粮食的感官检验要求掌握有关品质检验的知识和技能，特别是检验人员需要具备统一的检验目光，积累感官检验的实际经验。

3.3.2 感官检验的要求

一、实验室要求

(1) 实验室分区：感官检验室应有样品准备区和检验区，主要供个人或者小组进行感官评价工作。样品准备区主要用于混样、缩分等样品前期处理和制样等流程，须配备卡特除杂机、缩分器等设备。该区域灰尘较大，最好有独立的除尘和通风设施。检验区应紧邻样品准备区，以便样品的提供。检验区应使用易于清洁、不易吸附和发散气味的建筑材料，保持墙壁和内部设施的颜色中性，尽可能避免墙壁等内部装潢颜色对检验样品颜色评价的影响。

（2）照明光源的要求：标准照明的特性要相当于北空昼光的色温和光谱分布，光源色温为（6 500±200）K，一般显色指数高于75，光谱分布应尽量接近 CIE 标准照明体；整个检验工作区表面上的光照度应在（750±100）lx 范围内，最大不得超过 1 000 lx。

（3）环境要求：要求检验场所温度适宜，空气清新，光线充足，不允许有异味。室内不能放置有气味的物质、装饰和设备，环境安静，座位舒适，使检验人员保持情绪正常，精力集中；尽可能没有外界刺激、干扰，以免对检验人员产生生理和心理的影响；另外，在检验过程中要防止检验人员感觉器官过度疲劳，要有必要的间歇时间。

二、管理要求

中国认证认可管理监督委员会发布了《检测和校准实验室能力认可准则在感官检验领域的应用说明》，对感官检验有以下要求：

（1）发放给感官检验员检验方法、结果记录表格、分样品的识别号、样品准备方法和使用设备。

（2）感官检验员要熟悉检验程序和细节。

三、技术要求

（1）人员：感官检验员的选择和培训要慎重，须对检验人员的基本感官功能和相关的检测能力进行测试和确认。

（2）检验水平：感官检验员须达到规定的能力级别和获得其他相关培训，并取得上岗资格后才能参加检测，检验水平包括感官的使用、对检测程序的熟悉程度、检验的方法和标准等。

（3）监督：为保证结果可信而采取的对个人进行的监督措施。实验室要保存对每一个感官检验员的综合培训记录；对培训后的个人表现、检验结果及其数据和产品评估等个人行为进行监督和记录，记录应简单易懂。

（4）必要的再培训：实验室应建立再培训的程序和准则，当一个感官检验员不能如期完成一个检验，或检验结果出现异常，可以考虑进行再培训，再培训的方式可以是开展实验室内部或实验室间比对试验。

3.3.3 感官检验的准备

一、样品、处理程序和包装

（1）培训感官检验员、监督实验室能力、方法验证、方法比对时要使用适当的标准物质（包括有证标准物质）。在通常情况下很多检验类型和培训使用的是在实验室内用已知纯度和组成的标准物质，其他情况下则使用代表性材料。

(2)建立样品处理程序,包括样品准备的所有细节描述要尽可能详细,以确保任何样品总是用同样的方法处理,提高结果的重现性。

(3)对样品包装和用于样品处理的器械进行选择,确保和样品接触的表面不会对样品造成污损,样品包装的封口要能够防止样品从容器中泄漏和防止污染。

二、仪器用具

仪器用具包括电子天平、分样器、电动分样机、标准分样筛、样品盘(白瓷盘)、卡特除杂机、挑拣用镊子、哑光塑料板等。

3.3.4 感官检验方法

感官检验项目通常都有对应的名词术语,术语除有定义解释的作用之外,还是直接进行感官检验的方法依据。下面主要介绍外观与气味、容重、杂质、颗粒鉴别等项目的检验方法。

一、外观与气味

捧起样品,嗅辨有无异味,然后将其全部倒在分样台上,用两块分样板贴紧台面,将样品铲起后,任其散落,再调转90°角重复此操作,如此混合3～4次。捧起样品,斜向光源方向,肉眼观察其组成、色泽、类型、品种等级和整齐程度、健全程度等。正常粮谷应色泽鲜明匀整,有自然的光泽和粮谷本品固有的气味。

外观与气味检验主要在取样现场进行,但在实验室混合缩分每份平均样品前,还需做检验,综合评定。对于现场检验发现外观与气味异常、已经单独取样的部分,检验时应单独检验评定,慎重处理。当对外观品质有疑问不易判断时,应及时查询或现场查看,必要时增加取样量进行验证。

对低于环境温度的样品,应使其温度回升到室温后,再开始检验。对于难以用上述方法作出气味判断的样品,可取少量放入盛有60～70 ℃温水的水杯中浸没,加盖振荡2～3 min后将水倒出,在杯口嗅辨。也可在洁净器皿内蒸热后进行检验。对于带有熏蒸剂或杀虫剂等异味的粮食,应先放在敞口的容器内通风4 h,只有当异味没有在规定时间内消失时,才能评定该批粮谷气味不正常。

二、容重

容重是谷物籽粒在单位容积的重量,单位通常以克/升(g/L)表示。容重反映了谷物籽粒的饱满程度,一般来说,籽粒发育越成熟饱满,内含积累营养物质越多,容重值就越大。容重是粮食定等的依据之一。

(一)仪器和用具

电动分样机、不锈钢对分式分样器、样品盘(四周有围边,一角开口)、容重器、电子天平(感量0.1 g)。

(二)测定

试样制备:从平均样品中分取试样约1 000 g,去粗杂质后混匀作为测定容重的试样。

1. GHCS-1000 型谷物容重器操作步骤

(1) 打开箱盖，取出所有部件，选用下口直径为 30 mm 的漏斗。按照使用说明书进行安装、校准，将带有排气砣的容量筒放在电子秤上称量，并清零。

(2) 取下容量筒，倒出排气砣，将容量筒牢固平稳地安装在铁板底座上，插上插片，放上排气砣，套上中间筒。

(3) 将制备好的试样倒入谷物筒内，装满刮平，再将谷物筒套在中间筒上，打开漏斗开关，待试样全部落入中间筒后关闭漏斗开关。用手握住中间筒与容量筒的接合处，平稳地抽出插片，使试样随排气砣一同落入容量筒内，再将插片平稳地插入插口。

(4) 取下谷物筒，拿起中间筒和容量筒，倒净插片上多余的试样，抽出插片，将装有试样的容量筒放在电子秤上称量。

2. HGT-1000 型谷物容重器操作步骤

选用下口直径为 30 mm 的漏斗，容重器的安装及操作按照 GB/T 5498 执行。

(1) 打开箱盖，取出所有部件，盖好箱盖。

(2) 在箱盖的插座上安装立柱，将横梁支架安装在立柱上，并用螺丝固定，再将不等臂式双梁安装在支架上。

(3) 将放有排气砣的容量筒挂在吊环上，将大、小游锤移至零点处，检查空载时的零点。如不平衡，则捻动平衡调整砣调整至平衡。

(4) 取下容量筒，倒出排气砣，将容量筒安装在铁底座上，插上插片，放上排气砣，套上中间筒。

(5) 将制备的试样倒入谷物筒内，装满刮平。再将谷物筒套在中间筒上，打开漏斗开关，待试样全部落入中间筒后关闭漏斗开关。握住谷物筒与中间筒接合处，平稳地抽出插片，使试样与排气砣一同落入容量筒内，再将插片准确地插入豁口槽中，取下谷物筒，拿起中间筒和容量筒，倒净插片上多余的试样，抽出插片，将容量筒挂在吊环上称重。

(三) 结果

我国容重的单位为克/升 (g/L)，换算为美制磅/蒲式耳时应乘系数 0.077 69，换算为英制磅/蒲式耳时应乘系数 0.080 13。检测结果为整数，双试验结果的允许差不得超过 3 g/L，取算术平均值为测定结果。

表 3-2 列出各国不同的粮食感官检验中常用的样品量及对应筛具型号。

表3-2　各国粮食检验样品试样用量和筛具型号对比

样品种类	检验项目	试样用量（g）	筛具型号
中国小麦	杂质	500	4.5 mm 和 1.5 mm 圆孔筛
美国小麦	皱缩粒和破碎粒	250	0.064 in × 3/8 in① 长孔筛
加拿大小麦	杂质	100	4.5/64 in 圆孔筛
澳大利亚小麦	其他杂质	100	1.5 mm 圆孔筛
	2.00 mm 筛下物	250	2.0 mm 圆孔筛
中国大豆	杂质	500	3.0 mm 圆孔筛
美国大豆	杂质	250	8/64 in 圆孔筛
巴西大豆	杂质	250	8/64 in 圆孔筛
阿根廷大豆	杂质	250	8/64 in 圆孔筛
美国大麦	饱满粒	250	6/64 in × 3/4 in 长孔筛
	瘦小粒	250	5.5/64 in × 3/4 in 长孔筛，5/64 in 等边三角形孔筛
加拿大大麦	饱满粒	250	6 号长孔筛
	瘦小粒	250	5 号长孔筛
中国大麦	杂质	500	1.5 mm 圆孔筛
	饱满粒和瘦小粒	100	3 层筛板，筛板尺寸：长为 43 cm，宽为 15 cm。筛孔尺寸：上面为长度 25 mm，下面为长度 22 mm。宽度，筛Ⅰ为 2.8 mm，筛Ⅱ为 2.5 mm，筛Ⅲ为 2.2 mm
澳大利亚大麦	筛下物和筛上物	500	孔径 25.40 mm × 2.20 mm 下层筛，孔径 25.40 mm × 2.50 mm 上层筛
中国玉米	杂质	500	3.0 mm 圆孔筛
美国玉米	杂质	1 000～1 050	6/64 in 圆孔筛

① 1 in（英寸）= 2.54 cm。

三、杂质

按照相应粮种检验标准中的规定分取样品并称量。选取适当筛具、套好筛层，将试样轻倒在顶筛上进行筛分，分别收集各筛层筛下物和筛上物于适当的样品盘内。用手或镊子捡出各筛层上的杂质，按规定子项分别归类，必要时可借助放大镜辨认。拣出操作完毕后称量。检验杂质项目有时也用到机检方法，如检验美国小麦的杂质时用到卡特除杂机。

四、颗粒鉴别

颗粒鉴别主要鉴别粮食颗粒的受损程度、致损原因和组别类别等，分为肉眼鉴别和镜检。日常感官检验中用的较多的是肉眼鉴别。

肉眼鉴别要分取规定数量的代表性样品，摊放在底色纯净、适当大小的样品盘内，首先逐粒观察其外部形态，从其背面、腹面、顶部、基部及两侧全面观察，必要时可切开，检视其断面的形状与内质的健全程度，或借助放大镜观察微小特征，或对照实物标样、图谱进行鉴定。

颗粒鉴别已广泛用于感官项目检验工作中，分为按外形特征鉴别（如破碎粒、虫蚀粒），按色泽鉴别（如热损伤粒、小麦黑尖粒、病变粒、气候损伤粒）和按胚乳内质鉴别（如冻伤粒、粉质粒）。

3.3.5 结果计算

以下列出的是基本的计算公式，各种粮食的检验项目结果的计算公式将在后面各章分别介绍。

$$检验项目(\%) = 检验目标物质量(g)/所用试样质量(g) \times 100$$

有时也需要在计算各仓算术平均值后，再结合每仓的样品吨位计算项目的加权平均值。

3.3.6 复验

当怀疑样品中有异常杂质或变质、样品受到污染、检验过程中的仪器操作有误时，可考虑复验。复验包括查阅相关记录、重新计算、对存查样品进行核查和重新取样核查等。

3.3.7 粮食感官检验项目比较

近年来，随着我国粮食进出口贸易量和市场需求的增长，检验的粮食批次和数量持续增长。在实际检验工作中，有时会遇到检验结果与标准（或贸易合同规定）不符合的情况，从人、机、料、法、环角度等分析，其中有检验目光的不同、仪器使用情况的不同、不同国家采用的检验方法不同、样品状态发生变化等方面的原因。以下选取进口美国大豆检验工作中遇到不合格情况较多的热损伤粒项目为例进行分析。

热损伤粒项目出现不合格可考虑以下情况。

(1) 术语定义差异：我国行业标准（以下简称"行标"）SN/T 0798 中将热损伤粒定义为由于烘烤或自热，胚乳或子叶呈褐色或深褐色的颗粒；国家标准（以下简称"国标"）GB 13529 及其附录 A 中，热损伤粒的定义是因受热而引起子叶变色和损伤的颗粒（必要时剥开皮层观察子叶是否发生了颜色变化）。以上两个标准可结合使用。而美国标准（以下简称"美标"）的定义是由于受热显著变色和损伤的大豆及大豆碎粒，需观察横截面，故需要切开怀疑为热损伤粒的大豆以进一步观察判断损伤的程度（碎粒不必切开）。以上 3 种基本的判定依据相似，但美标有详尽的图谱解释，达到热损的要求较高，而行标、国标无图谱对照，受检验员主观因素影响居多。建议行标、国标不断丰富对应的图谱解释，以便统一检验员目光，减少主观因素的影响。

(2) 分样检验流程差异：国标中规定分取 500 g 试样检大型杂质，再分出 100 g 检验热损伤粒等项目。美标规定分取 1 000～1 050 g 试样手拣粗杂质，再分出 125 g 检验热损伤粒等项目。两者比较可认为基本相似。

(3) 时效性：因大豆中的热损伤粒本身具有吸湿性，因此，在检出后如不及时称量，放置时间过长可能会导致吸潮数值增高。

3.4 理化检验

进出口粮食品质检验主要涉及的理化项目有水分、粗脂肪、粗蛋白质、降落数值等。不同的产品检验的项目不尽相同，出入境检验检疫部门根据商品法检项目和进出口粮食的贸易合同标注的项目进行检验，其中水分项目适用于各种粮食，粗脂肪项目适用于油籽，如大豆、油菜籽等，粗蛋白质项目适用于对蛋白质利用程度高的粮谷，如大豆、小麦、大麦等，降落数值项目适用于小麦和黑麦。以下将分别介绍各个项目的检验技术和方法。

3.4.1 水分的检验技术与方法

水分是进出口粮食品质分析重要的项目之一。控制粮食的水分含量，对于保持粮食良好的感官性状、维持粮食中其他组分的平衡关系、保证粮食具有一定的保存期等均起着重要的作用。水分也是粮食储藏中对其质量安全至关重要的检验项目，在粮食贸易和结算时必不可少。因此，水分检验结果的准确性直接关系到粮食安全和贸易双方的切身利益。水分检验的方法可分为直接法和间接法。

直接法：利用水分本身的物理性质、化学性质测定水分，如干燥法、蒸馏法、卡尔·费休法等。

间接法：利用食品的物理常数通过函数关系确定水分含量，如测相对密度、折射率、电导率、旋光率和波谱等。

粮食水分检测方法主要有烘箱干燥法、水分测定仪法、近红外法等。相关的标准有国际标准 ISO 711：1999《谷物及谷物制品水分的测定基准法》（45～50 ℃减压干燥法）、国际标准 ISO 712：1999《谷物及谷物制品水分的测定常规法》（130 ℃干燥法）、国际标准 ISO 665：2000《油料水分和挥发物含量的测定》、国标 GB/T 5497—1985《粮食、油料检验水分测定法》（包括 105 ℃恒重法、130 ℃快速法）。

应结合具体产品种类或合同等要求、实验室情况选取。以下选取水分检验中使用最多的烘箱干燥法、两次干燥法和水分测定仪法来介绍粮食中水分的检验方法。

一、烘箱干燥法

烘箱干燥法的整个过程可概括为：样品制备、称量、烘箱干燥、取出冷却、称量定量等。

烘箱干燥法通常为进出口粮食水分检验的仲裁法，应用十分广泛，操作及设备简单，测定过程中一般无须值守。本方法的关键是如何让水分准确地消失并且精确地测定，因此要注意称量前清零，样品移动时避免损失和需使用有效的干燥剂。但该法测定所需时间较长，样品需经粉碎处理。

粮食中水分一般指样品在常压干燥下所失去的物质，包括水分和挥发物。本书以 105 ℃恒重法为例介绍粮食中水分的烘箱干燥法。

（一）仪器设备及用具

仪器设备及用具包括电热恒温箱、分析天平（感量 0.001 g）、粉碎机、谷物选筛、干燥器（备有有效干燥剂）、铝盒。

（二）检验步骤

（1）试样制备：从平均样品（去除杂质）中分取 50～100 g 样品，用研磨机进行粉碎。大豆粉碎细度通过 2.0 mm 圆孔筛；小麦、大麦、玉米、大米等粉碎细度通过 1.5 mm 圆孔筛。

（2）烘干铝盒：取干净的空铝盒，放在 105 ℃烘箱内烘 0.5～1.0 h 后取出，置于干燥器内冷却至室温，取出称重，再烘 0.5 h，烘至前后两次质量差不超过 0.002 g，即为恒重。

（3）称取试样：用烘至恒重的铝盒称取试样约 3 g。

（4）烘干试样：将铝盒盖套在盒底上，放入烘箱内在 105 ℃温度下烘 3 h（油料烘 1.5 h）后取出铝盒，加盖，置于干燥器内冷却至室温，取出称重后；再按以上方法进行复烘，每隔 0.5 h 取出冷却称重一次，烘至前后两次质量差不超过 0.002 g 为止。如后一次质量高于前一次质量，以前一次质量计算。公式如下：

$$X(\%) = \frac{W_1 - W_2}{W_1 - W_0} \times 100$$

式中：W_0 为铝盒重（g）。

W_1 为烘前试样和铝盒重（g）。

W_2 为烘后试样和铝盒重（g）。

二、两次干燥法

本方法适用于粮食水分在 16.0% 以上、油料水分在 13.0% 以上的粮食和油料水分含量的测定。其原理是在常压和一定温度下对样品进行烘干，测定样品烘干后损失的质量即水分含量。

（一）操作步骤

（1）烘干铝盒：调节烘箱温度至 105 ℃，取洁净空铝盒放在烘箱内的烘网上，烘 0.5～1.0 h，取出后置于干燥器内冷却至室温，取出称量；再烘 0.5 h，置于干燥器内冷却至室温，取出称量。烘干至前后质量差不超过 0.002 g 为止，即为质量恒定。取质量数值较小的作为铝盒质量，铝盒放入干燥器内备用。

（2）第一次烘干：用已知质量的铝盒，从平均样品中称取整粒净试样，轻摇铝盒使试样分布均匀。调节烘箱温度 105 ℃（油料 70 ℃），将铝盒放入烘箱烘干 40 min 后取出，自然冷却至室温，称量，去除铝盒质量，即为第一次烘干后试样质量。

（3）第二次烘干：将第一次烘干后的试样充分混合均匀，用粉碎机粉碎备用。再以 105 ℃ 恒重法测定。公式如下：

$$X = \frac{m - m_1 \times \frac{m_3}{m_2}}{m} \times 100 = \frac{m \times m_2 - m_1 \times m_3}{m \times m_2} \times 100$$

式中：m 为第一次烘干前试样的质量（g）。

m_1 为第一次烘干后试样的质量（g）。

m_2 为第二次烘干前试样的质量（g）。

m_3 为第二次烘干后试样的质量（g）。

（二）玉米水分测定

玉米水分测定有专用的标准 GB/T 10362—2008《粮油检验·玉米水分测定》，该标准要求当试样水分小于9%或大于15%时，先按两次干燥法的第一次烘干调节水分，然后再粉碎测定。国际贸易的粮谷，出于安全存储的考虑，一般水分含量不超过15%。

三、水分测定仪法

对于大批量的粮食样品，采用烘箱干燥法耗时过长，很难满足流程需要，因此，一般采用水分测定仪法。目前实验室使用较多的是电容式水分测定仪。以下以电容式水分测定仪为例介绍快速水分测定方法。

（一）原理

所有物质都有一定数值的介电常数，而粮食中水分含量的多少是引起谷物介电常数变化的主要原因，水分含量越高则介电常数越大，可见水分含量与介电常数之间存在正相关的关系。水分仪的原理就是把谷物的含水量通过传感器转换成电量，通过对电量的测量得出谷物的含水量。

（二）仪器设备和器具

仪器设备和器具包括粮食粉碎机、常压烘箱、水分测定仪、电子天平、干燥器（备有干燥剂）。

（三）测定步骤

水分测定仪法的整个过程可概括为基准法测定、设定仪器参数、测定样品值并与基准值比较、调节仪器内部参数、进样量和逐个测定等步骤。本书以 GAC 2500 AGRI 型水分仪为例介绍快速水分测定方法。

（1）选取一个样品，以基准法测得水分含量。

（2）开机，仪器将自动进入界面，开始预热。

（3）在操作界面选择测定的谷物种类等参数，直到仪器显示"准备完毕"。

（4）将规定量的待测样品倒在盛样斗上，按"load"键进样，仪器将自动进样并显示测定结果，记录读数并与基准法的数据进行比较，在允许范围内即可，不在范围内的需要调节仪器内部参数进行校正，使显示值符合基准值。

（5）调节完毕后依次倒入样品，记录数据。

本方法检验时样品无须经粉碎处理，测定所需时间较短，适合检测整船的大批量样品。该方法用基准法测量时，注意称量前清零，样品移动时避免损失，使用有效的干燥剂；根据粮食种类不同正确设置仪器内部参数和进样量。该方法仪器操作时需有人值守，为非仲裁法，需要用基准法的数据校准。

3.4.2　粗脂肪的检验技术与方法

脂肪含量是油料作物标准和国际贸易合同中重要的品质指标，准确地测定大豆的脂肪含量为收购大豆以质论价、计算出油率、研究大豆营养价值以及对其进行合理利用等提供依据。该项目是评价大豆品质的重要依据，对指导大豆销售、加工、提高经济效益意义重大。脂肪测定方法主要有索氏抽提法、酸水解法、碱性乙醚提取法、巴布科克氏法和盖勃法。粮谷、油籽的粗脂肪检测均采用索氏抽提法。相关的标准有国际标准 ISO 659：1998《粗脂肪含量的测定（参考法）》，美国油类化学家协会标准 AOCS Ac 3-44《油脂》，国标 GB/T 5512—2008《粮食、油料检验 粗脂肪测定法》，国标 GB/T 14488.1—2008《植物油料 含油量测定》（等同采用 ISO 659）。

以上方法均以索氏抽提法为基础，可根据不同样品或合同等要求、实验室具体情况选取。本书选取粮食脂肪检验中常用的索氏抽提法为例介绍粮食中粗脂肪的测定过程。

一、索氏抽提法

（一）原理

利用溶剂回流和虹吸原理，将固体物质放在滤纸套内，浸入抽提铝杯中。当溶剂加热沸腾后,蒸汽通过导气管上升,被冷凝为液体滴入提取器中。如此循环抽提,萃取出可溶于溶剂的物质并收集到铝杯内,最后将溶剂蒸发回收,干燥铝杯,得到的残留物即为脂肪,称量计算即可得粗脂肪含量。由于有机溶剂的抽提物中除脂肪外,还或多或少含有游离脂肪酸、甾醇、磷脂、蜡及色素等类脂物质,因而抽提法测定的结果是粗脂肪。

索氏抽提法的整个检测过程包括样品制备、循环抽提、淋浴、回收溶剂、干燥铝杯和称量计算等。

(二) 试剂和仪器设备

试剂和仪器设备包括无水乙醚、分析天平(感量0.001 g)、电热恒温箱、电热恒温水浴锅、粉碎机、研钵、通风橱、备有变色硅胶的干燥器、滤纸筒、索氏提取器、圆孔筛(孔径为1 mm)、广口瓶、脱脂棉等等。

(三) 检验步骤

(1) 样品制备:取除去杂质的干净试样30~50 g,磨碎,通过孔径为1 mm的圆孔筛,然后装入广口瓶中备用。

(2) 称量样品:称取样品于套筒中备用,根据表3-3称量1~5 g试样,精确到0.001 g,直接放入经称量去皮的套筒,使试样含脂肪0.1~0.2 g。记录质量(S)和萃取套筒序号。装有样品的滤纸筒放入105 ℃温度下烘0.5 h,去除过多的水分。

表3-3 粗脂肪索氏抽提法试样量

粗脂肪(%)	试样质量(g)
<2	5
5	2~4
10	1~2
>20	1

(3) 上机抽提:开启索氏抽提仪,选择合适程序,将装有试样的滤纸筒放入抽提仪,同时将石油醚注入铝杯,打开冷凝水,启动程序,开始加热抽提。控制加热的温度,使冷凝滴下的石油醚为80滴/min。抽提时间需视试样样品状态而定,一般是浸提30 min,蒸气淋浴60 min。淋浴结束后运行蒸发程序,回收溶剂。

(4) 烘干测定:抽提完毕。抽提是否完全,可用滤纸或毛玻璃检查,由抽提管下口滴下的乙醚滴在滤纸或毛玻璃上,挥发后不留下油迹表明已抽提完全。抽净脂肪后,取出滤纸筒,再加热使乙醚回流2次,然后回收乙醚,取下铝杯、冷凝管和抽提筒,加热除尽抽提瓶中残余的乙醚,放到烘箱中烘干。在100 ℃下干燥120 min,取出放在干燥器中静止冷却至室温,称量萃取杯,精确到0.001 g,用脱脂棉蘸乙醚揩净抽提瓶外部,然后将抽提瓶放在105 ℃下烘90 min,再烘20 min,烘至恒质为止

（前后两次质量差在 0.002 g 以内视为恒质），抽提瓶增加的质量即为粗脂肪的质量。

计算公式如下：

$$X_s = \frac{F - T}{S} \times 100$$

式中：X_s 为脂肪的含量（%）。

F 为萃取杯与脂肪的质量（g）。

T 为萃取杯的质量（g）。

S 为试样的质量（g）。

此法是经典方法，对大多数样品结果比较可靠，但需要周期长，溶剂量大。适用于脂类含量较高，结合态的脂类含量较少，能烘干磨细，不宜吸湿结块的样品的测定。

注意事项：脂肪提取剂是无水乙醚或石油醚，乙醚的沸点低，溶解脂肪的能力比石油醚强。现有的脂肪含量的标准分析法都采用乙醚做提取剂。但乙醚可饱和约2%的水分，含水的乙醚也将同时抽出糖分等非脂类成分，所以，实用时必须采用无水乙醚做提取剂，被测样品必须事先烘干。石油醚具有较高的沸点，它没有胶溶现象，不会夹带胶态的淀粉、蛋白质等物质，抽出物比较接近真实的脂类。如果采用乙醚为抽提剂，试样抽提完毕后需将铝杯中乙醚在完全蒸发挥净后再放入烘箱，若乙醚未挥发干净就将接收瓶放入烘箱，会有爆炸的危险。

3.4.3 粗蛋白质的检验技术与方法

粗蛋白质是大麦、小麦等粮食的重要品质指标，是评定粮食的营养价值和合理使用粮食的重要依据。蛋白质测定的主要方法有化学法和物理法。

化学法：蛋白质中的氨基酸和化学物质反应，生成易于测定的新物质，再换算成蛋白含量，如杜马斯燃烧法、凯氏定氮法、分光光度法、双缩脲法、考马斯亮蓝法。

物理法：测定蛋白质中特有的基团的物理特性，通过函数关系换算成蛋白含量，如近红外分析法等。

国内外粮食粗蛋白检验的主要标准包括国际标准 ISO 20483：2006《谷物和豆类 氮含量测定和粗蛋白含量计算 凯氏法》，AOAC 992.3《谷物和油料中的蛋白质（燃烧法）》中，国标 GB/T 5511—2008《谷物和豆类 氮含量测定和粗蛋白质含量计算 凯氏法》（等同采用 ISO 20483），国标 GB/T 14489.2—2008《粮油检验 植物油料粗蛋白质的测定》等。

粮谷类粗蛋白含量主要采用杜马斯燃烧法、凯氏定氮法、近红外分析法。应结合具体产品或合同等要求、实验室情况选取。以下将选取目前粮谷中粗蛋白质检测工作中使用最多的凯氏定氮法和燃烧法分别介绍。

一、凯氏定氮法

凯氏定氮法是测定粮食中的蛋白质的定量方法之一，本方法主要检测过程为称量、消化、滴定和转换等。

（一）原理

粮食中的蛋白质在催化加热条件下被分解，产生的氨与硫酸结合生成硫酸铵。碱化蒸馏使氨游离，用硼酸吸收后以硫酸或盐酸标准滴定溶液滴定，根据酸的消耗量乘以相应的换算系数，即为蛋白质的含量。

化学反应式为：

$R \cdot CH \cdot NH_2COOH + H_2SO_4 \longrightarrow (NH_4)_2SO_4 + CO_2 \uparrow + SO_2 \uparrow + H_2O$

$2NaOH + (NH_4)_2SO_4 \longrightarrow 2NH_3 \uparrow + Na_2SO_4 + 2H_2O$

$2NH_3 + 4H_3BO_3 \longrightarrow (NH_4)_2B_4O_7 + 5H_2O$

$(NH_4)_2B_4O_7 + 2HCl + 5H_2O \longrightarrow 2NH_4Cl + 4H_3BO_3$

（二）试剂和材料

试剂和材料包括硫酸铜（$CuSO_4 \cdot 5H_2O$），硫酸钾（K_2SO_4），浓硫酸（H_2SO_4密度为1.84 g/L），硼酸（H_3BO_3），甲基红指示剂（$C_{15}H_{15}N_3O_2$），溴甲酚绿指示剂（$C_{21}H_{14}Br_4O_5S$），亚甲基蓝指示剂（$C_{16}H_{18}ClN_3S \cdot 3H_2O$），氢氧化钠（$NaOH$），95%乙醇（$C_2H_5OH$），硼酸溶液（20 g/L），氢氧化钠溶液（400 g/L），硫酸标准滴定溶液（0.050 0 mol/L）或盐酸标准滴定溶液（0.050 0 mol/L），甲基红乙醇溶液（1 g/L），亚甲基蓝乙醇溶液（1 g/L），溴甲酚绿乙醇溶液（1 g/L），混合指示液（2份甲基红乙醇溶液与1份亚甲基蓝乙醇溶液临用时混合；也可用1份甲基红乙醇溶液与5份溴甲酚绿乙醇溶液临用时混合）。

（三）仪器和设备

仪器和设备包括天平（感量为0.001 g）、粉碎设备、自动凯氏定氮仪系统、通风橱。

（四）检验步骤

(1) 样品制备：使用适宜的实验室粉碎磨或粉碎机把样品粉碎。

(2) 称量样品：称取固体试样0.2～2.0 g，精确至0.001 g。

(3) 消化样品：称样品入消化管，加入浓硫酸和催化剂，轻轻地摇动，将样品浸湿。将消化管置于预热至420 ℃的消化炉上，开电源启动加热程序开始消化，消化完成的样品待用。

(4) 仪器的准备及空白的测定：打开定氮仪开关，进入手动控制菜单，用蒸馏水蒸馏，进行管路清洗，并根据需要进行其他各项操作。进入蒸馏菜单，开始进行空白的测定，待空白值稳定在0.1 mL后可进行样品的测定。

(5) 测定样品：分别设定仪器蒸汽缸的功率、加稀释水量、加碱量、样品架类型、盐酸浓度、蛋白质计算转换系数等参数；将消化管置于托架上，确保安全门关闭，按键开始滴定，测定结束后记录数据。运行程序，用消化管里的蒸馏水清洗管路，关闭仪器电源。

试样中蛋白质的含量按如下公式进行计算（一般情况下，自动凯氏定氮系统能自动提供计算结果）：

$$X = \frac{(V_1 - V_2) \times c \times 0.0140}{m \times V_3/100} \times F \times 100$$

式中：X 为试样中蛋白质的含量（g/100 g）。

V_1 为试液消耗硫酸或盐酸标准滴定液的体积（mL）。

V_2 为试剂空白消耗硫酸或盐酸标准滴定液的体积（mL）。

V_3 为吸取消化液的体积（mL）。

c 为硫酸或盐酸标准滴定溶液浓度（mol/L）。

0.0140 为 1.0 mL 硫酸 $[c(1/2H_2SO_4) = 1.000$ mol/L$]$ 或盐酸 $[c(HCl) = 1.000$ mol/L$]$ 标准滴定溶液相当的氮的质量（g）。

m 为试样的质量（g）。

F 为氮换算为蛋白质的系数。应根据不同的样品种类选择相应的系数。

该方法可用于多种粮食的粗蛋白质分析，操作相对比较简单，是一种测定粗蛋白质的经典方法，全自动蒸馏过程。该方法消化需在通风橱里进行，滴定用盐酸的浓度定量需准确，需经常检查与仪器连接的蒸馏水桶、硼酸吸收液桶和氢氧化钠桶的液面，确保有足够的储量；需检查各路管道及电源准确连接；取出管子时要避免烫伤。本方法消化和测定时间较长，使用试剂较多，需要较多的实验前准备工作。

二、燃烧法

（一）原理

一定量的样品在 900～1 200 ℃ 的高温炉中进行燃烧，生成的气体为 CO_2、H_2O、NOx；这些气体再经过还原炉后，NOx 被还原为 N_2，而 CO_2 和 H_2O 被分离；其中的碳、硫等干扰气体和盐类被吸收管吸收，氮氧化物被全部还原成氮气，形成的氮气气流通过热导检测仪（TCD）进行检测。再与标定的曲线进行比对，计算出样品中的氮含量。

（二）仪器和设备

仪器和设备包括杜马斯燃烧仪、电子天平（感量为 0.001 g）。

（三）检验步骤

蛋白质燃氮法的主要检验过程为称量、燃烧、还原、净化和检测等。

（1）称量样品：称量 0.1～1.0 g 充分混匀的样品入铝箔纸备用。

（2）准备仪器：打开仪器加热炉的各管路接头，清除灰分管，连接各管路接头，去掉尾气出口的堵头，将进样盘拿开，开电源，自检完毕后将进样盘样品孔位手动调到 0 位后放回原处，启动软件。

（3）设定参数：分别打开氧气和二氧化碳，设定至适当压力：氧气为 0.22 Mpa，二氧化碳为 0.12 Mpa，设定反应温度（氧化管为 960 ℃，二级氧化管为 800 ℃，还原管为 815 ℃)。

(4) 条件化测试和标样测试：待温度稳定后，测定空白值，做 2～3 个条件化测试，做 3～4 个标样测试。

(5) 测定样品：输入样品量、分析方法、蛋白质系数，开始进样测定，并记录数据。

试样中蛋白质的含量按下式进行计算：

$$X = C \times F$$

式中：X 为试样中蛋白质的含量（g/100 g）。

C 为试样中氮的含量（g/100 g）。

F 为氮换算为蛋白质的系数。应根据不同的样品种类选择相应的系数。

燃烧法对单个样品的检测时间较短，基本无须试剂，测定过程基本无须值守。加热炉的温度不能超过操作说明中注明的最高温度；仪器关机之前，加热炉温度应该降低到 100 ℃ 以下；操作中，仪器内的加热炉温度很高，即使关闭了仪器，这些部件的热量还会保留很长时间，应避免被灼伤。

燃烧法与凯氏定氮法两种方法特点的比较见表 3-4。

表 3-4 燃烧法与凯氏定氮法比较

方法名称	燃烧法	凯氏定氮法
原理	相对测量	绝对测量
分析速度	约 3 min	数小时
检测对象	总氮	铵态氮
自动化程度	基本自动	人为操作较多
环境	不需要任何化学试剂	用到大量化学试剂

通过比较可以发现，两种方法原理不同：凯氏方法是绝对测量，燃烧法是相对测量，必须依靠标准品，标准品定标的准确性直接影响测量结果。

分析速度：凯氏定氮仪因有消化步骤，要数小时；燃烧法定氮仪只需几分钟。

检测对象：样品中的氮含量根据定义不同有总氮、凯氏氮、铵态氮、硝态氮、亚硝态氮；也可以分为有机氮和无机氮。燃烧法测量的是总氮的含量。凯氏方法可以分别测量出上述各个氮含量。样品不经过消化直接蒸馏测量，就是无机氮中的铵态氮；在蒸馏过程中加入催化剂将硝态氮、亚硝态氮转换成铵态氮，其结果就是无机氮。样品经过消化蒸馏得到的是凯氏氮，在消化前加入催化剂将硝态氮、亚硝态氮转换成铵态氮，得到的是总氮。

自动化程度：凯氏定氮仪人为操作较多，燃烧仪基本自动。凯氏法需要添加浓硫酸等消化试剂、样品进样、试管的清洗等很多人为的操作，燃烧法只需要称样，再将样品放于自动进样器中,仪器自动分析,基本无须看管。

工作环境:凯氏定氮仪用到硫酸、氢氧化钠、硼酸等大量化学试剂;燃烧法使用氧气、二氧化碳,不需要任何化学试剂。凯氏方法由于使用了大量的化学试剂,对操作人员和环境会有一定影响。

粮食粗蛋白检验可根据上述各条,结合实际情况选择适当的测定方法。

3.4.4 降落数值的检验技术与方法

降落数值是小麦等粮食的一项重要品质指标。其定义是把一定量的小麦粉或其他谷物粉和水的混合物置于特定黏度管内并浸入沸水浴中,以特定的方式搅拌管内混合物,并使搅拌器在糊化物中从一定高度下降一段特定距离,自黏度管浸入水浴开始至搅拌器自由降落一段特定距离的过程所需要的时间(s)即为降落数值。该测定主要有两大方面应用,即小麦发芽损坏的测定和面粉中 α - 淀粉酶的合理调节与添加。

小麦降落数值的测定可以正确地评价小麦因各种原因造成的着水发芽的程度。正常成熟的小麦 α - 淀粉酶活性较低,降落数值范围在 350～400 s;如果遇雨小麦发芽或萌动(小麦发芽两三天,小麦胚芽尚未突出种皮),其降落数值会明显下降,下降的幅度与发芽时间的长短、发芽的比例成正比;发芽严重时,降落数值会降低到 80 s 以下;如果只有极个别粒小麦发芽,即使发芽的时间较长,降落数值也不会明显下降。测定降落数值可以正确地评价小麦的发芽程度,避免人工肉眼方法的误差。

粮食收购时可以根据入库小麦降落数值,进行分类分仓贮存,避免发芽小麦与好的小麦互混导致小麦品质降低,造成不必要的经济损失;还可以根据入库小麦的降落数值的高低进行合理的搭配。

加工时可以根据小麦的降落数值正确地评定小麦的质量,根据专用粉的指标来生产不同降落数值的面粉;也可通过用高低两种降落数值的小麦进行搭配,或用高低两种面粉进行搭配来调整面粉的降落数值。降落数值检验相关的国际标准有 ISO 3093:2004 *Wheat, rye and their flours, durum wheat and durum wheat semolina-determination of the falling number according to Hagberg-Perten*;中国国家标准 GB/T 10361—2008《小麦、黑麦及其面粉,杜伦麦及其粗粒粉 降落数值的测定 Hagberg-Perten 法》则是根据 ISO 3093:2004 修改使用。

一、原理

降落数值指黏度计进入热水器到黏度计搅拌降落入糊化的悬浮液中的总时间(包括搅动时间),以秒(s)为单位表示。面粉、粗粒粉和全麦粉的悬浮液在沸水浴中被迅速糊化,因糊化物中 α - 淀粉酶活性的不同而使其中的淀粉不同程度地被液化,液化程度不同,黏度搅拌器在糊化物中降落特定距离所需要的时间不同。因此,降落数值的高低表明了相应的 α - 淀粉酶活性的差异,降落数值高表明 α - 淀粉酶的活性低,反之则表明 α - 淀粉酶活性高。

二、仪器设备

仪器设备主要包括降落数值测定仪、天平和实验磨等。

三、测定步骤

（1）试样制备：整粒谷物样品需除杂，从实验室样品中分取 300 g 有代表性的样品，清除样品中的杂质，例如砂石、尘土、皮壳或其他谷物。

（2）粉碎样品：当全部样品进入到实验磨后继续研磨 30～40 s，研磨后若残留在磨膛中的麸皮颗粒不超过总质量的 1%，则可舍弃这些麸皮。所有的粉碎样品在使用前要充分混合。向实验磨中进料要小心，以防止过载或过热，可以利用自动加样装置。颗粒分布要求如表 3-5。

表 3-5　降落数值样品粉碎度

筛孔尺寸（μm）	筛下物（%）
710	100
550	95～100
210～200	≤80

（3）冷却：在进行测试前将粉碎后的样品（特别是在连续粉碎的情况下）在室温下冷却 1 h 以上。

（4）测定：向水浴装置内加水至标定的溢出线。开启冷却系统，确保冷水流过冷却盖。打开降落数值测定仪的电源开关，加热水浴，直至水沸腾。在测定前和整个测定过程中要保证水浴剧烈沸腾。将称量好的试样移入干燥、洁净的黏度管内。用自动加液器加入（25±0.2）mL 温度为（22±2）℃的水。立即盖紧橡胶塞，上下振摇 20～30 次，得到均匀的悬浮液，要确保黏度管靠近橡胶塞的地方没有干的面粉或粉碎的物料。如有干粉，稍微向上移动橡胶塞，重新摇动。拔出橡胶塞，将残留在橡胶塞底部的所有残留物都刮入黏度管中。使用黏度搅拌器将附着在试管壁的所有残留物都刮进悬浮液中后，将黏度搅拌器放入黏度管。双试管的仪器，应在 30 s 内完成操作，然后同时进行两个黏度管的测试。立即把带黏度搅拌器的黏度管通过冷却盖上的孔放入沸水浴中，开启搅拌头，仪器将自动进行操作并完成测试，当黏度搅拌器到达凝胶悬浮液的底部时测定全部结束。记录电子计时器上显示的时间，此时间即为降落数值。

3.4.5　近红外检测方法

一、近红外方法应用

现行的品质项目检验方法一般都存在操作步骤多、检验时间长的不足之处，近年来，近红外方法的使用有效缓解了上述问题。近红外方法即通过测定被测物质在近红外谱区的特征光谱并利用适宜的化学计量学方法提取相关信息后,对被测物质进行定性、定量分析的一种分析技术。定性分析的目的是确定物质的组成与结构,而定量分析则是为了确定物质中某些组分的含量。与常用的化学分析方法不同,近红外光谱分析法是一种间接分析技术,是用统计的方法在样品待测项目值与近红外光谱数据之间建立一个关联模型。近红外光谱分析适合于大量样品的分析。进行近红外光谱分析,必须先收集一批有代表性的、含量或性质(称为化学值)已知的标准样品,准确测定其近红外光谱与化学值,校正近红外光谱测定不稳定造成的图谱失真,然后,利用化学计量学算法,建立全谱区的光谱信息与含量或性质间的数学关系,并且通过严格的统计验证选择最佳数学模型。对于未知样品,只要测定其光谱,就可由选定的数学模型计算其对应成分的含量或性质。

二、测定原理

利用蛋白质或脂肪或水分分子中的化学键的泛频振动或转动对近红外光的吸收特性,用化学计量学方法建立大豆近红外光谱与其蛋白质含量或脂肪含量或水分含量之间的相关关系,再计算样品的粗蛋白质含量或粗脂肪含量或水分含量。

三、仪器设备

近红外分析仪:加入粮油近红外分析网络的仪器应符合 GB/T 24895 的要求。未加入粮油近红外分析网络的仪器,应按照 GB/T 24895 中有关定标模型验证的规定验证合格。

样品粉碎设备:粉碎后样品的粒度分布和均匀性应符合近红外分析仪建立定标模型时的要求,使用时应采用与定标模型建立与验证时相同的制备过程。

四、检验步骤

近红外光谱定量分析的流程可分成两大步骤:建立数学模型并检验、优化模型的稳定性,以及应用数学模型,利用未知样品的近红外光谱,预测未知样品中有关组分的含量或性质。其可概括为标准方法分析样品,采集光谱,建立、优化和检验模型,测定未知样品光谱,调用模型,得到结果。

具体的分析过程主要包括以下几个步骤:①选择有代表性的样品并测量其近红外光谱;②采用标准或认可的参考方法测定所关心的组分或性质的相关数据;③将测量的光谱和基础数据,用适当的化学计量方法建立校正模型;④未知样品组分或性质的测定。

该方法一般不需要前处理,过程无污染。近红外光线具有很强的穿透能力,在检测样品时,很少需要进行任何前处理;不需要任何化学试剂。和常规分析方法相比,它既不会对环境造成污染,又可以节约大量的试剂费用。

本方法目前为非仲裁法,需要用参考方法获取大量的样品数据,前期准备工作时间长,收集的定标样品要具有代表性,定标样品和待测样品的处理要一致,定标样品测定值要准确,每个样品都要混合均匀并装样一致,要选择合适的定标方程。

第4章 粮食品质检验仪器与设备

4.1 取样设备

从一批粮食中均匀地、有代表性地扦取原始样品的过程，称为扦样或取样。在国内和国际进出口粮食贸易活动中，粮食品质是贸易的核心问题。只有通过科学的取样和检验，才能了解每批粮食的质量。检验有最大的代表性，在这一过程中，取样是最基本和最关键的环节。使用适合的取样工具能帮助检验人员获取有代表性的原始样品。

针对不同的粮食种类（谷类、油料等）、不同的运载工具（轮船、集装箱和铁路车辆等）、不同的输送设备（提升机、皮带机、刮板机、溜管等）和不同的作业方式（卸载、装载），应采取不同的取样方法和取样器。取样器的研究进步较快，除普遍使用的人工取样管外都趋于自动化。本节简要介绍我国进出口粮食品质检验常用的取样设备。

4.1.1 品质检验常用的取样工具

一、单管扦样器

单管扦样器（见图4-1）是由一根具有凹槽的金属管切制而成，一端呈锥形便于插入粮包，另一端有中空的木手柄，便于样品流出。根据探口长度和探口宽度，可将粮食分成大粒粮食、中小粒粮食等类型。单管扦样器适用于袋装货物的取样。

单管扦样器的常用类型有两类，一类是适用于豆类、玉米、饲料取样，全长60～75 cm，槽口宽1.0～1.8 cm，最大外径约2.5 cm；另一类是适用于小中粒粮食、油籽、饲料取样，全长50 cm，槽口长40 cm，槽口宽0.8～1.5 cm，外径1.6～2.0 cm，尖端部分约4 cm，为实心圆锥体。

选择扦样器时应掌握扦样器长度略短于被扦容器的斜角长度的原则，要求扦样器与盛样器清洁干净，样品袋不能过高。扦样时，用扦样器尖端拨开袋一角的线孔，扦样器凹槽向下，自袋角处尖端与水平成30°角向上倾斜地慢慢插入袋内，直至到达袋的中心；手柄旋转180°，使凹槽旋转向上，稍稍

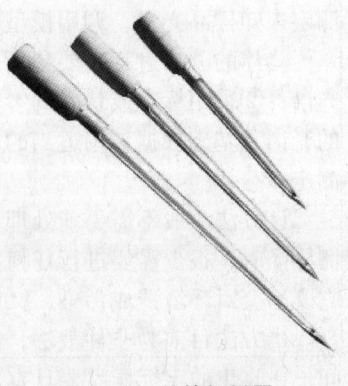

图4-1 单管扦样器

振动，使样品落入孔内，使扦样器装满；抽出扦样器，即可打开孔口将样品倒出。

二、双套管扦样器

双套管扦样器又称槽形承受器，由内外两薄金属管套制而成，内外两管均匀切开位置相同的槽口数处，内套管连接手柄（见图4-2）。主要适用于散装货物的人工取样。

双管扦样器是最常用的工具之一。其构造是一个空心的铜管紧密套合在一个具有实心尖头的外管之中。内外套管的管壁均开有狭长小孔。因此，当内管旋转到小孔与外管小孔成一线时，样品便流入内管的孔内。当内管旋转半周，孔口即关闭。管的长度和直径根据粮谷种类及容器大小有多种设计。

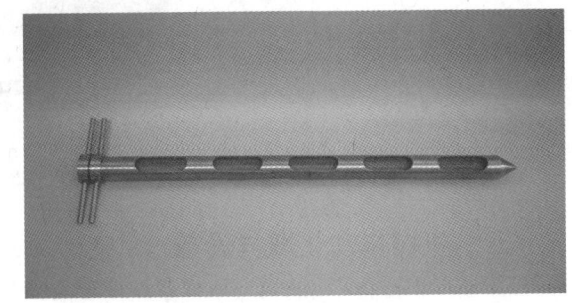

图4-2 双套管取样器

扦样器可以垂直或水平使用，必须将扦样器对角插入袋内或容器中；在散装粮谷中，垂直插入更为方便。扦样器在关闭状态插入袋内，然后开启孔口，转动二次或轻轻摇动，使扦样器装满样品，最后关闭拔出，倒入一个合适的容器内。关闭扦样器，应注意勿使样品损伤。

三、气吸式扦样机

近年来，很多实验室正推广使用气吸式扦样机。气吸式扦样机主要由扦样管、真空泵和连接管等部分组成（见图4-3）。扦样时，接上电源，开动真空泵，在该系统产生负压，吸入种子进入扦样管，再进入低压旋风室，落入下部的样品收集室，然后关上电源，停止真空，打开下部活门，接收扦取的部分样品。

图4-3 真空抽气式取样

四、取样铲

常用的取样铲（见图4-4）长约13 cm，宽约8 cm，边高约4 cm，柄长约8 cm。

图4-4 取样铲

五、机械自动化取样设备

国内进口散粮采用的自动取样系统主要有美国、日本和国产（见图4-5）的多种类型。其主要由取样器、分样器、收集器和控制管理系统四部分组成。

自动取样系统的工作原理及操作过程如下：

（1）利用切割器截取一完整的流粮横截面，切割器的速度与开口尺寸是可调控的，切割到的样品经气力输送组件输送到分样器进行分样。

（2）分样器对样品进行缩分，有的采用四分器进行缩分，有的分样器能根据用户需要来灵活调节最终的取样量。

（3）经分样器处理后的物料部分进入自动样品收集装置，废弃部分则返回流程设备中的大货。

图4-5 国产LQQ1000型自动取样系统

（4）控制管理系统除了管理气力输送组件、电动分样器、自动样品收集装置的运行外，还能调节和控制取样头的工作频率，即可由用户设定间隔多长时间取样头横切取样一次，以满足用户对不同取样量的要求。

（5）根据设备操作说明书进行，大体是先设置切割器的速度即间隔时间、开口尺寸，再设置分样器的分样比例，最后是收集装置的设置。以上步骤可以通过控制管理系统设置来完成。

六、其他取样工具

（一）艾利斯杯

一种手工扦样装置，由轻质铝制成，用于从输送带上运行的粮谷获取样品；主要用于动态粮谷的取样。

（二）鱼鹰嘴式扦样勺

一个皮制的袋子，约 10 cm×45 cm，袋口四周镶入一根钢带，使开口固定，该扦样勺有一根约 100 cm 的长把；主要用于动态粮谷的取样。

七、分样板

分样板见图 4-6。

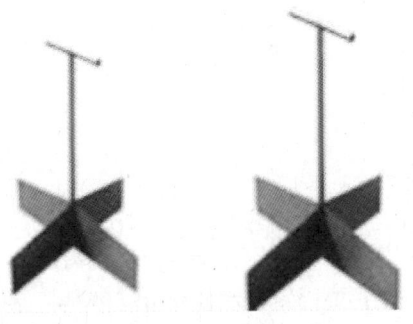

图 4-6　分样板

八、分样布或适合的铺垫物（略）

九、样品袋（筒）

样品袋（筒）指采用牢固、卫生的材料制成的容器，可密闭（见图 4-7）。

图 4-7　样品袋

十、样品瓶

500～1 000 mL 棕色玻璃瓶或塑料瓶（见图 4-8）。

图 4-8　样品瓶

4.2　制样设备

当对颗粒粮食、油料进行品质检验时，除了扦取一定数量的具有代表性的样品以外，对样品是否进行充分混合、平均，并按量分取所需的代表性检验样品，是影响粮食油料品质检验结果的一个重要因素。制样或分样就是将原始样品充分混合均匀，进一步缩分成平均样品或试样的过程。原始样品是所受检谷物的代表，为了满足检验的需要而又要保证样品的均匀性，所分的样品必须具有代表性，因此，对于谷物制样要求混合充分，分取均匀。另外，对于理化检验项目如水分、粗蛋白等的样品，还需根据要求对样品进行粉碎，对于颗粒粮食油料进行品质检验常用的设备有分样器和粮谷粉碎机。

4.2.1　分样器

在进出口粮食的样品制取中，对分样器的要求是分样要均等；各种成分分配均匀；分样时流畅，并且不易窝藏样品，容易清理；各种机械正常运作，如开关灵活；等等。常用的分样器为电动离心分样器和钟鼎式分样器（见图 4-9 和图 4-10）。

一、电动离心分样器

电动离心分样器（见图 4-9）的操作原理主要是应用离心力混合分布样品在分离面上。在此分样器中，样品向下流动，经过漏斗到达浅橡皮杯或旋转器内。由马达带动旋转器，样品即被离心力抛出落下。样品落下的圆周或面积由固定的隔板等分成 10 等份，通往不同的出口，最后 4 个出口分出的样品比例是 1:2:3:4。

电动离心分样器一次性分样精度达 ±0.5%，弥补了传统的重力类型分样器需分样多次的不足，特别适用于中小颗粒谷物；但对于原粮中的长芒稻谷、成品粮中的小麦粉、特大粒粮食如花生果等，以及50 g以下的样品不宜用分样器分样。

二、钟鼎式分样器

钟鼎式分样器（见图4-10）由铜皮制成，顶部为漏斗，下面为活门，其下为一圆锥体，圆锥体顶尖正对活门的中心。圆锥体底部四周均匀地分为若干个等格，其中相间的一半格子，下面各设有小槽，所分样品经小槽流入内层，经小口流入盛接器；另外相间的一半格也各有一小槽，样品经小槽流入外层，进入大口到另一个盛接器。样品被分成2份，分样次数视需要样品多少而定。

钟鼎式分样器适用于颗粒样品的混样与分样，该机是准确度较高的一种粮食分样器。钟鼎式结构的铜质分样格具有较高的恢复弹性和耐腐性，从而保证了分样精度的准确性与稳定性，具有结构简单、使用方便、混样均匀、分样误差小的特点。

图4-9　电动离心分样器

图4-10　钟鼎式分样器

4.2.2　粮谷粉碎机

粉碎的目的是在制样过程中，用机械或人工方法减少样品的粒度。粉碎的过程包括装上适合孔径的筛板、进样、收集等步骤，主要通过粮谷粉碎机来实现。粮谷粉碎机一般由电机、筛板、接样容器构成（见图4-11）。

图4-11　粮谷粉碎机

4.3 实验室检验设备

进出口粮食品质检验的项目包括感官项目（如容重、杂质、损伤、热损伤等）和理化项目（如水分、脂肪、蛋白质、降落数值等）。这些项目涉及粮食质量安全的各个方面，例如，粮谷的营养、安全方面是否满足和保障消费者的健康需要，粮谷是否受到污染，粮谷合同的指标是否真实规范，等等。目前，主要用于粮食品质检验工作的仪器包括分样器、电子天平、容重器、烘箱、水分测定仪、凯氏定氮仪、燃氮仪、索氏提取仪、近红外分析仪、降落数值仪、电动筛分机、卡特除杂机等，其中分样器已在第二节介绍，本节不再重复。

各类品质检验仪器的使用为检验部门按照法律法规、标准要求、合同指标开展粮食品质检验工作提供了保障。目前，进出口数量和批数较多的粮食包括大豆、大麦、小麦、玉米、大米等，上述仪器基本可满足进出口粮食的感官和理化品质检验。下面分别对这些检验设备进行介绍。

4.3.1 感官检验设备

谷物品质的感官检验是指对谷物的色泽、气味、杂质、容重等反映粮食外观价值、物理特性等项目进行检验，是谷物品质检验工作中重要的一部分。这部分的感官检验涉及的仪器设备包括电子天平、分样器、分样筛、容重器以及国外小麦、玉米等谷物扣除物项目用到的卡特除杂机等。

一、感官检验常用小型设备

（1）电子天平：常用到的有分度值 0.01 g 和 0.001 g 两种。

（2）分样器：有电动分样机、钟鼎式分样器。

（3）分样筛：大致包括 1.63 mm×9.53 mm（0.064 in×3/8 in）两端半圆形长孔筛，Φ1.79 mm（4.5/64 in）圆孔筛，Φ1.5 mm 圆孔筛，Φ3.18 mm（8/64 in）圆孔筛，1.98 mm×19.05 mm（5号）长方孔筛，2.38 mm×19.05 mm（6号）长方孔筛，2.2 mm×22.0 mm 长方孔筛，2.5 mm×22.0 mm 长方孔筛。

一般筛分操作分机筛法和手筛法，根据不同粮种检验项目的要求，选用适当的筛具。使用前检查筛号，确认筛面平整。将所需用的筛具按照孔径由小到大的顺序套在筛底盘上，如果筛层中有一只以上，就必须使各层长孔方向保持完全一致。将适量的试样轻轻倒入顶层筛子中心，盖上筛盖；样品多时应分次筛分。

手筛时两手水平持筛，两肘靠近身体，左右平稳筛动；如使用长孔筛，必须顺着长孔的方向。其他筛可按任意方向来回平筛，也可一手握住筛具边缘，以筛底贴附平滑台面前后直筛，但在筛分时必须注意筛动的节奏、筛幅和筛速，一般不宜抖动。

机筛时，按规格安装并检查筛具，倒入试样按规定的筛速进行，到规定时间后停机（见图 4-12）。

第4章 粮食品质检验仪器与设备

图4-12 机械振动筛

筛分结束后,轻轻取下筛具,把筛上物倒入样品盘内,注意不能振动筛具,翻转筛具使筛底朝上,轻拂筛底,将塞在筛孔中的物质归入筛上的样品中。倒出筛下物,并清扫附在底盘上的粉尘,归入筛下物。

(4) 样品盘:白色瓷盘,用于盛装实验样品。

(5) 镊子:杂质、热损粒等挑拣用。

(6) 哑光塑料板:用于比对粮食色泽。

二、谷物容重检验设备——容重器

容重器是用于测量粮食子粒在单位容积内的重量的仪器,目前国内谷物容重器分为HGT-100型(见图4-13)和GHCS-1000型(见图4-14)。HGT-100型容重器主要是由谷物筒、中间筒、容量筒、排气砣、衡器等部件组成。GHCS-1000型容重器在HGT-100型的基础上进行改良,采用了电子称量和计算机技术,具有操作简单、精确度高、测量速度快的优点。另外,国外谷物容重检验的仪器,如美国使用的Seedburo容重器(见图4-15),其包含填充漏斗和支架,填充漏斗和支架是用于保证粮食样品准确地填充到检测容积密度的体积杯。该设备能满足美国农业部USDA-FGIS法定的谷物检验要求。

图4-13 HGT-100型容重器

图4-14 GHCS-1000型容重器

图 4-15　Seedburo 容重器

三、扣除物检验设备——卡特除杂机

卡特除杂机（见图 4-16）主要用于美国、加拿大谷物中扣除物（Dockage）项目检验，其工作原理是通过使用气室，设置进料控制，振动适当的粗筛等工具，将扣除物从谷物样品中分离出来。

图 4-16　卡特除杂机

卡特除杂机的操作步骤：①选用筛具（不同粮食所选用的筛具及仪器参数见表4-1）。②清理仪器部件：检查清理卡特除杂机的进样漏斗，气流分离物收集盘，各层筛面上可能留存的异物，清除嵌在各层筛孔中的物质及粮粒等。③试开空机，确认运转正常。④调节风力及进样开关到规定位置。⑤筛分。⑥筛理完毕后，收集筛分物质。

表4-1 不同粮食扣除物所选用的仪器参数

谷物种类	风量	进料	粗筛	筛上	筛中	筛下
硬红春麦、硬红麦	4	6	#2	—	#2	#2
白麦	4	6	#2	—	#2	#2
硬红冬麦、软红冬麦	4	6	#2	—	#2	#2
杜伦—白麦	4	6	#25	—	#2	#2
黑麦	4	6	#25	—	#2	#2
玉米	1	10	—	#3	—	—
大麦	4	6	#6	#8	#6	—
亚麻	3.5	4	000	#4	#2	#7
高粱	1	6	—	#6	—	#1

4.3.2 理化检验设备

粮食品质的理化检验主要是对粮食主要的化学成分如蛋白质、脂肪等进行含量检验以及对粮食特有的性质进行检验。综合进出口粮食品质法定检验项目的要求，下面分别介绍粗蛋白、粗脂肪、降落数值、水分项目所需要的主要仪器设备。

一、自动凯氏定氮仪系统

凯氏定氮仪（见图4-17）是一种根据蛋白质中氮的含量恒定的原理，通过测定样品中氮的含量从而计算蛋白质含量的仪器。因其蛋白质含量测量计算的方法叫作凯氏定氮法，故被称为凯氏定氮仪，又名定氮仪、蛋白质测定仪、粗蛋白测定仪。这种方法是由凯耶达尔在1883年发明。

凯氏定氮法的普遍适用性、精确性和可重复性已经得到了国际的广泛认可。该方法已经被确定为检测食品中蛋白质含量的标准方法。但是，这种方法并不能给出真实的蛋白质含量，因为所测定的氮可能不仅仅是由蛋白质转化来的；另外，由于不同的氨基酸序列，这种方法需要许多不同的校正因子；而且，凯氏定氮法还需要使用浓硫酸和较长时间的加热。

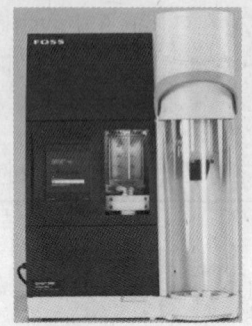

图 4-17 全自动凯氏定氮仪

（一）技术参数

(1) 氮含量测定范围：0.1～200.0 mg。

(2) 蒸馏时间每个样品约 3.5 min；蒸馏能力为 40 mL/min。

(3) 滴定精度 2.4 μL/步；重现性达 1% RSD；回收率大于 99.5%。

（二）特点

(1) 实验过程全自动化，包括样品稀释、碱液和吸收液添加、蒸馏、滴定、计算、报告和消化管排空。

(2) 蒸馏过程中的温度控制可以保证结果准确。

(3) 可选 20/60 位进样器，进行无须人员值守的自动操作。

(4) 是高精度的滴定系统。

（三）操作步骤

(1) 称样品入消化管，加入浓硫酸和催化剂，将消化管置于消化炉上，开电源，启动加热程序开始消化，消化完成的样品待用。

(2) 开定氮仪开关，分别设定仪器蒸汽缸的功率、加稀释水量、加碱量、样品架类型、盐酸浓度、蛋白质计算转换系数等参数。

(3) 将消化管置于托架上，确保安全门关闭，按键开始滴定。

(4) 测定结束后记录数据。

(5) 运行程序，用消化管里的蒸馏水清洗管路。

(6) 关闭仪器电源。

（四）维护与保养

(1) 注意定期管路的清洗。

(2) 避免长期高功率使用蒸汽缸。

二、杜马斯燃烧仪

杜马斯燃烧仪（见图 4–18）是一种快速、精确、低成本、无污染的定氮仪器设备。近年来，杜马斯燃烧法在很多国家得到了广泛应用，成为凯氏法的替代方法。杜马斯燃烧法测定原理是在高温条件下，使用充足氧气将样品全部燃烧，生成氮的氧化物，再还原出氮元素，利用 TCD 检测器测量其信号强度，与事先标定的曲线进行比对，计算出样品中的氮含量。

图 4–18　杜马斯燃烧定氮仪

（一）技术参数

(1) 样品重量：样品量可达 1 g 或样品体积 1 mL。

(2) 动态测量范围：0 ~ 200 mg（或 100%）。

(3) 检测限：< 20 mg/L。

(4) 测量精度：0.05% RSD。

(5) 校准：多点校准，具有长时间的稳定性，校准曲线可存在电脑中。

(6) 分析时间：每个样品约 4 min。

（二）特点

(1) 燃烧：杜马斯燃烧法是基于高温下（约 900 ℃），通过控制进氧量、氧化消解样品的原理而进行氮测定的。燃烧生成的气体被载气 CO_2 携带直接通过氧化铜（作为催化剂）而被完全氧化。此外，化合物中一定量的难氧化部分会被载气携带通过作为催化剂的氧化铜和铂混合物进一步氧化。

(2) 还原：燃烧生成的氮氧化物在钨上还原为分子氮，同时过量的氧也被结合。

(3) 净化：一系列适当的吸收剂将干扰成分如卤化氢从被检测气流中除去。随后水冷器确保将分析气流中的水蒸气去除。

(4) 检测：采用一个TCD热导检测器来检测CO_2载气流中的氮。

（三）操作步骤

(1) 称量样品：称量好充分混匀的样品装入铝箔纸备用。

(2) 仪器的准备：打开仪器加热炉的各管路接头，清除灰分管，连接各管路接头，去掉尾气出口的堵头，将进样盘拿开，开电源，自检完毕后将进样盘样品孔位手动调到"0"位后放回原处，启动软件。

(3) 设定参数：分别打开氧气和二氧化碳，设定至适当压力，设定反应温度。

(4) 条件化测试和标样测试：待温度稳定后，测定空白值，做2～3个条件化测试，做3～4个标样测试。

(5) 测定样品：输入样品量、分析方法、蛋白质系数，开始进样测定。

(6) 记录数据。

（四）维护与保养

(1) 要避免阳光直射、温度变化大、气流过大或其他对精密仪器不利的条件。

(2) 需要可承重、平稳、表面耐热的实验室桌子。

(3) 进入仪器的气体压力不能大于3 bar①，否则易造成仪器的损坏。

三、索式提取仪

索式提取仪（见图4-19）是根据索式提取法原理而研制的仪器，仪器操作简单、准确度高，比传统的索式提取器方便且准确，在粮油谷物粗脂肪检验中均采用此类仪器。

（一）技术参数

(1) 测量范围：0.1%～100%。

(2) 批处理能力：6个/批。

(3) 样品容量：约65 mL（33 mm×80 mm），依据样品不同，可处理0.5～15.0 g。

(4) 溶剂体积：70～90 mL。

(5) 温度范围：0～285 ℃。

(6) 浸提速度：一般为40～60 min。

(7) 重复性：相对误差1%。

（二）操作步骤

(1) 开机准备：选择程序，打开冷却水，开始预加热，用托架将装有样品的套筒插入到浸提装置内。

(2) 连接准备：将浸提单元上的右手

图4-19 索式提取仪

---

① 1 bar（巴）= 10^5 Pa ≈ 1标准大气压。

柄放到高位（浸提杯导入位置），将浸提单元上的左手柄放到最低位（沸腾浸提位置），将套筒放入浸提单元中，然后将浸提单元上的左手柄放到高位（溶剂回收位置），将左右两个手柄同时放到最高的位置，用持杯器将样品杯放入。将右手柄（冷凝器）放至中间位置，让浸提杯嵌入冷凝器中。将左手柄（样品杆）移到中间位置以使阀门开启，通过浸提装置上部的连接器用溶剂添加管路套件将溶剂灌入杯中。

(3) 加热沸腾：将右手柄放到低的位置，将冷凝器和浸提杯压到加热板上，按控制单元上的启动键开始程序运行，当温度升到低于设定温度 5 ℃ 时，蜂鸣器开始鸣响，将左手柄放在沸腾位置，按 TIMER 键开始沸腾。

(4) 淋洗：当沸腾倒计时到达零时，控制装置的蜂鸣器再次响起，将滤筒移到淋洗位置（左手柄的中间位置），按 TIMER 计时器开始淋洗。

(5) 溶剂回收：当淋洗倒计时到达零时，控制单元启动蜂鸣器鸣响。将滤筒放到回收的位置（左手柄放到最高位置），按 TIMER 键开始回收倒计时。当分析剩余时间为 3 min 时，空气泵开始自动开启，待挥发完毕，立即把杯子从加热板处移开。

(6) 关掉主电源，关掉冷水阀，排空溶剂集液筒。

四、降落数值仪

降落数值仪（见图 4-20）主要用于测定小麦发芽损坏程度及决定面粉中淀粉酶或麦芽的合理添加量。该仪器的检测结果国际公认，可确认小麦等作物是否由于霉变或陈化而造成的品质下降，从而确定小麦作物的等级和最终用途。其检验原理是根据 Hagberg-Perten 检验法，通过降落数值的高低反映谷物 α-淀粉酶活性的高低，从而判断谷物的品质。降落数值仪由 Perten 于 1960 年发明。

降落数值测定仪由水浴装置（加热单元、冷却系统和水位指示器）、电子计时器、黏度搅拌器、精制黏度管和橡胶塞等部件组成。

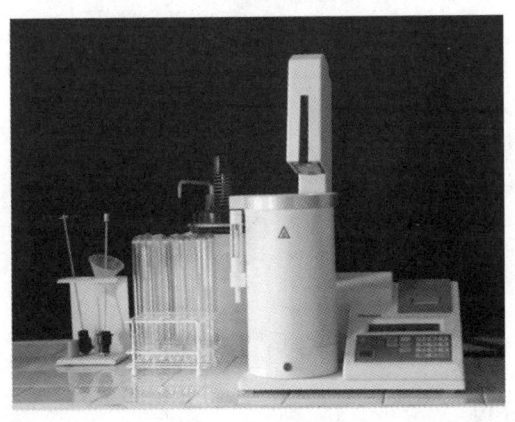

图 4-20 降落数值仪

（一）仪器特点

（1）采用世界标准测试方法。该仪器原理及方法符合国际谷物科技学会（ICC No. 107）标准，国际标准化组织（ISO 03093）标准，美国谷物化学家协会（AACC No. 56）标准和我国国家标准（GB/T 10361）。

（2）通过水位控制，提高分析结果的可靠性。

（二）操作步骤

（1）向水浴装置内加水至标定的溢出线。开启冷却系统，确保冷水流过冷却盖。

（2）打开降落数值测定仪的电源开关，加热水浴，直至水沸腾。

（3）将称量好的试样移入干燥、洁净的黏度管内。将黏度搅拌器放入黏度管。立即把带黏度搅拌器的黏度管通过冷却盖上的孔放入沸水浴中，开启搅拌头，仪器将自动进行操作并完成测试，当黏度搅拌器到达凝胶悬浮液的底部，测定全部结束。

（4）记录电子计时器上显示的降落数值。

五、近红外分析仪

近红外分析法被誉为当今化学分析界的"巨人"，近红外光谱分析仪（见图4-21）有分析速度快、多组分同时测定、样品不需预处理、非破坏性分析、低分析成本以及操作简便等特点。国内外在谷物（小麦、大豆、大麦等）品质分析如水分、脂肪、蛋白等项目中均有运用到近红外分析仪。

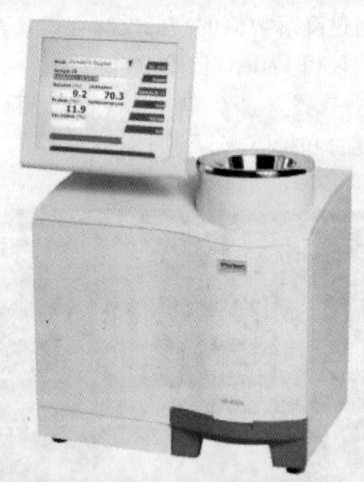

图4-21　谷物近红外分析仪

六、快速水分仪

对于进境大批量的粮食样品，采用烘箱干燥法逐一测定耗时过长，很难满足流程需要，因此，一般采用水分测定仪方法。目前实验室使用较多的是电容法原理的水分测定仪,仪器型号主要有 PM600、PM888 和 GAC2500UGMA 型(见图 4-22 和图 4-23)。

电容法水分测定仪的原理:所有物质都有一定数值的介电常数,而粮食中水分含量的多少是引起谷物介电常数变化的主要原因,水分含量越高则介电常数越大,可见水分含量与介电常数之间存在正相关的关系。水分仪的原理就是把谷物的含水量通过传感器转换成电量,通过对电量的测量得出谷物的含水量。

电容水分测定仪是一种极方便且可靠的高精度谷物水分快速测定仪,有自动进样、补偿样品温度和补偿表面水分等特点。测试的水分结果与烘箱法测定结果的误差不超过 ±0.2%。

(一) 技术参数

(1) 适用范围:各种粮谷、油料种子。
(2) 水分范围:5%~45%。
(3) 温度差异:室温与谷物样品之间的温度差异不应大于 20 ℃。
(4) 温度补偿:自动化。
(5) 重复率:±0.1%。
(6) 水分分辨率:0.1%。
(7) 样品形状要求:颗粒状。
(8) 样品量:250 g。
(9) 校准容量:内存多套校准。

(二) 操作步骤

(1) 开机,仪器将自动进入界面,开始预热。
(2) 在操作界面选择测定的谷物种类等参数,直到仪器显示"准备完毕"。
(3) 将规定量的待测样品倒在盛样斗上,按"load"键进样,仪器将自动进样并显示测定结果。
(4) 记录数据后,按"unload"键倒出样品,关闭仪器,结束实验。

图 4-22 GAC2500UGMA 型水分仪

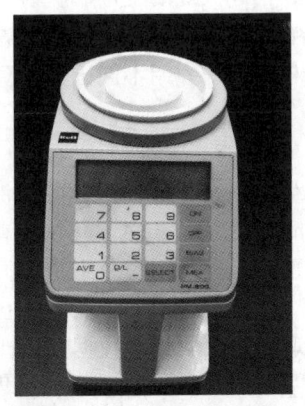

图 4-23 PM600 型水分仪

第5章 大豆品质检验方法

5.1 概述

大豆（*Glycine max*），属双子叶植物纲（Magnoliopsida）、豆目（Fabales）、蝶形花科（Papilionoideae）、豆属（*Glycine*），一年生草本植物，为当前世界最重要的经济作物之一。2012年，全球贸易量高达9 700万t，我国的大豆进口量约占全球贸易总量的60%。

大豆起源于中国，中国栽培并用作食物及药物已有5 000年历史。大豆1875年引入美国，20世纪中叶，在美国南部及中西部成为重要的经济作物。大豆是豆科植物中最富有营养而且易于消化的食物，是蛋白质最丰富、最廉价的来源；也是世界各地人和动物的主要食物。

大豆属中有10个种，中国有7个。根据大豆的种皮颜色和粒型分为五类：黄大豆、青大豆、黑大豆、其他大豆（种皮为褐色、棕色、赤色等单一颜色的大豆）、饲料豆（一般籽粒较小，呈扁长椭圆形，两片子叶上有凹陷圆点，种皮略有光泽或无光泽）。大豆还可分为转基因大豆和非转基因大豆。1994年，美国孟山都公司推出的转基因抗除草剂大豆，成为最早获准推广的转基因大豆品种。2001年，全球大豆种植总面积中有46%是转基因品种。美国、阿根廷、巴西是转基因大豆主产区。

大豆是世界上最重要的粮食作物之一，既是人类主要的食物资源，又是重要的工业原料。大豆质量是世界各国大豆生产和贸易最为关注的核心，各国根据本国实际情况制定相应的大豆质量标准体系，主要围绕大豆品种、等级、安全卫生等方面制定具体的指标，指导大豆的生产和贸易。综合各国的大豆质量标准体系，其中，品质检验项目是主要的评定指标。下面从世界大豆的生产贸易、加工、品质检验标准差异等方面进行分析，系统介绍不同国家大豆的质量标准，尤其是品质检验方面的情况。

5.1.1 世界大豆的生产和贸易状况

大豆生产分布非常广泛，各大洲均有种植。目前，世界大豆的种植面积大约为1.055亿hm²（公顷），主要集中在南、北美洲，种植面积约占总体的70%。其中前三位种植面积最大的国家分别是美国（3 000万hm²）、巴西（2 600万hm²）、阿根廷（2 000万hm²）。其次是亚洲，其中中国为850万hm²。

根据联合国粮农组织数据库统计，2012年世界大豆产量为2.5亿t左右，占粮食作物总产量的28%。从国别看，世界大豆主要生产区在美国、巴西、阿根廷、中国、印度、加拿大等国家，其中美国、巴西、阿根廷、中国大豆产量占世界总产量的 90%。

全球大豆以南、北半球分为两个收获期，北半球（美国、中国）的收获期是每年的 9～10 月，南半球（巴西、阿根廷）的收获期是每年的 3～5 月。因此，每隔 6 个月，大豆都能集中供应。美国是全球大豆最大的供应国，其产量占全球产量比例约为 35%～40%；巴西、阿根廷、中国的大豆产量居于世界第 2～4 位，其中巴西和阿根廷合计产量占全球总产量的 50%。因此，南美和北美的大豆产量基本上决定了全球大豆产量和价格。而我国是国际大豆市场最大的进口国之一，进口量占世界贸易量的 60% 以上。印度和加拿大等国家基本上是自产自销，对国际大豆贸易影响甚微。

一、中国

我国是世界上种植大豆最早的国家，种植面积最高达到 850 万 hm^2；产量达 1 600 多万 t，平均单产为 1 600 kg/hm^2，在世界主要大豆生产国家中，属于单产较低的国家。我国大豆主产区在黑龙江，占全国大豆产量的 40% 以上。此外，还有华北地区的河北、河南、山东，长江流域的江苏、安徽、湖北、四川，以及西北地区的陕西等，其余在全国各地都有零星种植。21 世纪前，我国的大豆一直可以维持自给自足，还有少量出口；但自 2003 年以来，基本不再出口大豆，而进口量连年激增，2012 年进口量达 5 600 万 t，已成为世界上最大的大豆进口国。

二、美国

据美国农业部数据统计，美国大豆种植面积达到 2 950 万 hm^2，年产量约 8 000 多万 t，约占世界总产量的 33%，长期稳居世界第一位，但最近已被巴西超越。美国大豆的生产带主要分布在中部平原，北纬 35°以北，主要集中在大湖区西南部及周围地区（艾奥瓦、伊利诺伊、明尼苏达、印第安纳 4 个州）。这里属于温带大陆性气候，无霜期 160～200 天，春夏两季气温高，湿度大，年降水量为 520～650 mm；并且地势低平，有肥沃的草原黑钙土，土层深厚。这种自然条件极有利于大豆的生长。

美国大豆产量超过 50% 用于出口，年出口量约为 2 700 多万 t。美国大豆出口主要有四个流向：墨西哥海湾（南岸）、西海岸、大湖区、东海岸。墨西哥海湾（南岸）是美国大豆出口的最大出路，约占出口总运输量的一半；西海岸约占美国出口大豆总运输量的 40%；大豆取道大湖区约为 10%；经东海岸的比较少。2011 年，中国从美国进口大豆 2 235 万 t，约占中国大豆总进口量的 45%。

三、巴西

巴西是全球大豆主产国之一，大豆总产量常年位居世界前列，2012 年产量约为 6 000 万 t，仅次于美国和阿根廷。大豆是巴西的主要作物，约占全国谷类作物产量的 70%。

巴西大豆种植源于 19 世纪 50 年代，但 1970 年之前大豆种植面积低于 100 万 hm^2，产量低于 100 万 t。随着中国、日本、韩国等国家大豆需求量的增加，以及巴西土地制度改革、土地开垦战略实施和农业科技进步，1970 年之后巴西大豆生产水平逐渐提高，成为全球第二大大豆生产国。2000 年，巴西大豆种植面积和产量分别达到 1 364 万 hm^2 和 3 273 万 t，2000 年之后，巴西大豆生产呈现快速增加态势，2010 年巴西大豆种植面积和产量分别为 2 416 万 hm^2 和 7 222 万 t，分别比 2000 年增加 1 052 万 hm^2 和 3 949 万 t。预计今后 10 年内巴西大豆产量还可以增加 2 000 万 t 左右，达到 9 000 万 t。巴西大豆的种植地区主要集中在南部，大多位于在生长期 5～10 个月、降雨量为 230～380 mm 的地区，形成一条较为狭窄、呈长条形的大豆生产带。

四、阿根廷

阿根廷大豆种植历史不超过 50 年，但近年发展迅速，2012 年种植面积 1 936 万 hm^2，产量达 7 000 多万 t，已超过巴西跃居世界第二，成为世界第二大大豆出口国。

阿根廷大豆种植主要集中在东北部的圣菲省、科尔多瓦省和布宜诺斯艾利斯三个省（产量占全国的 90% 以上）；阿根廷全国基本上处于温带气候，有全世界最富饶的农地，使得阿根廷的单位肥料使用量远远低于同类生产水平的国家。阿根廷的自然条件极其适合大豆生产，容易获得高产，良好的自然条件使得阿根廷大豆的单位物质成本远远低于其他国家；其次，由于阿根廷大豆主要在温带地区生产，其温带气候条件与美国十分相近，所以可以很快地引进美国的技术后直接利用，大大降低了其技术引进或科研成本。

五、加拿大

大豆种子在 1855 年从美国得克萨斯州传播到加拿大，但加拿大地处高纬度地带，气候和光照条件均不适宜大面积种植大豆，种植面积约 120 万 hm^2，主要集中在安大略、魁北克、马尼托巴等几个省，产量远比不上美国、南美和中国。加拿大政府一向强调以质量取胜，一直是全世界非转基因黄豆的主要供应国家。加拿大优质黄豆含较高的蛋白质与大豆异黄酮，深受消费者欢迎。目前加拿大大豆出口到世界 69 个国家，其中前 5 名分别是日本、美国、比利时、荷兰和爱尔兰。中国进口加拿大大豆排名第 19 位，所占比例不大，主要用于豆制品如腐竹、豆奶等的加工。

5.1.2 大豆品质检验的主要标准和技术性规范

一、中国

我国大豆的品质检验方法主要以标准的形式体现，现行有效的标准主要有国家标准（GB）、行业标准（如检验检疫行业标准 SN 和粮食标准 LS、农业行业 NY）。

我国现行大豆国家标准涉及品质检验的主要有 GB 1351《大豆》、GB/T 17892《优质大豆 强筋大豆》、GB/T 17893《优质大豆 弱筋大豆》、GB/T 17320《专用大豆品种品质》、GB/T 5490—5523《粮油检验》的一系列标准。其中，GB 1351《大豆》的通用性和规范性最强，规定了大豆的相关术语和定义、分类、质量要求、卫生要求、检验方法、检验规则、标签标识，以及包装、储存和运输要求，适用于国内商品大豆的收购、储存、运输、加工和销售。

检验检疫行业标准主要针对进出口大豆的品质检验，包括 SN/T 0798《进出口粮油、饲料检验 名词术语》、SN/T 0799《进出口粮油、饲料检验 一般规则》等 SN/T 0800.X 系列标准。SN/T 0800.X 系列标准以检验项目为主，属于通用标准，适用于进出口粮食和饲料。

农业部门行业标准适用于大豆品质检验的标准数目不多，如农业标准 NY/T 117《饲料用大豆》、粮食部门标准 LS/T 1214《大豆硬度指数标准样品制备技术规范》等等，这些标准主要用于大豆的生产技术指导。

二、美国

美国大豆的检验主管部门为美国农业部（USDA）联邦谷物检验局（Federal Grain Inspection Service，FGIS），其负责制定谷物的质量标准和检验方法标准。FGIS 在各地设有分支机构，在主要粮食出口港派驻联邦检验员，对国内和国际贸易进行官方质量检验和重量测定。政府推广并配备标准化的粮食检测、检验设备，做到粮食质量检测设备统一、方法统一、标准统一。美国有关法律规定，凡出口的粮食都要经过 FGIS 检验，FGIS 负责国际贸易中对谷物的定级、测试等，按合同规定保证质量和数量。

大豆检验主要依据 FGIS 制定的《谷物检验手册——大豆分册》，该手册共分 30 章节，详细规定了美国大豆检验的方法，包括分类、分级、抽样、检验程序等内容。

三、巴西

巴西出口大豆品质检验项目均按照国家粮食出口协会（Association of National Export Cereals，ANEC）第 41 号（大豆）标准合同进行，参考美国的方法和标准，但在个别指标上略有不同，如美国对二级黄大豆损伤率的要求为 ≤3.0%，巴西则要求为 ≤4.0%。

四、阿根廷

阿根廷检验业务在 20 世纪 80 年代末私有化，阿根廷政府参与谷物品质检验和标准制定，检验体系与巴西很相近，但阿根廷大豆只有一个等级，各质量指标介于美国二级大豆和三级大豆之间。

五、加拿大

加拿大大豆检验的主管部门是加拿大谷物委员会（Canadian Grain Commission，CGC），其有关大豆检验的法规包括 2010 年 10 月修订颁布的《加拿大粮食法案》（Canada Grain Act）和 2013 年 8 月 1 日修订颁布的《加拿大粮食条例》（Canada Grain Regulations）。大豆的检验方法参照《官方粮食分级指南》（Official Grain Grading Guide，ISSN 1704—5118），该指南不仅包括大豆在内的谷物分级质量指标，还包括其他谷物的检验方法。加拿大对大豆的取样方法参照 CGC 2013 年 8 月 1 日修订的《取样系统手册和推荐指南》（Sampling Systems Handbook and Approval Guide）。

5.1.3 主要大豆贸易国的大豆分类与分级

一、大豆的分类

中国根据大豆的皮色,将商品大豆分为黄大豆、青大豆、黑大豆、其他大豆、混合大豆五大类,加拿大将大豆分为黄大豆、绿大豆、黑大豆、棕大豆、混合大豆五大类,美国、巴西和阿根廷的大豆均分为黄大豆和混合大豆两大类。

二、大豆的分级

中国和加拿大将大豆按质量指标分为五等,低于五等的大豆为等外大豆。美国和巴西将大豆分为五等,阿根廷只有一个等级。等级指标包括损伤粒、热损伤粒、杂质、各种粒型等。中国的分级指标为"完整粒",定义为"籽粒完好正常的颗粒",美国、巴西和加拿大大豆的定等指标为"破碎粒",定义为"籽粒残缺超过1/4的颗粒"。同一等级的大豆以中国的质量要求较高,其次为加拿大、美国和巴西,阿根廷最低(见表5-1)。

表5-1 世界主要国家大豆分级指标

国别	项目	等级				
		1	2	3	4	5
中国	损伤粒率(%)	≤1.0	≤2.0	≤3.0	≤5.0	≤8.0
	热损伤粒率(%)	≤0.2	≤0.2	≤0.5	≤1.0	≤3.0
	杂质(%)	≤1.0	≤1.0	≤1.0	≤1.0	≤1.0
	完整粒率(%)	≥95.0	≥90.0	≥85.0	≥80.0	≥75.0
	水分(%)	≤13.0				
加拿大	损伤粒率(%)	≤2.0	≤3.0	≤5.0	≤8.0	≤15.0
	热损伤粒率(%)	0	≤0.2	≤1.0	≤3.0	≤5.0
	杂质(%)	≤1.0	≤2.0	≤3.0	≤5.0	≤8.0
	破碎粒率(%)	≤10.0	≤15.0	≤20.0	≤30.0	≤40.0
	异色粒率(%)	≤2.0	≤3.0	≤5.0	≤10.0	≤15.0
	容重(kg/hL)	≥78.0	≥68.0	≥66.0	≥63.0	≥59.0
美国	损伤粒率(%)	≤2.0	≤3.0	≤5.0	≤8.0	—
	热损伤粒率(%)	≤0.2	≤0.5	≤1.0	≤3.0	—
	杂质(%)	≤1.0	≤2.0	≤3.0	≤5.0	—
	破碎粒率(%)	≤10.0	≤20.0	≤30.0	≤40.0	—
	异色粒率(%)	≤1.0	≤2.0	≤5.0	≤10.0	—

续表 5-1

国别	项目	等级				
		1	2	3	4	5
巴西	损伤粒率（%）	≤2.0	≤4.0	≤6.0	≤8.0	—
	热损伤粒率（%）	≤5.0				
	杂质（%）	≤1.0	≤1.5	≤3.0	≤5.0	—
	破碎粒率（%）	≤10.0	≤20.0	≤30.0	≤40.0	—
	水分（%）	≤14.0				
阿根廷	损伤粒率（%）	≤5.0				
	热损伤粒率（%）	≤2.5				
	杂质（%）	≤3.0				
	破碎粒率（%）	≤30.0				
	水分（%）	≤13.0				

5.1.4 大豆品质检验项目和方法比较

常见的大豆品质贸易合同指标一般包括容重、杂质、损伤粒、热损伤粒、水分、粗蛋白、粗脂肪等。这些指标在不同国家均有具体的定义和检验方法，且有一定的差异。

一、完整粒与破碎粒

"完整粒"是中国大豆特有的定等指标，定义为"籽粒完好正常的颗粒"；与之相应的是"破碎粒"，为美国、加拿大、巴西和阿根廷大豆的定等指标，定义为"籽粒残缺超过1/4的颗粒"。两者相对应，但"完整粒"比"破碎粒"更能综合反映籽粒的完好程度和利用效率，是一个简单且易于理解的指标。目前两者的鉴定均需要检验人员实际的感官检验经验。

二、杂质

"杂质"在美国、巴西和加拿大都是分级指标，不同的等级允许的限值也不一样，而在中国是限量指标，所有等级都不得超过1.0%。同时，该指标定义也略有差异，中国将非大豆物质统称为杂质，美国和加拿大则在杂质中详细分出动物排泄物、杂草籽（如蓖麻籽和猪屎豆）、石头、麦角菌侵染粒等项目，阿根廷也把灰尘从杂质中分出；而在中国，杂草种类和病害的鉴定是检疫项目。杂质因规定使用的筛子孔径大小的差异，其结果存在一定的差别，如美国等国家规定使用8/64 in（3.175 mm）圆孔筛；而我国标准规定使用3.0 mm圆孔筛（见表5-2），略小的杂质不易通过。

三、容重

"容重"只在加拿大大豆的分级中出现,中国一直未将"容重"作为大豆的检验项目,美国也在2007年取消了这个原定等指标。容重是体现粮谷籽粒成熟和饱满程度的指标,一般来说,籽粒发育越成熟饱满,内含积累营养物质越多,容重值越大,可通过简易仪器测量直接获取量化的数据,因而在粮谷品质评定中有重要作用。然而对于油料作物而言,籽粒发育成熟越好,说明含油量越高,相对密度小,容重反而偏低,但并不能说明其品质不好。

四、水分

我国国家标准对国内贸易的大豆水分含量规定了最高限量值13.0%的统一标准,这也是储运的安全含水量,巴西也作了所有等级的大豆水分含量均不超过14.0%的规定,阿根廷的规定为不超过13.0%,而美国和加拿大都没有相关规定,但会在合同中注明水分含量的要求。对水分含量的测定,我国国标采用烘箱法,即样品研磨后在烘箱中烘至恒重后称量计算结果;国外采用快速仪器测定法,有专用的水分测定仪,美国采用Dickey john GAC2500型,加拿大采用Seedburo 1200A型,均能提供与烘箱法误差在±0.2%以内的结果。此外,还有美国农业工程师协会的ASAE法,即将原始样品(整粒大豆)置于105 ℃烘箱内烘72 h后,整粒称重计算结果,有实验证明该方法测定结果确实比中国国标法高,但缺点是时间太长。

五、异色粒

美国和加拿大都将"异色粒"作为分级指标,中国在大豆分类中详细地对大豆种皮颜色进行划分,并要求同类大豆(除混合大豆外)任一等级的同皮色籽粒≥95%。

六、高油大豆和高蛋白大豆

中国国标GB 1352《大豆》在2009年的修订版中提出了高油大豆和高蛋白大豆的质量指标,而其他国家则无此指标。该标准规定了高油大豆为粗脂肪(干基)含量不低于20.0%的大豆,粗脂肪含量作为主要的分级指标,而其他指标符合3级大豆的规定;高蛋白大豆为粗蛋白(干基)含量不低于40.0%的大豆,粗蛋白含量为主要的分级指标,其他指标符合2级大豆的规定。

粗蛋白在各国的定等分级中不属于等级指标,但是在大豆贸易合同中,均有相应的限量规定。粗蛋白的检验方法很多,目前国际标准和各国标准大多数采用凯氏定氮法为基准方法;我国大豆标准也采用这种方法;美国大豆蛋白含量测定用杜马斯燃烧法,也可采用近红外分析法。

粗脂肪也不属于等级指标,大豆的主要用途是榨油和食品饲料原料加工,因此脂肪含量备受商家关注,在大豆合同中均有相应的限量规定。目前,各国标准均采用索氏抽提法。

七、制样选筛的差异

大豆的品质检验项目包含了大豆的定等指标和限量指标,如损伤粒、热损伤粒、杂质、水分、容重、粗蛋白、粗脂肪等。不同国家对大豆的品质检验项目要求基本一致，但对选筛和试样量等有较大的差异（见表 5-2）。例如，杂质项目初始试样量，中国国标为 500 g，行标为 2 000 g；美国为 1 000 g；而加拿大仅为 500 g。损伤粒、热损伤粒和破碎粒的试样量，中国国标为 100 g，行标为 200 g；美国规定为 125 g；而在加拿大损伤粒用量为 250 g，热损伤粒和破碎粒的试样量为 500 g。

表 5-2 各国大豆品质检验选筛和试样量比较

项目		国别	中国		美国	加拿大
			国标	行标	圆孔筛 3.175 mm	圆孔筛 3.175 mm
选筛	杂质		圆孔筛 3.0 mm		(8/64 in)	(8/64 in)
样品最小分量（g）	粗杂质		500	2 000	1 000	500
	细杂质		100	200	125	—
	损伤粒		100	200	125	250
	热损伤粒		100	200	125	500
	破碎粒		100	200	125	500
	容重		—	1 000	1 000*	1 000
	水分		30～50	100	350	—
	气味		1 000	1 000	1 000	—

注："*"指 2007 年美国取消容重项目。

5.2 中国大豆品质检验

5.2.1 中国大豆标准

中国大豆检验方法主要依据国家标准 GB/T 1352《大豆》，该标准由国家质量监督检验检疫总局和国家标准化管理委员会发布，最早于 1978 年实施，历经 1986 年和 2009 年两次修改，现为国内商品大豆收购、储存、运输、加工和销售过程的检验标准，不适用于本标准分类规定以外的特殊品种大豆。本标准对检验的一般规则、等级判定规则作了说明，还明确了商品标签标识，需在包装物上或随行文件中注明产品的名称、类别、等级、产地、收获年度和月份等，实行质量追溯。此外，对包装材料、储存仓库、运输工具及容器进行了规定。

5.2.2 中国大豆分类与分级

一、分类

依照中国国标 GB/T 1352《大豆》，中国大豆按皮色分为五类。

（一）黄大豆

黄大豆是种皮为黄色、淡黄色，脐为黄褐、淡褐或深褐色，籽粒不低于95%的大豆。

（二）青大豆

青大豆是种皮为绿色、籽粒不低于95%的大豆。按子叶的颜色分为青皮青仁大豆和青皮黄仁大豆两种。

（三）黑大豆

黑大豆是种皮为黑色、籽粒不低于95%的大豆。按子叶的颜色分为黑皮青仁大豆和黑皮黄仁大豆两种。

（四）其他大豆

其他大豆指种皮为褐色、棕色、赤色等单一颜色的大豆及双色大豆（种皮为两种颜色，其中一种为棕色或黑色，并且其覆盖粒面在1/2以上）等。

（五）混合大豆

混合大豆指不符合上述1～4规定的大豆。中国大豆1～4类要求同皮色籽粒≥95%。特殊品种不在本标准规定的分类中。

二、分级

（一）大豆质量指标

中国大豆按完整粒率定等，完整粒率低于最低等级规定的，作为等外级。其他指标按国家有关规定执行（见表5-3）。

表5-3 中国大豆各等级质量指标

等级	完整粒率(%)	损伤粒率(%) 合计	损伤粒率(%) 其中的热损伤粒	杂质含量(%)	水分含量(%)	气味、色泽
1	≥95.0	≤1.0	≤0.2	≤1.0	≤13.0	正常
2	≥90.0	≤2.0	≤0.2			
3	≥85.0	≤3.0	≤0.5			
4	≥80.0	≤5.0	≤1.0			
5	≥75.0	≤8.0	≤3.0			

（二）高油大豆质量指标

高油大豆将粗脂肪含量作为定等指标，其他指标为限量要求，应达到普通大豆3级的要求（见表5-4）。

表5-4　中国高油大豆质量指标

等级	粗脂肪含量（干基）（%）	完整粒率（%）	其中的损伤粒率（%）		杂质含量（%）	水分含量（%）	色泽、气味
			合计	热损伤粒			
1	≥22.0	≥85.0	≤3.0	≤0.5	≤1.0	≤13.0	正常
2	≥21.0						
3	≥20.0						

（三）高蛋白大豆质量指标

高蛋白大豆的定等标准是粗蛋白质含量，其他指标为限量要求，应达到普通大豆2级的要求（见表5-5）。

表5-5　中国高蛋白大豆质量指标

等级	粗蛋白质含量（干基）（%）	完整粒率（%）	其中的损伤粒率（%）		杂质含量（%）	水分含量（%）	色泽、气味
			合计	热损伤粒			
1	≥44.0	≥90.0	≤2.0	≤0.2	≤1.0	≤13.0	正常
2	≥42.0						
3	≥40.0						

5.2.3　中国大豆品质检验方法

一、仪器设备和检验器具

仪器设备和检验器具包括钟鼎式分样器或电动分样器、电子天平（精确至0.001 g）、电子秤（精确至0.01 g）、圆孔筛、恒温烘箱、凯氏定氮仪和索氏抽提仪等。

二、检验项目

（一）色泽、气味（Color，Odor）

色泽、气味指一批大豆固有的综合色泽和气味。

（二）完整粒（Perfect Kernel）

完整粒指籽粒完好正常的颗粒。

（三）损伤粒（Damaged Kernel）

损伤粒指受到严重摩擦损伤、冻伤、细菌损伤、霉菌损伤、生芽、热损伤或其他原因损伤的大豆颗粒，包括以下几种：

（1）虫蚀粒（Insect-bored Kernel）：被虫蛀蚀，伤及子叶的颗粒。

（2）病斑粒（Spotted Kernel）：粒面带有病斑，伤及子叶的颗粒。

（3）生芽、涨大粒（Sprouted Kernel）：芽或幼根突破种皮或吸湿胀大未复原的颗粒。

（4）生霉粒（Moulded Kernel）：粒面生霉的颗粒。

（5）冻伤粒（Frost-damaged Kernel）：因受冰冻伤害，籽粒透明或子叶僵硬呈暗绿色的颗粒。

（6）热损伤粒（Heat-damaged Kernel）：因受热而引起子叶变色和损伤的颗粒。

（四）破碎粒（Broken Kernel）

破碎粒指子叶破碎达本颗粒体积 1/4 及以上的颗粒。

（五）杂质（Impurity）

杂质指通过规定筛层和经筛理后仍留在样品中的非大豆类物质，包括以下几种：

（1）筛下物（Passed Sieve Material）：通过直径 3.0 mm 圆孔筛的物质。

（2）无机杂质（Inorganic Impurity）：泥土、砂石、砖瓦块及其他无机物质。

（3）有机杂质（Organic Impurity）：无使用价值的大豆粒、异种类粮粒及其他有机物质。

（六）水分（Moisture）

水分指样品在规定条件下经烘干后的质量损失。

（七）粗脂肪（Crude Fat）

粗脂肪指粮食、饲料、油料中能溶于乙醚的物质。除脂肪外，还包括游离脂肪酸、磷脂类、色素及蜡等。

（八）粗蛋白（Crude Protein）

粗蛋白指粮食、饲料、油料中含氮的物质。除蛋白外，还包括非蛋白质含氮物质，如酰胺及铵盐等。

三、检验方法

（一）检验流程

中国大豆品质检验流程参见图 5-1。

（二）色泽、气味鉴定

按 GB/T 5492 规定的方法测定，取 100～150 g 样品，在白瓷盘均匀摊平，在散射光线下仔细观察样品的整体颜色和光泽。取 100～150 g 样品，放在手掌中用哈气或摩擦的方法，提高样品的温度后，立即嗅其气味。

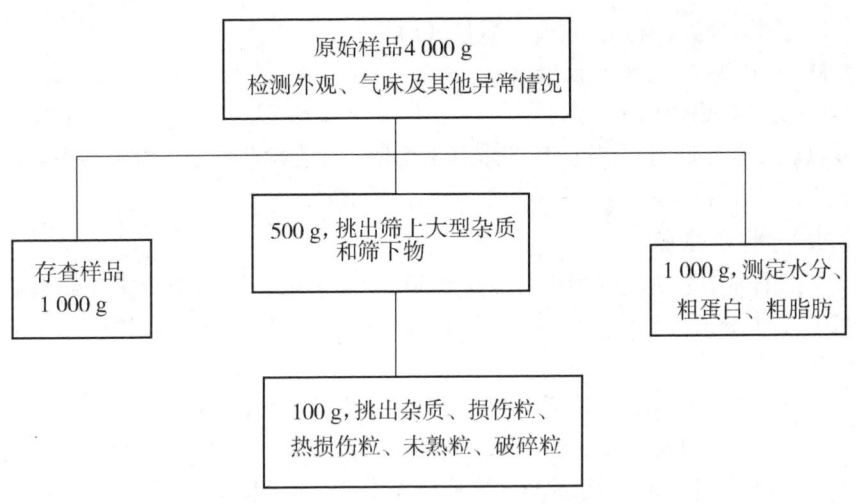

图5-1 中国大豆品质检验流程图

(三) 杂质、完整粒率、损伤粒率、热损伤粒率

分取 500 g (M_1) 试验,按 GB/T 5494 规定的方法分两次筛选,然后拣出筛上大型杂质和筛下物合并称重 (M_2),从检验过大样杂质的试样中,称取 100 g (M_3),倒入分析盘中,依照图谱和定义,分别拣出杂质 (M_4)、损伤粒 (M_5)、未熟粒 (M_6)、破碎粒并称重,其中热损伤粒单独拣出(必要时剥开皮层,观察子叶是否发生了颜色变化)称重 (M_7)。并按下式进行计算:

$$粗杂质(\%) = \frac{M_2}{M_1} \times 100$$

$$细杂质(\%) = \frac{M_4}{M_3} \times 100$$

$$杂质总量 = 粗杂质 + 细杂质$$

$$完整粒率(\%) = (1 - \frac{M_2}{M_1}) \times \frac{M_3 - M_4 - M_5 - M_6}{M_3} \times 100$$

$$损伤粒率(\%) = (1 - \frac{M_2}{M_1}) \times \frac{M_5}{M_3} \times 100$$

$$热损伤粒率(\%) = (1 - \frac{M_2}{M_1}) \times \frac{M_7}{M_3} \times 100$$

式中:M_1 为大样质量(g)。

M_2 为大样杂质质量(g)。

M_3 为小样质量(g)。

M_4 为小样杂质质量(g)。

M_5 为损伤粒（含热损伤粒）质量（g）。

M_6 为未熟粒、破碎粒质量（g）。

M_7 为热损伤粒质量（g）。

双试验结果允许差不超过 1%，求其平均值，即为检验结果。检验结果取小数点后第 1 位。

（四）水分检验

(1) 试样准备：大豆原始样需缩分至 50 g，粉碎至 2.0 mm 后装入密封玻璃瓶。

(2) 干净空铝盒预先在 100 ℃ 下烘至恒重（烘 1 h），于干燥器内冷却后称重（W_0）。

(3) 用已恒重的铝盒称取适当的样品（W，准确至 0.001 g）。

(4) 用 105 ℃ 下烘 1.5 hr，于干燥器内冷却后称重，置于干燥器内冷却至室温，取出称重，再烘 30 min，烘至前后两次质量差不超过 0.002 g，即为恒重（W_1）。

$$水分(\%) = \frac{(W_0 + W) - W_1}{W} \times 100$$

式中：W 为烘前试样质量（g）。

W_0 为铝盒质量（g）。

W_1 为烘后试样质量（g）。

双试验结果允许差不超过 0.2%，求其平均数，即为测定结果。测定结果取小数点后第 1 位。

（五）粗蛋白

(1) 依照仪器操作说明调试仪器；预先设定蒸汽缸的功率、加稀释水量、加碱量、样品架类型、盐酸浓度、蛋白质计算转换系数（大豆为 6.25）等参数。

(2) 样品制备：取约 100 g 样品，用粉碎机把样品粉碎，装入广口瓶备用。

(3) 称量样品：称取固体试样约 0.50 g，精确至 0.001 g。

(4) 消化样品：称取样品入消化管，加入浓硫酸和催化剂，轻轻地摇动，将样品浸湿。将消化管置于预热至 420 ℃ 的消化炉上，打开抽气泵，开始消化。消化完成的样品待用。

(5) 仪器的准备及空白的测定：打开定氮仪开关，进入手动控制菜单，用蒸馏水蒸馏，进行管路清洗，并根据需要进行其他各项操作。进入蒸馏菜单，开始进行空白的测定，待空白值稳定在 0.1 mL 后可进行样品的测定。

(6) 测定样品：将消化管置于托架上，确保安全门关闭，按键开始滴定，测定结束后记录数据。

(7) 运行程序：用消化管里的蒸馏水清洗管路，关闭仪器电源。

双试验结果允许差不超过 0.4%，求其平均数，即为测定结果。测定结果取小数点后第 2 位。

（六）粗脂肪

（1）样品制备：取约 100 g 样品，用粉碎机把样品粉碎；通过孔径为 1 mm 的圆孔筛，装入广口瓶中备用。

（2）称量试样：用滤纸筒称取试样 1.0 g，精确至 0.001 g（m），上方加入脱脂棉花，在 100 ℃ 温度下烘 30 min。

（3）打开电源开关"POWER"，开启冷却水，待仪器温度稳定在工作温度。

（4）选定分析程序，预热至预设温度，将烘好的滤纸筒放入抽提仪内，再放进抽提杯中压紧，按"开始"键，开始运行程序后，通过装置上部的连接器加入抽提溶剂。

（5）等待程序运行完毕。取出抽提杯。

（6）关电源开关"POWER"，关闭冷却水，回收溶剂。

（7）将抽提瓶在 100 ℃ 温度下烘 2 h，烘至恒质为止（前后两次质量差在 0.002 g 以内即视为恒质），抽提瓶增加的质量即为粗脂肪的质量 m_1。

结果计算公式如下：

$$X_s = \frac{m_1}{m} \times 100\%$$

式中：X_s 为脂肪的含量（g）。

m_1 为脂肪的质量（g）。

m 为试样的质量（g）。

双试验结果允许差不超过 0.4%，求其平均数，即为测定结果。测定结果取小数点后第 2 位。

5.3 美国大豆品质检验

5.3.1 美国大豆标准

美国农业部制定了小麦、大麦、燕麦、黑麦、玉米、高粱、亚麻籽、大豆、混合谷物等产品的官方标准，而其属下的联邦粮食检验局（Federal Grain Inspection Service，FGIS）负责执行美国谷物标准法的规定，对谷物进行质量、重量检验和出证。所有的出口粮食，都必须由联邦粮食检验局的检验员，或被赋予该项权力、持有执照的人员进行检验。

美国大豆检验方法由联邦谷物检验局发布的《粮食检验手册》中第二册第十章规定。该章对美国大豆的分类分级、等级指标定义、具体检验步骤、证书出具方法等均作了详细说明。

5.3.2 美国大豆分类与分级

一、美国大豆定义

美国大豆标准将大豆定义为含有50%或以上、不能通过8/64 in圆孔筛的整粒或破碎粒、含有不超过10%依据美国粮食标准法案已经确立标准的其他任何一种谷物。整粒大豆是指完整大豆和3/4以上的大豆子叶。其他谷物指美国粮食标准中已经确定的大麦、油菜籽、玉米、亚麻籽、燕麦、黑麦、高粱、向日葵籽、黑小麦、小麦等。

通常用感官视觉评价足以确定样品是否符合大豆的定义。如有必要,则取125 g剔除杂质的试样进行测定。如果样品不符合大豆定义,进一步检验以确定它是否为已在美国粮食标准中确定的粮食;如果不是标准中确定的粮食,除非有特殊要求,否则不需作进一步分析。

二、美国大豆分类

美国大豆依据种皮颜色分为两类:黄色大豆和混合大豆,没有子类。黄色大豆是指黄色或绿色种皮,其横截面呈黄色或呈淡黄色,含有不超过10%其他颜色的大豆。混合大豆定义为不能满足黄色大豆种类要求的其他大豆。各类分为4个数值等级和美国样品等级。特殊等级规定了影响大豆价值的特殊品质要求,它们补充并成为分级标准的组成部分。这些规定不影响定量分级或样品分级的归属。

三、美国大豆分级

美国大豆质量标准分为4个定量等级:美国1级、2级、3级、4级黄(或混合)大豆和样品级(相当于中国的等外级),此外还有特殊等级(野蒜大豆、昆虫侵染大豆、紫斑或着色大豆)作为补充并成为分级标准的组成部分,但特殊等级不影响定量分级或样品级的归属。

(一) 定量等级指标

美国大豆参照《美国大豆等级指标》进行分级(见表5-6)。

表5-6 美国大豆等级指标

等级因子		美国等级			
		1	2	3	4
		最大限量(%)			
损伤粒	其中热损伤粒(%)	0.2	0.5	1.0	3.0
	总量(%)	2.0	3.0	5.0	8.0
杂质(%)		1.0	2.0	3.0	5.0
破碎粒(%)		10.0	20.0	30.0	40.0
异色粒[①](%)		1.0	2.0	5.0	10.0

续表 5-6

等级因子		美国等级			
		1	2	3	4
		最大限量（粒）			
其他物质	动物粪便（粒）	9	9	9	9
	蓖麻籽（粒）	1	1	1	1
	猪屎豆籽（粒）	2	2	2	2
	玻璃碎片（粒）	0	0	0	0
	石子②（粒）	3	3	3	3
	未名异物（粒）	3	3	3	3
	总量③（粒）	10	10	10	10

注：①"异色粒"限量指标仅仅对黄大豆适用，对混色大豆可以忽略。②除最高数量限量外，石子须超过样品质量的 0.1%。③包括任何有动物粪便、蓖麻籽、猪屎豆籽、玻璃片、石子和未名异物中两种或几种共同存在的情况。对石子的质量限量要求不适用于其他物质总量限量。

在完成表中各项目分析后，将结果与表 5-6 中每个等级的限制因素比较，判定等级并使用适用的术语进行描述。例如，美国 * 级黄（或混合）大豆，若样品为混合大豆，需在证书"备注"上注明黄大豆和其他颜色大豆的含量，精确至 0.1%。例如，美国 3 级混合大豆可备注为黄大豆 75.4%，其他颜色大豆 24.6%。如果检验结果不符合美国 1 级、2 级、3 级或 4 级大豆要求，或检验现场发现大豆带有霉味、酸味或令人不能接受的其他异味（除了大蒜味），或发热或呈其他明显低质量症状，判定为美国样品级。

（二）特殊等级

特殊等级的规定着重于谷物的异常情况，并构成等级规定的一部分。美国大豆标准特殊等级包括三种情况：

（1）野蒜大豆：1 000 g 样品中含 5 个或 5 个以上绿色野蒜瓣或等量全干或部分干燥野蒜瓣的大豆。

（2）昆虫侵染大豆：滋生活体象虫或其他仓储害虫的大豆。

（3）紫斑或着色大豆：在 400 g 样品中，用 FGIS 系列对照（参见本书第十章）比较图片中所确认的含粉色或紫色种皮的大豆。

（三）可选分级指标

美国官方标准提供了一个可选的粮谷等级，通常被称为"或以上"。大豆可认证为美国 2 级或以上、美国 3 级或以上等，如美国 2 级或以上黄大豆。但"或以上"等级不适用于美国 1 级大豆。

5.3.3 美国大豆品质检验方法

一、仪器设备和检验器具

仪器设备和检验器具包括钟鼎式分样器或电动分样器、电子天平（量感0.001 g）、电子秤（量感0.1 g）、卡特除杂机、恒温烘箱或Dickey-john GAC 2500水分测定仪、凯氏定氮仪或燃烧仪、索氏抽提仪或近红外仪、镊子、白瓷盘、筛子（3/8 in圆孔筛、8/64 in圆孔筛、8/64 in×3/4 in和9/64 in×3/4 in长方形孔筛，或10/64 in×3/4 in长圆孔筛）。

二、检验项目

（一）外观、气味

（1）虫侵大豆（Infested Soybean）：被蜻象虫或其他活昆虫损害严重的储藏的大豆。

（2）野蒜大豆（Garlicky Soybean）：1 000 g样品中含5个或5个以上绿色野蒜瓣或等量全干或部分干燥野蒜瓣的大豆。青蒜瓣指其绿色鳞球茎表皮完好无损的蒜瓣；干和半干蒜瓣是指失去了全部或部分外壳的蒜瓣。3个干或部分干的大蒜蒜瓣等量于1个青蒜瓣。野蒜瓣适用于确定特殊等级"野蒜大豆"，也可在定量等级判定时作为外来杂质。

（3）紫斑或着色大豆（Purple Mottled or Stained Soybean）：外部因素使得紫色大豆大量脱色，则被认为是紫斑或着色大豆，有以下几种情况。

真菌生长覆盖：呈现粉红色或紫色，这种真菌生长引起的变色类型可能会覆盖大豆全部或部分。大豆表现出这种类型应当考虑是否判定为紫斑或着色大豆。

泥尘覆盖：灰尘、污垢状物质或其他无毒物质覆盖造成变色，可随时除去。大豆表现出这种类型应当考虑是否判定为紫斑或着色大豆。

渍染美洲商陆果汁：大豆种衣若被美洲商陆汁污染被认为是紫斑或着色大豆。

（二）杂质（Foreign Material）

杂质指不能通过8/64 in圆孔筛的所有物料，以及根据FGIS规定方法对样品筛理后仍留在样品中的非大豆物质。

（1）粗杂质（Coarse Foreign Material）：玉米粒、玉米穗轴、苍耳子、小木棒（1 in或更长，厚度达5/32 in）、豆荚（1/2仓或以上，如果仓还有大豆，将其移至样本）、大饲料颗粒、泥尘、比大豆大的甜玉米、豆子。

（2）细杂质（Fine Foreign Material）：玉米碎粒、爆米花、向日葵籽、等于或小于大豆的食用豆类。杂草粒（星蒺藜、星芒刺、蒺藜、牵牛花等）、不算粗杂质的小木棒、豆荚（少于1/2仓）、其他任何太小不足以作为粗杂质的杂质。

（三）损伤粒（Damaged kernel）

损伤粒指大豆颗粒或破碎粒受到严重的摩擦损伤、严重的气候损伤、病伤、冻伤、细菌损伤、热损伤、虫蛀、霉菌损坏或因其他原因遭重大损坏的颗粒。一般来说，在检验和评定等级中，大豆籽粒仅在损伤明显和导致失去商业价值时被判定为损伤粒。

大豆损伤的类型有以下几种：

（1）严重的土壤侵蚀或气候损伤粒（Badly Ground and/or Weather-Damaged Kernel）：大豆整粒或碎粒的在田面落后或因气候的影响而严重变色。

（2）热损伤粒（Heat-Damaged Kernel）：大豆整粒或碎粒因受热而显著变色并伤及子叶。可用交叉划痕来确定损坏的程度。不需要截面。此项目需要单列检验结果。

（3）发热损伤粒（Damaged-by-Heat Kernel）：有发热过程但未达到热损伤程度的大豆损伤粒。需要时将整粒大豆截面来确定损坏的程度。

（4）霜冻损伤（绿色）粒［Frost-Damaged Kernel（Green）］：指受冻后子叶（断面）呈深绿色的大豆整粒或碎粒。

（5）霜冻损伤（含蜡）粒［Frost-Damaged Kernel（Waxy）］：指受冻后外观呈玻璃或蜡状的大豆整粒或碎粒。

（6）未熟粒［Immature Kernel（Wafer）］：大豆未成熟，粒型干瘪皱缩，呈薄片状无内容物的大豆整粒或碎粒，如粒内仍留有内容物且品质良好，则视为未受损伤。

（7）发霉损伤（Mold-Damaged Kernel）：大豆整粒或碎粒含有霉菌。有以下几种情况。

霉菌入侵：大豆褪色、扭曲、畸形、细长，呈不正常的大小和形状；可能有裂缝且裂缝里有白色或灰色霉状物。不管霉菌侵入多少，都作为损伤。

表面长霉：大豆表面有乳白色或浅灰色霉菌生长，造成霜霉病，但内部没有明显的恶化，没有裂痕。发霉面积在50%或以上，视为损伤。

霉斑侵蚀（粉红色）：由真菌活动引起的大豆和整粒或碎粒变粉红色。

（8）发芽损伤粒（Sprout-Damaged Kernel）：有发芽凸起的大豆。

（9）虫蛀粒（Insect-Bored Kernel）：大豆整粒或碎粒，明显被害虫蛀食形成孔洞。

（10）蝽象叮咬粒（Stinkbug Stung Kernel）：大豆整粒或碎粒呈现凹痕或者变色的种皮，视为被蝽象叮咬。在大多数情况下，需要截面来确定破坏程度。蝽象叮的籽粒不应跟象虫侵蚀的籽粒混淆。蝽象叮咬被认为是实际破坏率的1/4，计算时需将蝽象叮咬籽粒的实际重量除以4。

（四）破碎粒（Split）

碎掉部分超过整粒1/4部位缺失的无损伤大豆颗粒。

（五）异色粒（Soybean of Other Color）

种皮是黄色或种皮是绿色但子叶横切面是黄色的大豆均被认为是黄大豆，其他大豆均被认为是异色粒。

（六）水分（Moisture）

大豆在规定条件下经烘干后的质量损失，采用快速方法测定的仪器也须使用烘干法进行校正。

（七）容重（Test Weight）

容重是指根据美国联邦谷物检验局规定的程序，应使用指定设备检测的单位体积的重量。

（八）粗蛋白（Protein）

粗蛋白指大豆中的含氮物质。

（九）粗脂肪（Oil Content）

粗脂肪指大豆中能溶于乙醚（或石油醚）的物质。除脂肪外，还包括游离脂肪酸、磷脂类、色素及蜡等。

（十）核盘菌病（Sclerotinia Sclerotiorum）

核盘菌能引起茎病（茎腐烂），能导致大豆的杆和豆荚有大量菌核病增生。豆荚内种子可能偶尔感染病。如果是早期感染，种子呈扁平并严重萎缩，有时被菌核病取代。

（十一）黑大豆（Black Soybean）

黑大豆指有黑色种皮的大豆。

（十二）籽粒尺寸（Seed Sizing）

籽粒尺寸包括通过或留在指定筛孔直径的筛子上部的大豆。

（十三）白脐（White Hilum）

整粒大豆上有清晰的白脐。在申请人提出要求时，可以测试其他颜色的种脐。

（十四）外皮破裂（Cracked Seedcoat）

外皮破裂但健全的大豆。

（十五）枯萎和皱纹大豆（Shriveled and Wrinkled Soybean）

整个未受损伤大豆，具有非典型的大小和外形，能通过 10/64 in × 3/4 in 长方形孔筛，但不能通过 8/64 in 圆孔筛。

三、检验流程

美国大豆参考美国《谷物检验手册》进行取样，取样现场可进行气味、外观及明显劣质判定。样品送至实验室后进行细分，以每份样品 4 000 g 为例，其中 1 000 g 作为存查样品密封保存于恒温室，1 000 g 样品进行感官检验，1 000 g 样品进行理化检验。进行感官检验的样品可挑出粗杂质后，进行细分，取 250 g 挑出细杂质，再次细分，其中 125 g 进行破碎粒检验，另外 125 g 进行损伤粒检验（见图 5-2）。用于理化检验的 1 000 g 样品，可视实际操作情况，使用近红外仪或水分测定仪进行检验；或用四分法进行缩分，研磨成粉末，再进行测定。

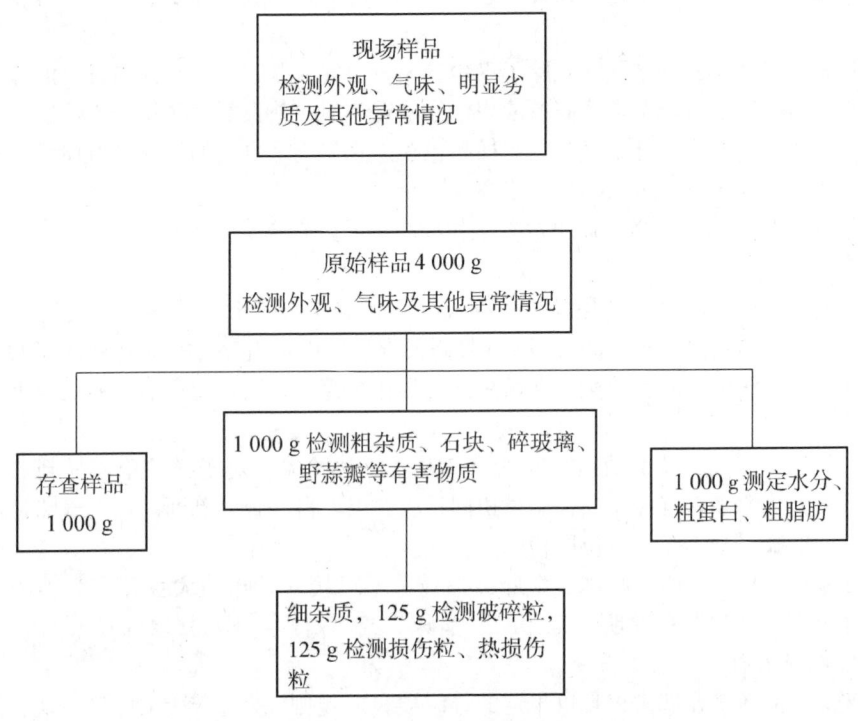

图 5-2　美国大豆品质检验流程

按照 FGIS 规定程序指令，明显劣质在抽取样品中反映不出来时，应以取样现场整批货物为基础检验；取样现场可判定的项目还包括外观、气味等。抽取整体样本后送至实验室，以下项目在去除粗杂质前检验，包括动物排泄物、碎玻璃、蓖麻子、苍耳子、猪屎豆种子、扣除物、野蒜、虫害、紫斑或染色粒、石块、水分、温度、未名异物、有害或有毒物，等等；以下项目在去除粗杂质后检验，包括细杂质、热损伤粒、损伤粒、破碎粒和异色粒。

四、各项目检验方法

（一）现场检验

1. 外观、气味

外观及气味检验主要在扦样现场进行，对大豆的色泽、类型、等级、健全程度以及气味等进行检验，但实验室检验人员须在缩分平均样品前进一步检验。根据美国《谷物检验手册》指引，大豆气味检验的类型包括酸味［靴子味、发酵味、昆虫味（辛辣味）、猪舍味、烟味］、霉臭味（土腥味、昆虫味、发霉味）、商业上不可接受的外来气味（兽皮味、动植物腐烂味、肥料味、熏蒸剂味、杀虫剂味、石油产品味、臭鼬味、烟味、强烈的杂草味)。其中,如果现场出现因热损伤产生的烟味,则被认为是酸味;如果现场有明显的火烧痕迹,所产生的烟味则被认为是商业上不可接受的外来气味。

商业上有异议的外来气味:除了煤尘和大蒜的气味,还包括其他粮谷类的外来气味,使商品大豆不适合正常的商业使用。如果熏蒸剂或杀虫剂气味持续不消散,也被认为是商业上有异议的外来气味。当样品包含熏蒸剂或杀虫剂的气味,致使无法鉴别是否存在其他气味时,可采用以下步骤:

(1) 初步检测。在敞口瓶中放置工作样品,暴露在空气中4h,如果气味短时间内消散,可缩短时间。

(2) 复检、投诉和仲裁检验。将存查样品和新样品置于容器暴露在空气中4h,可根据气味消散情况缩短时间。但4h暴露要求不适用于当存查样品暴露放置时。如果按照上述方法检验后,熏蒸剂和杀虫剂的气味仍存在,则判定样品含有商业上不可接受外来气味。

(3) 最终检验:检验员负责对所有气味作最终检验。对于样品中不易判断的气味,尽可能采取多名有经验的检验员协同检验,以取得一致的判断。如无气味检出或检出气味明显,则不需进行协同检验。

出具证书:含有明显霉味、酸味或商业上不可接受异味的大豆评定为美国样品级,在证书"备注"中注明"霉味"、"酸味"或"商业上不可接受的异味"。

2. 明显劣质

当大豆品质明显低劣,且以规定的等级项目或规则无法适当反映其劣质状况时,将其判定为明显劣质。

大型残片:大豆含有2块或以上的石块、碎玻璃、水泥块,或是其他取样人员肉眼可见且由于体积大而无法进入到试样检测设备中的残片,试样会被判定为"明显品质低劣"。

其他异常状况:大豆显然受到其他异常情况影响致使品质遭受不利影响,且无法根据本标准中分级项目进行合理分级,判定为明显劣质。

含有硅藻土的大豆被判定为品质低劣,除非申请人特别要求实验检测是否含有硅藻土。如果实验室检验证实大豆含有硅藻土,则被判定为含有硅藻土的明显劣质。关于大豆中硅藻土检测的附加信息,美国有《含有硅藻土和硅胶谷物的分级和认定》规程。

根据现场的检验状况和抽取样品的分析判定大豆是否属明显劣质。

明显劣质大豆评定为美国样品级,在证书"备注"部分注明"明显劣质"及原因。

(二) 实验室检验

1. 虫侵大豆

发现任何活象甲或其他对仓储谷物有害的活虫,表明可能遭受害虫感染,在这种情况下,应检验工作样品和存查样品,以判定大豆是否被污染。如果在工作样品中未检出活虫,则不必检查存查样品。活体象虫包括米象、谷象、豆象、玉米象和较小的谷物蛀虫。其他活昆虫损害应包括粮食储藏的甲虫、飞蛾幼虫等。

对样品进行侵染虫数检验。如果是1 000 g样品含有超过2头活象甲,或1头活象甲和5头其他种类的活害虫,或是10头其他种类的活害虫,则判定为"虫侵大豆"。

2. 野蒜大豆

去除杂质前,用1 000 g样品检验(参见第十章的图谱)。若样品中发现5个或5个以上绿色野蒜瓣或等量全干或部分干燥野蒜瓣,则依照"美国大豆标准特殊等级"中的规定评定大豆为"野蒜大豆";根据要求,注明野蒜瓣数量,用整数表示或保留小数点后2位。

3. 紫斑或着色大豆

通常以整体样本判定。用FGIS系列对照比较图片,在大约400 g样品中所确认的种皮呈现粉色或紫色的大豆。为确保大豆在检验过程中外观一致,建议使用以下程序:

(1) 从原始样本中取出400 g。

(2) 将样品放入一个空塑料盒,直到盒子顶部水平位置。

(3) 将大豆图谱打印在纸上,贴在盒盖上。

(4) 比较在塑料盒中的大豆和打印在盒盖上的大豆图谱的外观。

(5) 对于打印在盒盖上的大豆图谱,应考虑到大豆可能出现紫色斑点或染色或更糟的情况(参见本书第10章图10 – 16至图10 – 18)。

用有毒种子处理剂处理的大豆,不应与沾上无毒的美洲商陆汁大豆混淆。如果很难直观地将沾染处理剂的大豆和沾上美洲商陆汁的大豆区别开来,可以使用下列步骤:

(1) 将变色大豆籽粒放入100 mm×15 mm培养皿。

(2) 用滴管加入0.1 N盐酸溶液,浸过大豆,注意不要沾到眼睛和皮肤。

(3) 如果大豆沾着美洲商陆汁,盐酸溶液能去除这种染色;如果大豆沾着有毒处理剂,盐酸溶液则无法去除这个污渍。

适用时,依照"美国大豆标准特殊等级"中的规定评定大豆为"紫斑或着色大豆"。

4. 美国大豆样品级判定

在去粗杂质前,取1 000 g工作样品进行美国样品级标准检验。表5 – 7列出了大豆的分级标准、限量和检验基础。经检验超出表中含量标准的大豆判定为美国样品级。谷物中可辨认的谷物碎、加工后的谷物产品(如大豆粉、高粱、粗燕麦粉、玉米粉、碾碎的干小麦等)或饲料粒算为杂质。无法辨认的材料或物质是"未知的外来物质"。

表 5-7　美国大豆样品级[1]

项　目	以样品为基础	以整批为基础[2]
任何定量分级项目	超过美国 4 级限值	不适用
动物粪便	10 粒或以上	不适用
蓖麻籽	2 粒或以上	不适用
猪屎豆籽	3 粒或以上	不适用
碎玻璃	1 粒或以上	不适用
气味	检出	不适用
石块	4 粒或以上或超过质量的 0.1%	不适用
未知外来物[3]	4 粒或以上	不适用
受热	检出	检出
其他物质总数量	11 粒或以上	不适用
大块残片	不适用	2 粒或以上
其他异常状况	检出	检出

注：①记录计数结果保留整数位近似值。
　　②整体提交样品视为整批。
　　③判定肥料颗粒和加工过的谷物产品为杂质，而不是未知外来物。

按美国样品等级对大豆分级，当超出了表 5-7 中的一个或更多的限制，在证书"备注"部分记录原因，记录计数结果保留整数位。

（三）定量等级判定

用于定量等级判定的指标包括杂质、损伤粒、热损伤粒、破碎粒、异色粒。

（四）分样程序

取 1 000 g 样品，先挑出粗杂质，称重，记录结果，将异物与粗杂质去除后，使用钟鼎式分样器将样品进行 3 次缩分，得到 125 g 缩分样品，进行细杂质、损伤粒、热损伤粒、异色粒、破碎粒等项目的检验。将检验结果和等级指标的限值对比，进行定量等级评定。

1. 杂质

美国大豆的杂质分为粗杂质和细杂质，应分别检出并计算结果。可参照第 10 章图谱进行检验。

取 1 000 g 样品（M）挑选粗杂质（cfm），称重，精确至 0.01 g，计算百分含量。

$$粗杂质(\%) = \frac{m_{cfm}}{M} \times 100$$

从已去除粗杂质的样品分出 125 g 缩分样品（N），放入 8/64 in（3.175 mm）圆孔筛，手筛 5 次，经 8/64 in 圆孔筛筛后剩下的非大豆物质及筛下物为细杂质（ffm），称重，精确至 0.01 g，计算百分含量。留在 8/64 in（3.175 mm）筛的大豆皮不作杂质。

$$细杂质(\%) = \frac{m_{\text{ffm}}}{N} \times 100$$

$$杂质总量(\%) = 粗杂质(\%) + 细杂质(\%)$$

注意：8/64 in × 3/4 in（3.175 × 19.050mm）或 9/64 in × 3/4 in（3.572 mm × 19.050 mm）的长方形孔筛，或 10/64 in × 3/4 in（3.969 mm × 19.050 mm）长圆孔筛，可安装在 8/64 in 圆孔筛顶部，有利于分离破碎粒。（当一个筛用作辅助，留在 8/64 in 圆孔筛底部的筛下物，和留在顶部辅助筛上除大豆以外的其他物质，都被认为是细杂质。）

2. 损伤粒

取 125 g 缩分样品去除杂质后的剩余部分（n）用于检验损伤粒。可参照第 10 章图谱进行检验，称重，精确至 0.01 g，将其他损伤粒含量和臭虫叮损伤粒含量相加，得到损伤粒总量。将各项结果相加，即为损伤粒总量。并按下式进行计算：

$$蟓象叮损伤粒(\%) = \frac{m_{\text{sbkt}}}{n} \times 100 \div 4$$

$$其他损伤粒(\%) = \frac{m_{\text{okt}}}{n} \times 100$$

$$损伤粒总量(\%) = 蟓象叮损伤粒(\%) + 其他损伤粒(\%)$$

其中热损伤粒（ht）需要单独计算：

$$热损伤粒(\%) = \frac{m_{\text{ht}}}{n} \times 100$$

当样本包含大约 50% 或以上通过一个 10/64 in 的长方形孔筛的整粒大豆，可使用更小分量（大约 60 g）进行分析。

3. 破碎粒

取 125 g 缩分样品去除杂质后的剩余部分（n）用于检验破碎粒（st）。使用已经过认证的筛子进行检验。8/64 in × 3/4 in（3.175 mm × 19.050 mm）或 9/64 in × 3/4 in（3.572 mm × 19.50 mm）的长圆形孔筛或 10/64 in × 3/4 in（3.969 mm × 19.50 mm）椭圆形孔筛，可以被用来分离破碎粒。结合 8/64 in 圆孔筛使用可确定杂质。

不是所有的破碎粒都能被筛子分离。因此，剩余在筛子顶部的物质和通过筛子的物质都须检验破碎粒。

因为检验破碎粒样品的分离通常是在去除杂质时进行，因此在计算破碎粒含量前必须先在总重中扣除杂质质量。或可参照第 10 章图谱进行检验，称重，精确至 0.01 g，并按下式进行计算：

$$破碎粒(\%) = \frac{m_{\text{st}}}{n} \times 100$$

当样本包含大约50%或以上通过一个10/64 in的长方形孔筛的整粒大豆,可使用更小分量(大约60 g)进行分析。

4. 异色粒

取125 g缩分样品去除杂质后的剩余部分(n)用于检验异色粒。大豆种脐的颜色不考虑在内(参考第10章图10-15)。

5. 水分

根据FGIS指南中规定的程序,使用认可仪器检测谷物中的水分含量。水分测试使用未去除杂质的350 g样品,使用Dickey-john GAC 2500水分分析仪进行测定,检测方法参见本书第3章。

(五) 其他项目

以下官方认证项目仅是依据申请人要求而确定,不会影响等级确定。

1. 容重

容重原是大豆定量分级指标之一,FGIS在2007年取消这一指标,但一般贸易合同上仍对此有要求。如果申请人要求,可作检验。

容重检验使用未去除杂质的样品,具体方法可参见本书第3章。

如有要求,根据以下公式将磅/蒲式耳(Lbs/bu)换算成千克/百升(kg/hL):

1 磅/蒲式耳(Lbs/bu)×1.287 = 千克/百升(kg/hL)。

2. 粗脂肪和粗蛋白质

申请人可以要求分析脂肪、蛋白质,或脂肪和蛋白质含量。所有的脂肪和蛋白质分析应当按照与官方程序建立的谷物检查方法执行。其中,粗蛋白的检测方法主要是依据AOAC. 992.23《燃烧法检测谷物、油籽粗蛋白》以及近红外测定法,具体方法参见本书第3章。粗脂肪检测方法主要依据AOCS Ac 3-44《油》以及近红外测定法,具体方法参见本书第3章。

3. 核盘菌病

取1 000 g进行检验,参考图谱,挑出被侵染的大豆,称重,精确至0.01 g,计算结果。

$$核盘菌(\%) = \frac{m_{ss}}{n} \times 100$$

4. 黑大豆

取125 g缩分样品去除杂质后的剩余部分(n)以种皮颜色特征进行检验,确定黑大豆(bs)含量。

$$黑大豆(\%) = \frac{m_{bs}}{n} \times 100$$

5. 籽粒尺寸

籽粒尺寸指被测大豆在穿过或剩余在前一个筛的大小。

取125 g缩分样品,去除其杂质后有剩余部分(n)。用申请人指定筛孔的筛子对剩余部分进行筛分,分别计算留在筛顶部(mr)和通过筛子(mp)的样品质量,计算百分含量。

$$留在筛顶的大豆(\%) = \frac{m_{mr}}{n} \times 100$$

$$通过筛子的大豆(\%) = \frac{m_{mp}}{n} \times 100$$

在证书的工作报告和"备注"部分,用以下文字说明:"×%通过(指定圆孔筛),×%留在筛顶(指定圆孔筛)。"

6. 籽粒数量

籽粒数量指测量指定质量下的籽粒数目[如1 000 g(或1磅)大豆的数目]。

取25 g代表样品,去除杂质和残缺大豆(残缺部分超过1/4)后,计算完整大豆的颗粒数。

$$1\ 000\ g\ 大豆籽粒数量 = \frac{n}{N} \times 1000$$

式中:n 为完整大豆颗粒数。

N 为25 - 杂质质量 - 破碎粒质量。

在证书中记录种子数,在工作记录和"备注"部分,用以下文字说明:"(数目)完整大豆(指定的质量,一般为1 000 g)。"

7. 白脐

在125 g部分除杂和残缺大豆(部分残缺超过1/4)后,确定白脐大豆的含量。

$$完整大豆率(\%) = \frac{m_{ws}}{N} \times 100$$

式中:$N = 125$。

$$白脐大豆含量(\%) = \frac{m_{wh}}{m_{ws}} \times 100$$

在证书中记录白脐大豆的百分率,在工作记录和"备注"部分,用以下文字说明:"样品含有94.4%的完整大豆,其中含有98.3%的白脐大豆。"

8. 外皮破裂

确定外皮破碎的含量,取125 g已去除杂质、损伤粒和破碎粒的样品,挑出外皮破裂但损失在1/4以内的整体大豆,计算含量。

$$外皮破裂完整大豆含量(\%) = \frac{W_{cs}}{N} \times 100$$

式中:$N = 125$ - 杂质质量 - 损伤粒质量 - 破碎粒质量。

在证书中记录表皮破裂大豆的百分率,在工作记录和"备注"部分,用以下文字说明:"含有×%表皮破裂大豆。"

9. 枯萎和皱纹大豆

用125 g去除杂质后部分判定枯萎和皱纹大豆,依照图谱挑出枯萎和皱纹大豆,计算含量。

$$枯萎和皱纹大豆含量(\%) = \frac{m_{sw}}{S} \times 100$$

式中:$S = 125 -$ 杂质质量 $-$ 损伤粒质量 $-$ 破碎粒质量。

五、其他事项

(一) 数字修约

检验结果数值需要修约时,除另有规定外,按照下列规则进行修约:

(1) 拟舍弃数字最左一位数字小于5,则舍去,保留其余各位数字不变。例如,将12.149 8修约到个数位,得12;将12.149 8修约到一位小数,得12.1。

(2) 拟舍弃数字最左一位数字大于5,则进一,即保留数字的末位数字加1。例如,将1 268修约到百数位,得1.3×10^3(特定场合可写为1 300)。

(3) 拟舍弃数字最左一位数字是5,且其后有非0数字时进一,即保留数字的末位数字加1。例如,将10.500 2修约到个数位,得11。

(4) 拟舍弃数字最左一位数字是5,且其后无数字或皆为0时,若所保留的末位数字为奇数,则进一,即保留数字末位数字加1;若所保留的末位数字为偶数,则舍去。例如,1.050保留一位小数,得1.0;0.35保留一位小数,得0.4。

(二) 检验证书

每一货舱的检验结果,按该仓各检验批结果算术平均计算求得,全船结果按各舱货物装载量加权平均计算求得。检验证书各项目的结果取位数如表5-8所示。

表5-8 进境美国大麦品质检验结果保留位数

检验项目	结果保留位数
热损粒(%)	0.1
总损伤(%)	0.1
破碎粒(%)	0.1
杂质(%)	0.1
异色粒(%)	0.1
水分(%)	0.1
蛋白质(%)	0.01
粗脂肪(%)	0.01

依据贸易合同规定的有关品质条款或/和标样,对照检验结果和现场工作报告综合评定。

(三) 存查样品

存查样品要求从平均样品中逐批分取制备,做好标识,在通风、干燥、防虫条件下保存。合同规定索赔期限的,存查样品保存到合同规定的索赔有效期满为止;合同未规定索赔期限,样品保存半年。检验不合格的,按相关规定保存。

5.4 加拿大大豆品质检验

5.4.1 加拿大大豆标准

加拿大粮食委员会(CGC)负责全国粮油农产品的标准制定,包括产品分级、检验、收购、储运、认证、进出口以及设定相关费用等,并明确各个市场主体的权利、责任和义务,产品范围涉及21种官方和3种非官方粮油农产品(不含稻米)。目前,CGC已发布了一系列产品取样和质量分级的标准化文件,包括《官方粮食分级指南》、《取样系统手册及认可指南》、《水分测定》、《容重》、《粮食代表性样品抽取方法》等,共同构成了加拿大粮油农产品质量分级标准体系。其中大豆的检验方法参照CGC在2013年8月1日发布的《官方谷物分级指南》(*Official Grain Grading Guide*),该指南除包括大豆在内粮食分级质量指标外,还包括粮食的检验方法。大豆的取样方法参照CGC在2013年8月1日修订的《取样系统手册和推荐指南》(*Sampling Systems Handbook and Approval Guide*)。

5.4.2 加拿大大豆分类与分级

一、定义

样品净重:清洁后去除扣除物的样品称为纯净样品。它的质量是样本的净重,按质量分数的分级参考净重的等级。

有害物质:规范中规定的有害物质定义为"杀虫剂、除草剂、干燥剂或接种物"。

当任何样品中含有疑似有害物质时,应佩戴手套和口罩操作。

加拿大大豆依照种皮颜色共分为五种:黄、绿、棕、黑和混合大豆。

二、加拿大大豆分级

根据加拿大《官方粮食分级指南》,国内大豆等级评定包括初级等级标准和出口等级标准,这些标准对大豆的分级均是以清洁样品为基础进行的,即对机检杂质(扣除物)清除后的样品进行评定。初级等级标准以容重为分级指标,将加拿大大豆分成5个定量等级(加拿大1级、2级、3级、4级、5级大豆)和样品等级(见表5-9);出口等级标准将加拿大大豆分成5个定量等级(加拿大1级、2级、3级、4

级、5级大豆)和样品等级(见表5-10)。分级指标包括杂质、破碎粒、损伤粒、异色粒等。通常从加拿大出口到中国的大豆同时要符合初级等级和出口等级的要求。

表5-9 加拿大大豆初级等级指标

等级名称	质量标准	
	容重 kg/hL (g/0.5 L)	感官等级
1	70 (357)	温度正常、气味自然、颜色天然
2	68 (347)	温度正常、气味自然、颜色天然
3	66 (337)	温度正常、气味自然、颜色天然
4	63 (322)	温度正常、气味自然、颜色天然
5	59 (301)	温度正常、气味自然、颜色天然
样品级	如果5个等级都不符合	

表5-10 加拿大大豆出口等级指标

等级名称	损伤粒		霜霉病(%)	异色粒、双色粒、混色粒(%)	杂质					破碎粒(%)
	热损伤粒或发霉(%)	总量(%)			麦角菌(%)	排泄物(%)	石头(%)	非谷物杂质(%)	总量(%)	
1	无	2.0	2	2	0.010	0.01	无	0.1	1.0	10
2	0.2	3.0	10	3	0.025	0.01	0.03	0.3	2.0	15
3	1.0	5.0	无要求	5	0.100	0.01	0.10	0.5	3.0	20
4	3.0	8.0	无要求	10	0.250	0.01	0.10	2.0	5.0	30
5	5.0	15.0	无要求	15	0.250	0.01	0.10	3.0	8.0	40
样品级	如果5个等级都不符合									

5.4.3 加拿大大豆品质检验方法

一、仪器设备和检验器具

仪器设备和检验器具包括钟鼎式分样器或电动分样器、电子天平(精确至0.01 g)、电子秤(精确至0.1 g)、3/8 in圆孔筛、卡特除杂机、恒温烘箱或Seedburo 1200A水分测定仪、凯氏定氮装置或近红外仪、索氏抽提仪。

二、检验项目

(一) 商业纯净 (Commercially Clean)

符合加拿大商业纯净规范表中各项目限量规定的样品。

(二) 扣除物 (Dockage)

《加拿大粮食法案》将扣除物定义为"在粮食中混入的除粮食以外的任何物质,此处粮谷是指根据本法案制定的质量标准或等级标准中规定的粮谷,这些外来物必须并可以被清除后,该批粮谷才可符合相应等级要求"。

(三) 污染颗粒 (Contaminated Grain)

《加拿大粮食法案》将污染定义为"对于粮食,污染是指粮食含有任何足量以致不适于人类或动物消费的物质,或任何以根据食品及药品法中 B.01.046 (1)、B.15.002 (1) 制定规范内所列方式掺入的物质。"如果怀疑有污染颗粒,应戴手套和口罩操作。

(四) 容重 (Test Weight)

容重是指单位容积的大豆的自然质量。本项目是加拿大大豆定量等级指标之一。

(五) 杂质 (Foreign Material)

杂质包括任何不属于扣除物的大豆或破碎粒的物质,例如麦角菌、石头、排泄物、其他谷物、非谷物杂质(不能通过8号筛的大型杂草种子、能轻压研碎的软石块、软化肥粒、任何其他类似的无毒物质、核盘菌病)等。

(1) 麦角菌 (Ergot)。麦角病是一种植物病害,常生成细长状菌瘿,外部颜色为黑紫色,内部呈紫白色至灰白色,表面较光滑。注意麦角菌不常侵染大豆。

(2) 石头 (Stone)。石头是硬页岩、煤炭、硬土颗粒和任何其他类似的非有毒物质的。

(3) 排泄物 (Excreta)。排泄物指样品中含有的动物粪便。如果怀疑有排泄物,应戴手套和口罩操作。

(4) 土块 (Earth Pellet)。硬土块是指在轻度挤压作用下不破碎的颗粒;软土块是指在轻度挤压作用下即破碎的颗粒。

(5) 化肥颗粒 (Fertilizer Pellet)。化肥颗粒通常呈小而圆形或不规则形状,白色、粉红色或红色。化肥颗粒并不认为是有害物质,但感官检验方法无法区分化肥颗粒和其他污染物。

(6) 核盘菌病 (Sclerotinia Sclerotiorum)。核盘菌能引起菌核病,菌核是一种真菌产生硬的真菌组织。菌核的大小和形状不同,表面纹理不同,外部颜色从黑色到暗灰色、白色,有纯白色的内部。菌核病可视为杂质的一种。

(六) 杂色粒 (Mottled Kernel)

杂色粒指大豆种皮有可见的杂色和斑点。

（七）破碎粒（Split）

破碎粒包括籽粒少于3/4的大豆破碎种子，带有松散种衣的子叶。

（八）霜霉病（Downy Mildew）

霜霉病是一种生长在表面的柔和或粉状真菌。如果所有的真菌生长放在一起，该病被认为可影响50%以上的单粒大豆覆盖面积。

（九）损伤粒（Damage）

大豆出现发芽、霜冻受损、枯萎、研磨损坏、昆虫损坏、未熟粒和不健全等各种被损坏的情况都称为损伤粒。

（1）热损伤粒：剖开截面时看到光亮到暗的棕色子叶的大豆，交叉划开时看到非常光亮的褐色子叶。

（2）发霉粒（Mouldy）：皱、畸形的棕至深棕色的大豆整粒和破碎粒，大豆的大部分表面覆盖有灰色霉，大豆呈海绵状柔软结构且通常有异常气味，记入热损伤粒。

（3）霜冻粒（Frost）：霜冻损伤大豆，切开横截面时，看到大豆子叶绿色或绿棕色，呈光亮蜡状种子；如呈黄色或苍白绿色，则被认为是健康的，即使它们表面上受风化。

（4）未熟粒（Immature）：表面呈绿色且子叶也呈绿色的大豆整粒和碎粒。对于分级的目的，不成熟的受损的大豆被看作"总损伤"等级规范。

（5）皱缩粒（Shrivelled）：粒型干瘪皱缩，小而平，无榨油价值的大豆整粒和碎粒。

（6）虫蛀粒（Insect Damage）：明显被害虫蛀蚀，子叶形成孔洞的大豆整粒和碎粒。

（7）发芽粒（Sprouted）：显示发芽的症状。

（8）炭化粒（Fireburnt）：被火烧焦的大豆籽粒，炭为被火烧焦状。炭化粒横截面类似于带有很多孔洞的焦炭，这些空孔洞导致籽粒变轻且挤压后极易破碎。

（十）染色粒和着色粒（Stained and Mottled）

大豆表面是由于天气、污垢、杂草染色，或疾病造成的染色或晕染。其中美洲商陆汁液使大豆种衣染亮红色。如果大豆内部未损坏或变色，则被认为是健康的。在某些情况下，可能会出现类似的杀虫剂染色处理的大豆种子。不要将染色籽粒与农药种子或污染颗粒混淆。

（十一）经处理的种子和其他化学物质（Treated Seed and Other Chemical Substanced）

经处理的种子是指出于农艺目的包被了农业化学物质的谷物种子，这些种子包衣中含有为使处理的种子醒目而添加的染料，染料颜色因处理类型和谷物种类而异。目前加拿大杀虫剂种子处理的颜色标准为：粮食呈粉色或红色，油菜籽呈蓝或绿色。孕育剂处理种子可带绿色；包衣或染色可呈油性或粉质外观，并且表面颜色分布可从斑点状至整体覆盖。

其他化学物质是指附着于籽粒上或残存于样品中的任何化学物质,也指样品带有任何种类化学物质气味。

三、检验流程

加拿大大豆品质检验流程见图5-3。

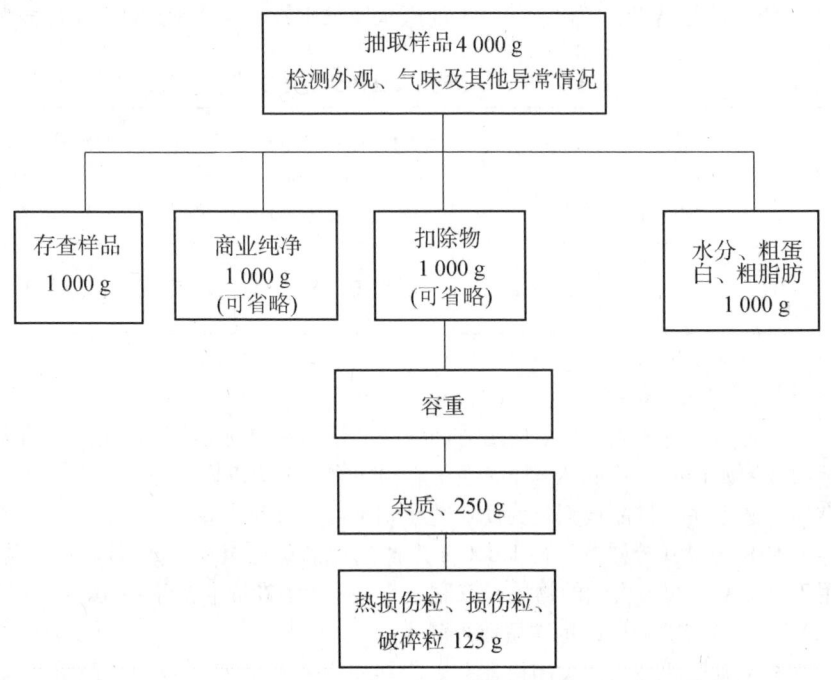

图5-3 加拿大大豆品质检验流程

四、检验方法

依照加拿大《官方谷物分级指南》,所有样品应在进行定量等级分析前先确定是否满足商业纯净要求和去除扣除物。对于非商业洁净的样品,应根据扣除物检验中规定的程序,进行扣除物检验。一般情况下,出口到中国的样品已经过定量等级分析,即已满足商业纯净要求并去除扣除物,检验时可省略(一)、(二)、(三)步。

(一)确定商业纯净

商业纯净规范中规定出口大豆样品不包括扣除物,所有样品应在扣除物检验之前进行商业纯净检验。如果经感官检验可直接确定样品包含超过0.2%的粗粮,那么可以进行接下来的扣除物检测程序进行评估。如果不确定样品是否符合商业纯净要求,则必须先按照下述程序进行确认,然后再进行扣除物检验。

(1) 用分样器将 1 000 g 样品缩分成 250 g，置于 8 号圆孔筛上，放入机械振筛机，来回筛 30 次。
(2) 从筛下物中单独挑出破碎粒，称重，计算含量。
(3) 将除破碎粒外的筛下物称重，计算含量。
(4) 挑出剩余在 8 号圆孔筛上的粗粮和外壳，称重，计算含量。
(5) 计算粗粮和外壳、除破碎粒外的筛下物总含量。
(6) 依照计算结果，超出表 5 - 11 的限量要求则判定为不满足商业纯净规范。

表 5 - 11　加拿大大豆商业纯净规格

等级	除破碎粒外的筛下物（%）	粗粮和外壳（%）	粗粮和外壳、除破碎粒外的筛下物总含量（%）	筛下物中的破碎粒（%）	
				非直接出口	直接出口
加拿大 1～5 级大豆	0.1	0.2	0.2	0.75	1.0

（二）确定扣除物

已确定为非商业纯净的样本使用清选程序进行扣除物判定。送来实验室的样品称为非纯净或原始样品，其重量是样品毛重。扣除物检测应以样品毛重为准。

常用清选程序（样品被判定为商业纯净则不需经过此步骤）为：

(1) 使用钟鼎式分样器，将 1 000 g 未清选样品缩分至 250 g，放在 8 号圆孔筛上，用手筛除所有容易去除的物质。依照表 5 - 12 所示设置卡特除杂机。
(2) 开启卡特除杂机，将样品加入漏斗。
(3) 样品通过机器后，关闭机器。轻轻拨动气流收集盘挡杆，使截留在气流滤网上的物质松脱。

表 5 - 12　卡特除杂机参数设置

进样控制	#10
气流控制	#7
粗筛	无
顶筛	空盘
中筛	无
底筛	无
筛层清理控制	关闭

(4) 按照列表中总扣除物的规定进行扣除物计算。

$$扣除物(\%) = \frac{A + B + C}{S} \times 100$$

式中：A 为通过 8 号圆孔筛的物质（g）。

B 为从样品中手工挑拣出的最高 10% 的软土块（g）。

C 为茎、豆荚、外壳、松散种皮，以及被卡特除杂机的气流分离去除或手工从样品中挑出的粗植物性物质（g）。

S 为样品质量（g）。

返回所有大豆籽粒和破碎粒、菌核病粒、麦角、杂草种子或其他谷物样本，均作为评级因素。

（三）扣除物中的粮谷分析（可选）

当托运人要求在卸货或传送升运机上对粮谷货物进行特殊清选，且升运机管理者同意时，可针对扣除物中的粮谷进行分析检测。应报告扣除物中粮谷百分含量及其等级，升运机也将根据分析结果进行调整。在分析进行前，托运人需向加拿大粮谷委员会（CGC）提交托运人和卸货人书面合同。需要进行此项检验时可参考 CGC 的相关规定。

（四）等级评定

所有等级评定均采用钟鼎式分样器将净样一分为二，缩分制成代表性份样。加拿大对大豆定量等级分析的取样量依据不同的情况有"最低样品量"、"最佳样品量"和"出口样品量"三种，可根据实际情况采用。本书示例均为建议使用量。

1. 颜色

加拿大大豆可能是黄色、绿色、棕色或黑色。颜色是等级名称的一部分。例如，加拿大 1 号黄大豆双色或混合大豆。双色大豆是黄色或绿色大豆与黑色或棕色色素条纹或斑点大豆的籽粒，混合大豆含有双色大豆或大豆样本的另一个颜色。加拿大出口到中国的大豆均为黄大豆，通常情况下不需进行大豆颜色的检验和判定。

2. 气味

气味检验无定量限制，但加拿大 1~3 级大豆必须具有正常的气味。加拿大 4 级以下大豆样本在受到损伤的情况下才能有一个轻微的与低质量有关的气味检出。在检验过程中应注意考虑样品的基本状况、气味类型和程度，查看是否有明显可见的残渣，如有可进行气味检验。

3. 污染颗粒

污染颗粒指被谷物研究实验室和加拿大谷物主检官判定为污染谷物的样品，等级评定为加拿大样品级。

4. 容重

按照图 5-3 检验流程，使用容重器进行容重测定。具体的操作参照《谷物检验手册》第二节"容重检验"，或本书第 3 章。容重单位的换算：1 kg/hL = 1/10 × g/L。

5. 杂质

(1) 麦角菌。取 250 g（S）已去除扣除物的样品，参照本书第 10 章图谱，挑出麦角菌粒，称重和计算百分含量，结果记录到 0.1%。

$$麦角菌(\%) = \frac{W_{ERG}}{S} \times 100$$

(2) 石头。取 250 g（S）已去除扣除物的样品，挑拣出石块，称重，计算百分含量，结果记录到 0.1%。

$$石头(\%) = \frac{W_{STNS}}{S} \times 100$$

(3) 排泄物。取 250 g 已去除扣除物的样品，拣出排泄物并称重，计算百分含量，结果记录到 0.1%。

$$排泄物(\%) = \frac{W_{EXCR}}{S} \times 100$$

(4) 非谷物杂质。

软泥块：在正常清选过程中，泥块可以作为扣除物删除；如果在清选程序中，发现软泥块超过样本总质量的 10.0%，则视为非谷物杂质，并作为分级因素将泥块返回样本，从清选样品缩分的 500 g 代表样品中精选出软泥块。如果软泥丸是等级判定因素，则将样品定级为加拿大样品级大豆（颜色视为混合色）。

化肥颗粒：取 250 g 已去除扣除物的样品，挑出化肥颗粒并称重，如果超过样品重量的 1.0%，化肥颗粒可被视为石头并入石头含量；如果质量超过 1.0%，则样品被判定为"怀疑污染大豆"。

大型杂草种子：取 250 g 已去除扣除物的样品，挑拣出杂草种子并称重。

核盘菌：取 250 g（S）已去除扣除物的样品，参照图谱挑拣出核盘菌病粒并称重，计算百分含量，结果取 2 位小数。

$$非谷物杂质(\%) = \frac{W_{SCL}}{S} \times 100$$

杂质总量(%) = 麦角菌粒(%) + 石头(%) + 排泄物(%) + 非谷物杂质(%)

结果取 1 位小数。

6. 杂色粒

取 250 g 已去除杂质的样品，拣出杂色粒并称重，计算百分含量，结果取 2 位小数。

$$杂色粒(\%) = \frac{W_{MK}}{S} \times 100$$

7. 破碎粒

取 250 g 已去除杂质的样品，细分至 125 g 采用适用的筛子过筛，通过筛子的整粒大豆放回样品，依照图谱挑出破碎粒。称重，计算重量百分含量，结果保留 2 位小数。注意：未经清选处理的样品，松散种衣鉴定为扣除物；商业纯净样品，松散种衣鉴定为破碎粒。

$$破碎粒(\%) = \frac{W_{BKN}}{S} \times 100$$

8. 霜霉病

取 250 g 已去除杂质的样品，细分至 125 g，依照图谱挑出霜霉病。称重，计算百分含量，结果保留 2 位小数。

$$霜霉病(\%) = \frac{W_{DN}}{S} \times 100$$

9. 损伤粒

取 250 g 已去除杂质的样品，细分至 125 g，依照定义和图谱挑出损伤粒。称重，计算百分含量，结果保留 2 位小数。其中热损伤粒需要单列结果。

$$损伤粒总量(\%) = \frac{W_{TD}}{S} \times 100$$

$$热损伤粒(\%) = \frac{W_{HTD}}{S} \times 100$$

（五）其他分析

根据要求，为其他因素需要分析样本。托运人可选择分析的项目和所使用的筛子。

1. 水分

水分含量由一个已认可的设备依据程序进行测量。水分测试程序，操作方法在《官方粮食分级指南》第二章。或可依照合同规定的方法测量（AOCS Ac 2-41 Moisture and Volatile Matter），即 130 ℃ 恒重法，具体操作方法参见本书第 3 章，结果保留小数点后 1 位。

2. 脂肪或蛋白质

粗脂肪或蛋白质含量不是定级指标，但在贸易时是重要的定价指标之一，申请人可以要求分析脂肪、蛋白质，或两者的含量。所有的脂肪和蛋白质分析应当按照官方建立的谷物检验程序执行。

粗脂肪含量可依照合同规定的方法测量（AOCS Ac 3-44 Oil），即索氏抽提法，具体操作方法参见本书第 3 章，结果保留小数点后 2 位。

蛋白质含量依照合同规定的方法测量（AOCS Ba 4e-93 Generic Combustion Method for Determination of Crude Protein），即凯氏法，具体操作方法参见本书第 3 章，结果保留小数点后 2 位。

3. 美洲商陆染色

美洲商陆汁液使大豆种衣染成亮红色。在某些情况下，可能会出现类似的杀虫剂染色处理的大豆种子。不要将商陆染色籽粒与农药种子或污染颗粒混淆。

4. 染色粒和着色粒

大豆表面是由于天气、污垢、杂草染色，或疾病造成的染色或晕染。如果大豆内部未损坏或变色，则被认为是健康的。

5. 经处理的种子和其他化学物质

如果怀疑样品被涂上农药、干燥剂、变质剂，或如果样品中显示包含任何外来化学物质（化肥除外）的证据，样品被判定为怀疑污染颗粒。

6. 种脐颜色（白脐）

种脐颜色不是等级因素。任意选择不少于100 g的清洁代表样品，确定白脐大豆的含量。

7. 籽粒尺寸

分析不少于500 g的清洁代表样品，由托运人指定筛分粒度。

五、其他事项

（一）数字修约

加拿大大豆品质检验结果数值修约参见本章美国大豆品质检验数值修约规定。

（二）检验证书

每一货舱的检验结果，按该仓各检验批结果算术平均计算求得，全船结果按各舱货物装载量加权平均计算求得。

检验证书各项目的结果取位数见表5-13。

表5-13 加拿大大豆品质检验结果保留位数

检验项目	结果保留位数
容重（%）	0.1
热损粒（%）	0.1
总损伤（%）	0.1
破碎粒（%）	0.1
杂质（%）	0.1
异色粒（%）	0.1
水分（%）	0.1
蛋白质（%）	0.01
粗脂肪（%）	0.01

依据贸易合同规定的有关品质条款或/和标样，对照检验结果和现场工作报告综合评定。

（三）存查样品

存查样品要求从平均样品中逐批分取制备，做好标识，在通风、干燥、防虫条件下保存。合同规定索赔期限的，存查样品保存到合同规定的索赔有效期期满为止；合同未规定索赔期限的，样品保存半年。检验不合格的，按相关规定保存。

5.5 南美大豆品质检验

5.5.1 南美大豆标准

南美地区为当今世界最大的大豆产区，产量占世界总产量的一半以上，产地包括巴西、阿根廷、乌拉圭、巴拉圭、玻利维亚等，其中绝大部分商品大豆产自巴西和阿根廷。

与美国大不一样，南美国家粮食检验体系私有化，政府管理仅限于对植物检疫证书签发和对出具有一定程度的品质检验证书进行监督。政府授权私人检验员和/或公司完成检验工作，私人检验员依照粮食和饲料贸易协会（Grain and Feed Trade Association，GAFTA）、国际油料、种子和油脂协会（Federation of Oils, Seeds and Fats Association，FOSFA）以及国际标准组织（International Organization for Standardization，ISO）有关指引进行取样、检验和出证。

巴西出口大豆品质检验项目均按照国家谷物出口协会（Association of National Export Cereals，ANEC）第 41 号（大豆）标准合同进行。ANEC 的检验项目相关人员会咨询农业部和谷物产业代表，但项目的最终确定依据是商业合同条款，而不是农业部制定的标准和要求，农业部不负责出口谷物品质检验和收费，但签发植物检疫证书。

阿根廷政府参与粮食品质检验和标准制定，检验体系与巴西很相近，粮食出口由国家农业卫生局（Servicio National de Sanidad Agraria，SENASA）负责监督品质和签署植物检疫证书，阿根廷 SENASA 认定了 27 家检验公司（类似于美国的 GIPSA 和 APHIS），依照 GAFTA/FOSFA 检验指引认定。多数粮食出口采用 GAFTA-38 合同，大部分进口商会根据高于标准限量的其他合同要求，甚至增加品质标准。

5.5.2 南美大豆分级

巴西大豆共分为 4 个等级（1 级、2 级、3 级和 4 级），主要以水分、破碎粒、损伤粒和杂质等作为分级的定量指标（见表 5-14）。阿根廷大豆只有一个等级，等级指标包括：水分≤13.0%，破碎粒≤30.0%，热损伤粒≤2.5%，损伤粒总量≤5.0%；杂质总量≤3.0%，其中，灰土≤0.5%。

表 5-14 巴西大豆分级标准

等级	水分（%）	破碎粒（%）	损伤粒（%）	杂质（%）	表皮损伤粒（%）*
1	14.0	10.0	2.0	1.0	15
2	14.0	20.0	4.0	1.5	—
3	14.0	30.0	6.0	3.0	—
4	14.0	40.0	8.0	5.0	—

注："*"表示该项目仅作为种子的一级大豆指标。

5.5.3 南美大豆品质检验方法

一、仪器设备和检验器具

仪器设备和检验器具包括钟鼎式分样器或电动分样器、电子天平（精确至 0.01 g）、电子秤（精确至 0.1 g）、卡特除杂机、恒温烘箱、燃烧仪、索氏抽提仪、镊子、白磁盘、筛子（7.5/64 in 圆孔筛），等等。

二、检验项目

（一）杂质（Foreign Matter）

杂质是指所有可通过 3 mm（7.5/64 in）筛子的物质以及所有在筛子上方非大豆的物质，包括脱离大豆的表皮。杂质具体包括麦角、石块、玻璃、其他谷物、杂草籽等。

（二）破碎粒（Split）

破碎粒指所有从留在 3 mm 筛子上方样品中手工挑选的裂开和碎粒大豆。

（三）损伤粒（Damaged Kernel）

损伤粒是指因发芽、受冻、发霉、受热、烧焦、虫蚀、病害或发育不良以及因其他原因遭受明显损伤，在色泽和形状上不能成为完好的大豆粒或碎片。

（1）发芽粒：幼根已经突破种皮或发芽后幼根和胚已经脱落的大豆粒。

（2）发霉粒：胚部或其他部位有明显发霉迹象的大豆粒。

（3）未熟粒：类似热损伤粒，但没有热损伤粒的颜色和气味的大豆粒。

（4）热损伤粒：因储存或人为干燥处理，受热明显而变色变味的大豆。

（5）烧焦粒：被火烤焦的大豆，其截面多孔易碎。

（6）虫蚀粒：被蝗虫或象鼻虫蛀蚀边缘的大豆粒。

（7）真菌损伤：因田间真菌侵害而呈棕色、黑色或红色的大豆粒。

（8）损伤粒总量：损伤粒百分含量的总和。

（四）水分（Moisture）

水分指样品在规定条件下经烘干后的质量损失。

（五）粗脂肪（Crude Fat）

粗脂肪指粮食、饲料、油料中能溶于乙醚的物质。除脂肪外，还包括游离脂肪酸、磷脂类、色素及蜡等。

（六）粗蛋白（Crude Protein）

粗蛋白指粮食、饲料、油料中含氮物质。除蛋白外，还包括非蛋白质含氮物质，如酰胺及铵盐等。

三、检验流程

南美大豆品质检验流程按图 5-4 进行。以每份样品 4 000 g 为例，其中 1 000 g 作为存查样品密封保存于恒温室，1 000 g 样品进行感官检验，1 000 g 样品进行理化检验。用 1 000 g 样品缩分至 250 g，挑出杂质，再缩分成两个 125 g 样品，分别进行破碎粒和损伤粒检验；1 000 g 进行理化项目检验，如水分、粗蛋白、粗脂肪，将样品用四分法进行缩分，研磨成粉末，再进行测定。

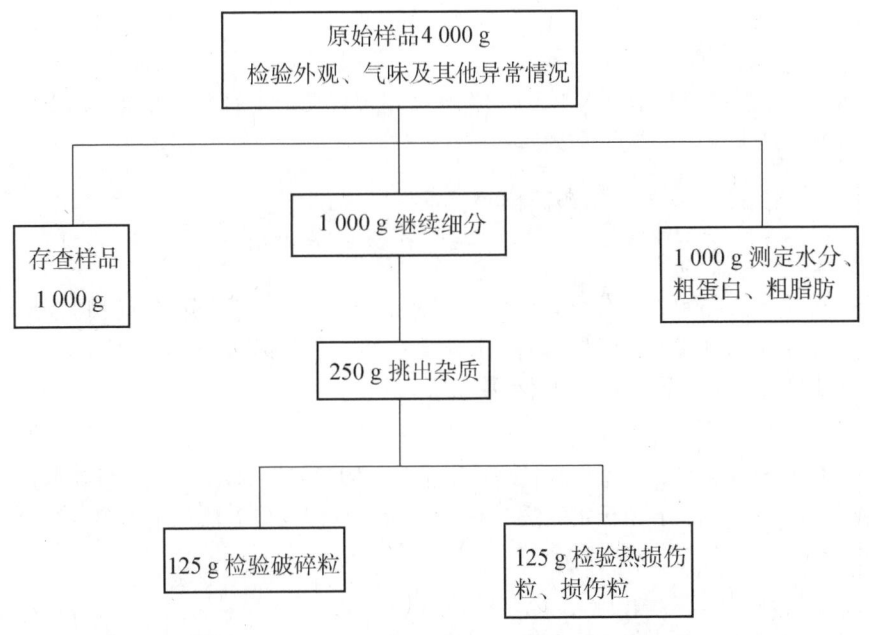

图 5-4　南美（巴西、阿根廷）大豆品质检验流程

四、各项目检验方法

南美大豆品质检验并无官方规定的标准程序，一般由授权的检验员或公司依照合同签订项目执行。从南美进口到中国的大豆，检验步骤可参照 ISO 和 CONCEX 标准或中国大豆检验标准。

依照合同,大豆品质检验项目包括杂质、破碎粒、损伤粒、热损伤粒、水分、粗蛋白、粗脂肪,方法均参考 FOSFA 提供的标准方法。

(一) 气味

气味指大豆的正常或非正常气味。将大豆原始样品倾入盛样盘,嗅辨气味。

(二) 杂质

按照图 5-4 检验流程,从平均样品中分取 250 g 试样,置入 3 mm(或 7.5/64 in)圆孔筛内筛分。从筛上物中拣出其他谷物、其他种子、其他杂质,然后从筛下物中拣出各种种子,与筛上其他种子合并,筛下其他杂质与筛上其他杂质合并,分别称重,计算百分含量。结果保留小数点后 2 位。

(三) 损伤粒

按照图 5-4 的检验流程,从平均样品中分取 125 g 试样,按定义和图谱进行挑拣,称重,计算质量百分含量。结果记录至小数点后 2 位。热损伤粒需单独报告。

$$损伤粒总量(\%) = \frac{m_{dkt}}{m} \times 100$$

(四) 破碎粒

将去除杂质的试样细分至 125 g,将缺失超过籽粒 1/4 的大豆挑出,称重,计算百分含量。结果保留小数点后 2 位。

$$破碎粒(\%) = \frac{m_{dkt}}{m} \times 100$$

(五) 水分

根据 FOSFA 指引,水分含量测定采用 ISO 665:2000《水分和挥发物含量的测定》,中国国标 GB/T 18849.1《油料 水分及挥发物含量测定》等同于 ISO 665,具体操作方法见本书第 3 章。结果保留小数点后 2 位。

(六) 粗蛋白

根据 FOSFA 指引,粗蛋白含量测定采用 ISO 5983-1:2005《氮含量和粗蛋白计算的测定——第一部分 凯氏定氮法(参考法)》,具体操作方法见本书第 3 章。结果保留小数点后 2 位。

(七) 粗脂肪

根据 FOSFA 指引,粗脂肪含量测定采用 ISO 659:2009《粗脂肪含量的测定(参考法)》,即索氏抽提法,中国国家标准 GB/T 14488.1—2008《植物油料 含油量测定具体操作方法》等同于 ISO 659,见本书第 3 章。结果保留小数点后 2 位。

五、其他事项

(一) 数字修约

南美大豆品质检验结果数值修约参见本章美国大豆品质检验数值修约规定。

（二）检验证书

每一货舱的检验结果，按该仓各批检验结果平均计算求得，全船结果按各舱货物装载量加权平均计算求得。检验证书各项目的结果取位数见表5-15。依据贸易合同规定的有关品质条款或/和标样，对照检验结果和现场工作报告综合评定。

表5-15 巴西大豆品质检验结果保留位数

检验项目	结果保留位数
容重（%）	0.01
热损粒（%）	0.01
总损伤（%）	0.01
破碎粒（%）	0.01
杂质（%）	0.01
异色粒（%）	0.01
水分（%）	0.01
蛋白质（%）	0.01
粗脂肪（%）	0.01

（三）存查样品

存查样品要求从平均样品中逐批分取制备，做好标识，在通风、干燥、防虫条件下保存。合同规定索赔期限的，存查样品保存到合同规定的索赔有效期满为止；合同未规定索赔期限的，样品保存半年。检验不合格的，按相关规定保存。

第6章 小麦品质检验方法

6.1 概述

小麦（*Triticum aestivum*）属禾本科（Gramineae），是一种一年生或多年生的草本植物，在世界各地广泛种植。

小麦最早起源于西南亚的"新月形沃地"，其后从西亚、中亚一带传入欧洲和非洲，并东向印度、阿富汗和中国传播。约公元前两千年在中国先后种植，继而又传入朝鲜、日本。公元15世纪至17世纪，欧洲殖民者将小麦传播至南、北美洲；18世纪小麦传播到大洋洲。

小麦属中有20多个种，栽培最广泛的是普通小麦（*T. aestivum*），占小麦种植总面积的近90%，其次是杜伦小麦（*T. durum* Desf），约占小麦种植总面积的10%，其他种类仅有零星种植。

小麦适应性强，分布广，用途多，是世界上最重要的粮食作物之一，全球有1/3以上人口以小麦为主要食粮，小麦既是人类主要的食物资源，又是重要的工业原料。小麦质量是各国小麦生产和贸易最为关注的核心，各国根据本国实际情况制定相应的小麦质量标准体系，其主要围绕小麦品种、等级、安全卫生等方面制定具体的指标，指导小麦的生产和贸易。综合各国的小麦质量标准体系，其中，品质检验项目是主要的评定指标。本章从世界小麦的生产、贸易、加工、品质检验标准差异等方面进行分析，进一步了解不同国家小麦的质量标准，尤其是品质检验方面的情况。

6.1.1 世界小麦的生产和贸易状况

小麦生产分布非常广泛，世界各大洲均有种植。据统计，世界小麦的种植面积大约为22 556万hm^2，主要集中在亚洲，种植面积约占总体的45%；其次是欧洲，占25%；美洲占15%；非洲、大洋洲和南美洲各占5%左右。世界主要小麦生产区在中国、印度、美国、俄罗斯、加拿大、澳大利亚和阿根廷等国家，这7个国家的小麦产量占世界总产量的57%。根据联合国粮农组织数据库统计，世界小麦常年产量为5.8亿t左右，约占谷物总产量的28%。

小麦的消费是全球性的，全世界有1/3以上的人以小麦为主食。亚洲和欧洲既是小麦的生产大洲，也是消费大洲，当年产量不足时，则需要大量进口；北美洲和大洋洲虽然产量不是很高，但洲内消费比例较低，大部分用于出口；非洲产量最低，但消费量相对较高，也需要大量进口；南美洲生产和消费总量基本持平。近几年，世界小麦总需求达到6亿t左右。据国际粮农组织（FAO）中长期预测，到2015年、2020

年和 2030 年，全球小麦总需求将分别达到 7.48 亿 t、7.75 亿 t 和 8.58 亿 t，分别比目前增加 1.48 亿 t、1.75 亿 t 和 2.58 亿 t。我国小麦需求也呈增长趋势，并将继续保持产销大国的地位。

小麦的供需结构决定了世界小麦贸易的特点：交易范围广、交易量大、参与国家和地区多。全球小麦出口主要集中在美国、加拿大、澳大利亚、法国，其中美国是全球最大的小麦出口国，年均出口量为 2 700 多万 t；加拿大、法国、澳大利亚也是传统的小麦出口国，出口量一直稳定在 1 500 万～1 600 万 t；法国是欧洲最大的小麦出口国。另外，上述 4 个国家小麦出口量均超过其国内生产总量的 50%，澳大利亚和加拿大的比例接近 80%，属于典型的小麦贸易出口国。

小麦进口地区主要集中在亚洲和非洲，仅亚洲进口小麦的国家和地区就达 20 多个，年均进口量超过 100 万 t 的国家就有 12 个；南美和部分欧洲国家也有一些属于进口国。根据进口数量划分，意大利、巴西、日本和埃及小麦进口量都在 600 万 t 左右，韩国进口量近几年保持在 400 万 t 左右，菲律宾、印尼、巴基斯坦进口量也在 300 万 t 左右，是世界主要的小麦进口国。我国曾经是世界第一小麦进口大国，常年进口量在 1 000 万 t 左右，自 1998 年以来进口量锐减，曾出现年进口量不足 100 万 t，但进口量波动较大。据海关数据统计，2012 年我国小麦进口量约 400 万 t。

一、中国

我国是世界上种植小麦面积最大、产量最高的国家，种植面积最高达到 3 000 万 hm^2，占世界小麦种植面积的 13.3%；小麦产量达 1 亿 t 以上，约占世界总产量的 19%；平均单产达到 4 100 kg/hm^2，在世界主要产麦国家中，是单产较高的国家。

我国小麦分为冬小麦和春小麦。冬小麦主要产于华北地区的河北、河南、山东，长江流域的江苏、安徽、湖北、四川，西北地区的陕西等；春小麦主要产于东北和西北地区。其中，冬小麦占小麦总种植面积的 84%～93%。

我国虽然是世界上最大的小麦生产国，但由于人口及消费持续增长、生产技术相对落后，小麦生产供给不足。20 世纪 90 年代中期以前，我国一直是世界上最大的小麦进口国之一；之后，随着国内产量提高，供给增加，小麦进口量整体明显下降。我国从全球 20 多个国家进口小麦原粮和小麦粉，但主要来自加拿大、美国、澳大利亚和法国等，近几年进口的主要是国内供应不足的优质麦，如加拿大硬质红春麦、澳大利亚硬质白麦、美国硬红冬麦和软红冬麦等。

在我国小麦大量进口的同时，也有少量出口。根据 1993 年以来的海关数据显示，大多数年份的出口量在 100 万 t 以内。我国向全球 30 多个国家和地区出口小麦及制粉，但主要集中在周边地区及亚洲其他国家。出口的国家和地区主要是韩国、印度尼西亚、菲律宾、越南、朝鲜、泰国、马来西亚以及中国香港等地。

二、美国

据美国农业部数据统计，美国小麦年生产量为世界第 3 位，其出口量则为世界第

1位。美国小麦的生产带主要分布在中部平原，北纬35°以北。

美国小麦的种植面积约为2 300万hm²，其中，以堪萨斯（Kansas）和北达科他（North Dakota）两州种植小麦的面积最大，两州小麦种植面积占全国小麦种植总面积的1/3。

美国小麦的年产量为5 000多万t。产量最多的是堪萨斯州和北达科他州，其他产量较多的州包括内布拉斯加（Nebraska）、俄克拉荷马（Oklahoma）、蒙大拿（Montana）、华盛顿（Washington）等。

美国小麦按种植季节可分为冬小麦和春小麦，其中冬小麦种植面积占小麦总种植面积的70%~80%。不论是种植和收获时间还是冬春小麦比例，都与中国相差不多。

美国小麦的出口量约为2 700万t，为世界小麦第一出口国。美国小麦出口分为四个流向：墨西哥海湾（南岸）、西海岸、大湖区、东海岸。墨西哥海湾（南岸）是美国小麦出口的最大出路，约占出口总运输量的一半；西海岸约占美国出口小麦的40%；小麦取道大湖区约为10%；经东海岸的比较少。

三、加拿大

加拿大也是世界生产和出口小麦的主要国家之一，年产量居世界前10位，出口贸易量居世界第2位，其年出口量约占年产量的70%以上，据2001—2010年统计，年平均产量为2 000多万t，年平均出口量约为1 500万t。加拿大小麦的种植面积约为1 000万hm²，主要分布在西部草原三省，包括马尼拖巴湖（Manitoba）、萨斯喀彻温省（Saskatchewen）和阿尔伯塔（Alberta）地区在内，小麦主要种植在这些省份的中南部地区。加拿大种植的春小麦占该国小麦种植面积和产量的95%以上，少量硬红冬小麦生长在阿尔伯塔省；加拿大东部还种植了软白冬小麦，主要分布在安大略省。

加拿大虽然不是一个重要的小麦生产国，却是一个重要的小麦出口国。由于加拿大人口少，可将小麦产量的70%以上用于出口贸易，在全球约1亿t小麦贸易中，加拿大占20%左右。目前，加拿大的小麦主要输往50多个国家和地区，中国是其最大的小麦出口市场，据相关统计，近年来加拿大向中国出口小麦总量约为200万t。

四、澳大利亚

澳大利亚也是全球小麦主产国之一，小麦总产量常年位居世界第7、第8位。目前年产量为2 000万t左右。小麦是澳大利亚的主要作物，约占全国谷类作物产量的70%。

澳大利亚小麦的种植面积为1 200万~1 400万hm²。生产小麦的地带在澳大利亚南部，大多位于生长期在5~10月、降雨量为230~380 mm的地区，形成一条较为狭窄、呈长条形的小麦生产带。小麦主要分布在昆士兰、新南威尔士、维多利亚、南澳大利亚和西澳大利亚五个州。

澳大利亚地处南半球，小麦收获季节正是大多数产粮国的淡季，所以澳麦在国际市场的竞争中具有季节性优势。澳大利亚小麦的出口量约占总产量的75%以上,占世界小麦贸易的8%以上,仅次于美国和加拿大,为国际第三大小麦出口国。

五、法国

法国小麦年产量为3 500多万t,居世界第6位,是世界第四大小麦出口国和最大的面粉出口国,也是欧盟最大的小麦生产国和出口国。

小麦是法国第一大类农作物,其种植面积占粮食作物的50%。法国小麦生产主要集中在北部的巴黎盆地。小麦栽培以冬小麦为主,春小麦仅占5%。

6.1.2 小麦品质检验的主要标准和技术性规范

一、中国

我国小麦质量标准主要包括国家标准和行业标准两大类,其中GB 1351《小麦》的通用性和规范性最强,规定了小麦的相关术语和定义、分类、质量要求、卫生要求、检验方法、检验规则、标签标识,以及包装、储存和运输要求,适用于国内商品小麦的收购、储存、运输、加工和销售。

二、美国

美国小麦的检验主管部门为美国农业部联邦谷物检验局(Federal Grain Inspection Service,FGIS),其专门负责制定谷物的质量标准和检验方法标准。

三、加拿大

加拿大小麦检验的主管部门是加拿大谷物委员会(Canadian Grain Commission,CGC)。

四、澳大利亚

澳大利亚小麦的检验主管部门为澳大利亚小麦局(Australian Wheat Board,AWB),澳大利亚谷物贸易公司(Grain Trade Australia,GTA)组织标准委员会每年对小麦标准进行年审修订。

6.1.3 主要小麦贸易国的小麦分类与分级

各出口国一般都将本国出口小麦的质量标准提供给贸易方确认后作为合同品质规格。例如,美国、加拿大小麦的合同规格主要来自这些出口国的出口标准。不同国别的进口小麦品质检验要求均有不同。例如,我国国内贸易小麦品质根据GB 1351《小麦》的质量要求仅需6项指标——色泽、气味、容重、杂质、水分和不完善粒;美国小麦根据其质量标准则要求有11项指标。具体见表6-1。

表6-1　各国小麦品质要求指标

检验项目	中国	美国	澳大利亚	加拿大
色泽、气味	√	√	√	√
杂质	√	√	√	√
不完善粒	√	—	—	—
损伤粒	—	√	—	—
热损伤粒	—	√	—	—
容重	√	√	√	√
水分	√	√	√	√
粗蛋白	√	√	√	√
降落数值	—	√	√	√
其他谷物	—	—	—	√
野燕麦	—	—	—	√
皱缩和破碎粒	—	√	—	—
扣除物	—	√	—	—
缺陷总量	—	√	—	—
合计（项）	6	11	6	8

备注："√"表示有品质要求项目，"—"表示无品质要求项目。

6.1.4　小麦品质检验项目和方法比较

总的来说，常见的小麦品质贸易合同指标一般包括容重、杂质、损伤粒、热损伤粒、水分、粗蛋白、降落数值。这些指标在不同国家均有具体的定义和检验方法，且有一定的差异。因此，在品质检验工作中，有必要了解各国品质指标存在的差异，把握检验方法的科学性和准确性。

一、容重

容重是粮谷在一定容积内的自然重量，用以衡量粮谷的成熟度或丰满度。一般来说，籽粒越丰满成熟，容重值就越高。容重值可以通过较为简易的仪器直接测量，操作简单，但会受样品水分含量、籽粒性状、杂质、破碎粒等方面影响。

容重在中国小麦质量标准中作为定等指标，在美国、加拿大、澳大利亚、法国等国家的小麦贸易中，也是一个重要的定等或质量评定指标。目前，国际上均以1升排气式容重器测得容重为标准值，即 Schopper's Condrometer，但各国采用的表示单位不一致。如美国一般采用 Lbs/bu，加拿大、澳大利亚、法国等则以 kg/hL 为单位，中国则以 g/L 表示；各单位之间的换算关系为：1 g/L = 0.1 kg/hL；1 Lbs/bu（美制）=

0.077 69 g/L；1 Lbs/bu（英制）＝0.080 13 g/L。

二、杂质

在美国、加拿大、澳大利亚及法国小麦质量指标中，杂质都是分级指标或质量评定指标，但不同的等级或品种有不同的限量。而中国小麦在所有等级中杂质总量都是不得超过1.0%。

各国杂质指标的定义及检验方法均有不同。中国将除小麦粒以外的其他物质定义为杂质，包括筛下物、无机杂质和有机杂质三部分。美国和加拿大对杂质的定义是经过清除扣除物后，所有存在样品里的其他物质。澳大利亚小麦杂质包括矿物质、有害杂质与其他非小麦类物质。美国、加拿大和澳大利亚将杂质详细分出石头、杂草种子等子项目。加拿大在小麦贸易合同中，杂质指标还要细分出其他谷物和野燕麦2个子项目。另外，杂质检验所规定使用的筛子，不同国家孔径大小也有不同。例如，加拿大规定使用1.79 mm（4.5/64 in）圆孔筛，澳大利亚为1.5 mm圆孔筛，美国由于使用卡特除杂机清理故无须使用筛子。

三、损伤粒和热损伤粒

小麦颗粒的损伤直接影响小麦的品质，如发芽粒这类损伤严重影响了小麦制粉和烘焙品质，对馒头品质也有明显的影响。损伤粒的范围较广，包括多种类型，各国对于损伤的定义和限量有很大的差异。

我国小麦标准中没有对损伤粒和热损伤粒有单独的定义，在小麦标准 GB 1351 中，把受到损伤但尚有使用价值的小麦颗粒统称为不完善粒，包括了5类：虫蚀粒、病斑粒、破损粒、生芽粒和生霉粒。

在多数进口小麦检验中，均对损伤粒和热损伤粒作了定义。例如，在美国小麦标准中，把除去杂质、皱缩与破碎粒之后，所有的缺陷粒归属于损伤粒，包括了热损伤粒、发芽粒、发霉粒、病害粒、虫蚀粒、不熟粒、气候损伤粒和其他损伤粒8类；并对损伤粒和热损伤粒在分级指标和中美贸易合同中作了相应级别的限量规定。加拿大小麦和澳大利亚小麦虽然在与中国签订的贸易合同中无损伤粒和热损伤粒限量的规定，但是加拿大小麦的出口标准和初级标准、澳大利亚小麦各类质量标准中均有相关项目的限量。加拿大小麦标准对于损伤粒作了明确的规定，包括深色未熟粒、无胚粒、烧焦粒、镰刀霉损伤粒、虫蚀粒、未熟粒、热损伤粒、粉色未熟粒、虫害粒、真菌损伤粒、发芽粒或其他明显损伤粒等10多个子项目。澳大利亚小麦对损伤粒也作了详细的规定，包括污染粒、干绿粒、热损伤粒、虫蚀粒、发芽粒、发霉粒等10多个子项目。

另外，通过比较国内外对小麦不完善粒或缺陷粒（损伤粒）的定义，其区别在于国内没有把未熟粒归属于不完善粒，美国、加拿大和澳大利亚等均把此项列入缺陷粒（损伤粒）中。

四、水分

水分是评定粮食品质最重要的指标之一，只有适当的含水量才能保证储存。各国对于小麦水分这个指标的限量是有差别的。我国国家标准对于国内贸易的小麦水分含量规定了最高不能超过 12.5%，澳大利亚对小麦水分含量的限量与中国要求一样。美国和加拿大在小麦标准中均没有水分限量的规定，但是在与中国的贸易合同中均作了水分最高不超过 13.5% 的规定。对于水分的测定，我国国标采用 105 ℃ 恒重法；美国采用 Dickey – john GAC 2500 及 AM5200 – A 两种型号的水分测定仪测定水分（用 130 ℃ 真空恒重 60 min 的方法进行校准）；加拿大采用官方指定的 Seedburo 1200A 谷物水分测定仪；澳大利亚以 130 ℃ 真空恒重 60 min 的方法作为基准法。

五、粗蛋白

粮食中含氮物主要是蛋白质，此外还有少量的非蛋白质氮，因此通过换算得到的结果（小麦的换算系数为 5.70），叫作粗蛋白。粗蛋白这一指标虽然在各国的定等分级中不是等级指标，但是在小麦贸易合同中，均有相应的限量规定。

粗蛋白的检验方法很多，目前国际标准和各国标准大多数采用凯氏定氮法为基准方法；我国小麦标准也采用这种方法。美国、加拿大和澳大利亚小麦蛋白含量用近红外传送质量分析仪，用杜马斯燃烧分析仪校准。

值得注意的是各国在贸易合同中对蛋白含量的换算是有不同规定的，各国均按照本国习惯规定了不同的基础水分含量。如美国的基础水分含量为 12%，加拿大为 13.5%，澳大利亚为 11%。所有粗蛋白测定结果要按国别要求进行水分折算后，再出具检验结果。

六、降落数值（Falling Number）

降落数值作为各国小麦非定等指标，却是一个能反映小麦的发芽程度和面包的烘焙品质的衡量指标。在检验方法上取降落数值均采用 Hagberg – Perten 法。各国小麦贸易合同中对此均有规定限量。

七、品质检验项目制样选筛的差异

小麦品质检验项目主要包括感官检验和理化检验。理化检验如水分、降落数值、粗蛋白等在各国使用的检验方法和要求基本是一致的；但是感官项目的检验如杂质、损伤粒在各国不但在定义上有差异，而且在这些项目的试样量和检验用筛上均有较大的差异，具体见表 6 – 2。

综合国内外小麦品质检验方法或标准的异同和特点，小麦贸易和品质检验方法趋于国际一体化的迹象越来越明显。因此，要充分了解和考虑国际贸易特点、国内外小麦品质检验项目和技术等各种因素，才能建立符合国际贸易规则和我国进出口小麦品质检验要求的标准体系。

表6-2 各国小麦主要感官检验试样量和选筛比较

国别	杂质		损伤粒（不完善粒）
	试样量（g）	筛子规格（mm，圆孔筛）	试样量（g）
中国	大样杂质：500 小样杂质：50	大样杂质：4.5和1.5	50
美国	50	手拣	15
加拿大	100	1.79 (4.5/64 in)	50
澳大利亚	矿物质和有害物质：500 其他杂质：100	其他杂质：1.50	50

注：中国小麦检验项目为不完善粒。

6.2 中国小麦品质检验

6.2.1 中国小麦标准

我国现行小麦标准体系包括4个标准，分别是 GB 1351《小麦》、GB/T 17892《优质小麦 强筋小麦》、GB/T 17893《优质小麦 弱筋小麦》、GB/T 17320《专用小麦品种品质》。这些标准适用于中国国内收购、储存、运输、加工和销售的商品小麦。GB 1351《小麦》的通用性和规范性最强，规定了小麦的相关术语和定义、分类、质量要求、卫生要求、检验方法、检验规则、标签标识，以及包装、储存和运输要求；该标准对小麦进行了分类，规定了小麦粒质量指标中品质检验的依据标准。

国内小麦品质检验项目依据的国家标准（GB）主要包括 GB/T 5490《粮油检验 一般规则》、GB 5491《粮食、油料检验 扦样、分样》、GB/T 5492《粮油检验 粮食、油料的色泽、气味、口味鉴定》、GB/T 5494《粮油检验 粮食、油料的杂质、不完善粒检验》、GB/T 5497《粮食、油料检验 水分测定法》、GB/T 5498《粮食、油料检验 容重测定法》、GB/T 5511《谷物和豆类 氮含量测定和粗蛋白质含量计算 凯氏法》等等。

有关小麦品质检验的行业标准包括两类：一是检验检疫行业标准（SN）中适用于进出口小麦的品质检验标准，包括 SN/T 0798《进出口粮油、饲料检验 名词术语》、SN/T 0799《进出口粮油、饲料检验 一般规则》等系列标准。SN/T 0800.X 系列标准以检验项目为主，属于通用标准，适用于进出口粮食和饲料。农业部门行业标准，其中适用于小麦品质检验的标准数量不多。例如，农业标准 NY/T 117《饲料用小麦》对饲料用小麦进行了质量规范；粮食部门标准 LS/T 1214《小麦硬度指数标准样品制备技术规范》主要用于小麦的生产技术指导。

6.2.2 中国小麦分级

GB 1351《小麦》将中国小麦按种皮和硬度指标划分为5类,即硬质白小麦、软质白小麦、硬质红小麦、软质红小麦、混合小麦。小麦质量等级按容重分为5等,低于5等的小麦为等外小麦;各类小麦质量要求包括5个指标,即容重、不完善粒、杂质总量及矿物质、水分、色泽,具体指标见表6-3。

表6-3 中国小麦分级指标

定等指标	等 级				
	1	2	3	4	5
容重(g/L)	≥790	≥770	≥750	≥730	≥710
不完善粒(%)	≤6.0		≤8.0		≤10.0
杂质总量(%)	≤1.0				
矿物质(%)	≤0.5				
水分(%)	≤12.5				
色泽、气味	正常				

中国小麦与美国小麦等级相比较:中国小麦质量等级为5级,美国小麦分为5个等级及1个样品等级;美国小麦等级指标包括容重、损坏麦粒、夹杂物、皱缩及破损粒、异类小麦、其他小麦等。中国和美国采用的小麦分级方法基本相同,中国小麦容重略高于美国小麦容重,例如,中国1级小麦的容重指标为≥790 g/L,而美国1级小麦的则定为764 g/L和789 g/L两个界值。美国定等指标比中国多且详细,美国对杂质和缺陷粒具体作了细分指标;而中国标准仅列出不完善粒、杂质的总量,杂质中仅对矿物质指标有单独要求。

6.2.3 中国小麦品质检验方法

一、仪器设备和检验器具

仪器设备和检验器具包括钟鼎式分样器、不锈钢对分式分样器、电子天平(感量分别有0.01 g、0.001 g和0.000 1 g)、谷物选筛(筛孔直径为4.5 mm和1.5 mm的圆孔筛)、4 L排气式容重器(GHCS-1000型、HGT-1000型)、恒温烘箱、实验研磨机、凯式定氮设备等。

二、检验项目

（一）色泽、气味（Colour and Odour）

色泽、气味指一批小麦固有的综合颜色、光泽和气味。

（二）杂质（Foreign Material）

杂质是指除小麦粒以外的其他物质，包括筛下物、无机杂质和有机杂质。

（1）筛下物（Throughs）是指通过直径1.5 mm圆孔筛的物质。

（2）无机杂质（Inorganic Impurity）是指砂石、煤渣、砖瓦块、泥土等矿物质及其他无机类物质。

（3）有机杂质（Organic Impurity）是指无使用价值的小麦、异种粮粒及其他有机类物质。注：常见无使用价值的小麦有霉变小麦、生芽粒中芽超过本颗粒长度的小麦、线虫病小麦、腥黑穗病小麦等颗粒。

（三）不完善粒（Nonsound Kernel）

不完善粒是指受到损伤但尚有使用价值的小麦颗粒，包括虫蚀粒、病斑粒、破损粒、生芽粒和生霉粒。

（四）容重（Test Weight）

容重是指用容重器测得的单位容积中粮食（油料）籽粒的质量。

（五）水分（Moisture）

样品在规定条件下经烘干后的质量损失。

（六）粗蛋白（Crude Protein）

粗蛋白是指小麦中的含氮物质。除蛋白外，还包括非蛋白质含氮物质，如酰胺及铵盐等。

（七）降落数值（Falling Number）

降落数值是指规定量的谷物全研磨物或面粉的糊化物在降落数值仪沸水浴中被酶液化后，搅拌器下降一特定距离所需的时间，以单位"秒"表示。

三、各项目检验方法

（一）检验流程

小麦品质检验使用钟鼎式分样器，结合检验项目的试样用量，按照图6-1所示的步骤对原始样品进行缩分，供各项目检验使用。

样品缩分具体方法如下：将平均样品约4 000 g混合均匀后，通过钟鼎式分样器进行缩分，其中1 000 g用于存样；500 g进行理化项目检验，如检测水分、粗蛋白含量；将500 g样品缩分至20～50 g进行气味、色泽检测；用1 000 g样品进行大样杂质检验（做平行试验），然后再把检查完的大样杂质的样品合并进行容重检验，最后进行缩分至50 g，进行小样杂质和不完善粒检验（均要做平行试验）。

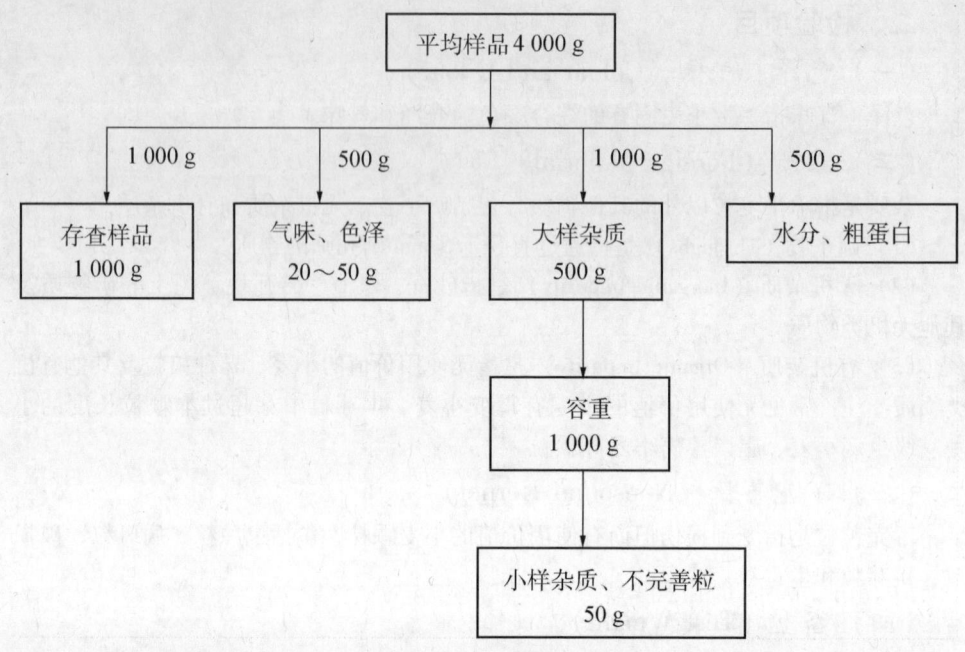

图6-1 中国小麦检验流程

(二) 色泽、气味

中国小麦的色泽、气味检验按 GB/T 5492《粮油检验 粮食、油料的色泽、气味、口味鉴定》进行。

色泽:分取 20~50 g 样品,放在手掌中均匀地摊平,在散射光线下仔细观察样品的整体颜色和光泽。对色泽不易鉴定的样品,取 100~150 g,在黑色平板上均匀地摊成 15 cm×20 cm 的薄层,在散射光线下仔细观察样品的整体颜色和光泽。

气味:分取 20~50 g 样品,放在手掌中用哈气或摩擦的方法,提高样品的温度后,立即嗅其气味。对气味不易鉴定的样品,放入广口瓶,置于 60~70 ℃的水浴锅中,盖上瓶塞,保温 8~10 min 后,开盖嗅辨气味。

结果评定:色泽、气味鉴定结果以"正常"或"不正常"表示,对"不正常"的应加以说明。

(三) 杂质

(1) 大样杂质检验:分取试样 (m) 约 500 g,分两次进行筛选,拣出 4.5 mm 圆孔筛上大型杂质和通过 1.5 mm 圆孔筛的筛下物,合并称量 (m_1)。结果精确至 0.01 g。

(2) 小样杂质检验:从检验过大样杂质的试样中分取试样约 50 g (m_2),按标准规定,拣出其中的杂质并称量 (m_3)。结果精确至 0.01 g。

(3) 结果计算如下:

1) 大样杂质含量以质量分数 M（%）表示,公式为:

$$M = \frac{m_1}{m} \times 100$$

2) 小样杂质含量以质量分数 N（%）表示,公式为:

$$N = (100 - M)\frac{m_3}{m_2}$$

3) 杂质总量以质量分数 B（%）表示,公式为:

$$B = M + N$$

杂质总量的结果精确至 0.1%。

(四) 不完善粒

从检验过小样杂质的样品中,按标准规定逐项检出不完善粒,合并称量（m_4）。

不完善粒以质量分数 C（%）表示,公式为:

$$C = (100 - M) \times \frac{m_3}{m_2}$$

结果精确至 0.1%。

(五) 容重检验

中国小麦容重的检验参照本书第 3 章。

(六) 水分检验

按 GB/T 5497《粮食、油料检验 水分测定法》执行。以 105 ℃恒重法为基准方法,也可以用 130 ℃定温定时法检验,但当检验结果超过规定的判定指标时,应用 105 ℃恒重法确认。105 ℃恒重法 r 检验操作步骤参见第 3 章,本节重点介绍 130 ℃定温定时法操作步骤。

(1) 样品制备:从平均样品中分取 30~50 g 样品,除去大样杂质和矿物质,粉碎细度通过 1.5 mm 圆孔筛的不少于 90%,装入磨口瓶内备用。试样用量的计算方法:计算铝盒底面积,按 0.126 g/cm² 计算试样用量（底面积×0.126）。

(2) 检测:用已烘至恒重的铝盒（m_0）称取试样（精确至 0.001 g）,待烘箱温度升至 135~145 ℃时,将盛有试样的铝盒送入烘箱内温度计周围的烘网上,在 5 min 内将烘箱温度调到（130±2）℃,开始计时,烘 40 min 后取出放入干燥器内冷却,称重。结果计算公式为:

$$w = \frac{m_1 - m_2}{m_1 - m_0}$$

式中：w 为试样中水分的含量。

m_0 为铝盒质量（g）。

m_1 为烘前试样和铝盒质量（g）。

m_2 为烘后试样和铝盒质量（g）。

双试验结果允许差不超过 0.2%，求其平均数，即为测定结果。测量结果取小数点后 1 位。

（七）粗蛋白检验

小麦粗蛋白检验参照 GB/T 5511《谷物和豆类 氮含量测定和粗蛋白质含量计算 凯氏法》进行。

以标准规定的凯氏定氮法为基准方法，一般均采用仪器法。按照相应仪器的操作指南进行检测。具体操作可见本书第 3 章"蛋白质检验技术与方法"中的凯氏定氮法。

四、其他事项

（一）数字修约

检验结果数值需要修约时，除另有规定外，应符合 GB/T 8170 的规定，采用"四舍六入五留双"的数字修约规则，逢"5"时有舍有入，由"5"的舍入所引入的误差本身可自相抵消。

（二）存查样品

存查样品要求从平均样品中逐批分取制备，做好标识，在通风、干燥、防虫条件下保存。合同规定索赔期限的，存查样品保存到合同规定的索赔有效期满为止；合同未规定索赔期限的，样品保存半年。检验不合格的，按相关规定保存。

6.3 美国小麦品质检验

6.3.1 美国小麦标准

美国国家标准《小麦》是在美国《谷物标准法》的基础上制定的，1986 年在谷物质量改进法基础上作了部分修改；之后经过多次修订成为现行的标准。

美国小麦质量标准是一个分级标准，以容重和不完善粒以及杂质含量为分级指标。美国小麦质量标准包括适用范围、所有涉及的定义、具体指标要求、每个指标的测定方法、应用标准的原则、计量方法、测定程序、结果表述、谷物等级名称，对可能引起争议问题的解决办法都作了详细的规定。

美国的小麦标准还有与之匹配的谷物检验手册，检验手册对如何取样、取样量、测定各个指标的先后次序等都有详细的规定。联邦谷物检验局（FGIS）还配备样品图片，供检验时对照。对检验所用的仪器都有配套要求，如把 Dickey - John 公司的 GAC2500UGMA 以及 AM5200 - A 两种型号作为官方指定的水分测定仪器来测定水分。

6.3.2 美国小麦分类与分级

依照美国小麦标准的定义，美国小麦是指除去扣除物（Dockage）之前，谷物须含有50%或以上的普通小麦、密穗小麦、杜伦小麦，以及少于10%的已在美国谷物标准法确定的其他谷物；在除去扣除物后，须含有50%或以上这些小麦中的一种或一种以上的完整籽粒。

美国小麦依据其硬度、颗粒颜色和播种时间进行分类，共分为8大类：杜伦麦（也称硬粒小麦）、硬红春麦、硬红冬麦、软红冬麦、硬白麦、软白麦、未分类小麦和混合小麦。其中硬红春麦、杜伦麦（硬粒小麦）和软白麦各有三个子类。

一、美国小麦等级要求

美国小麦等级标准将小麦分为1级、2级、3级、4级、5级和样品级共6个等级，等级指标包括容重、损坏麦粒、夹杂物、皱缩及破损粒、异类小麦、其他小麦等。美国小麦的分级标准具体见表6-4。美国"样品级"小麦是指不符合美国1级、2级、3级、4级、5级小麦的要求，或含有霉味、酸味或其他不可接受的异味（麦穗病味或大蒜味除外），或高温下生长的或质量特别低的小麦。

表6-4 美国小麦分级指标（混合小麦除外）（FGIS 2006）

定等指标	美国小麦等级				
	1	2	3	4	5
最低重量限度					
容重					
硬红春麦或白密穗麦（Lbs/bu）	58.0	57.0	55.0	53.0	50.0
（相应的公制：kg/hL）	(76.4)	(75.1)	(72.5)	(69.9)	(66.2)
其他种类的小麦（Lbs/bu）	60.0	58.0	56.0	54.0	51.0
（相应的公制：kg/hL）	(78.9)	(76.4)	(73.8)	(71.2)	(67.3)
最高百分比限度（%）					
缺陷粒					
损伤粒					
热损伤粒（总量的百分比）	0.2	0.2	0.5	1.0	3.0
损伤粒（总量）	2.0	4.0	7.0	10.0	15.0
夹杂物					
皱缩粒及破碎粒	0.4	0.7	1.3	3.0	5.0
总和[①]	3.0	5.0	8.0	12.0	20.0
其他	3.0	5.0	8.0	12.0	20.0
组别小麦[②]	1.0	2.0	3.0	10.0	10.0
对比组别小麦总和[③]	3.0	5.0	10.0	10.0	10.0
石粒	0.1	0.1	0.1	0.1	0.1

续表 6-4

定等指标	美国小麦等级				
	1	2	3	4	5
最高计数限度（粒）					
其他杂物					
动物污秽物	1	1	1	1	1
蓖麻籽	1	1	1	1	1
猪屎豆籽粒	2	2	2	2	2
玻璃	0	0	0	0	0
石块	3	3	3	3	3
不知名杂物	3	3	3	3	3
总和④	4	4	4	4	4
虫蚀粒/每 100 g	31	31	31	31	31

注：①包括损伤粒（总和）、杂质、皱缩麦粒及破碎粒；②未定等的小麦可含不超过10%的异类小麦；③包括对照十分明显的品种；④包括动物污秽物、蓖麻籽、猪屎豆籽粒、玻璃、石粒和不知名杂物。

二、等级评定

（一）评定要求

完成检验后，将结果与表 6-4 的每个级别对应的项目进行限量比较。当评定等级时，需注明相关内容如"美国"、"级"、"样品级"、子组别、扣除物含量等；另外，以下情况还应在证书"备注"部分附上依据：①对于西部白麦，注明白密穗麦的名称和百分含量。②对于未分类小麦，在描述小麦时注明颜色或其他成分及其百分含量。③对于混合小麦，注明各类别的名称和百分率。④在适当时注明蛋白质的百分含量。

（二）特殊等级

特殊等级的规定着重于谷物的异常情况，并构成等级规定的一部分。美国小麦特殊等级有6种，分别为麦角病小麦、野蒜味小麦、虫蚀小麦、轻微黑穗病小麦、黑穗病小麦、经处理过的小麦。麦角病小麦是指含有高于 0.05% 的麦角菌的小麦，其标注形式举例为"美国2级深色北方春小麦，麦角病，扣除物 0.1%"；野蒜味小麦是指每 1 000 g 小麦中含有多于两小块绿色大蒜小鳞茎或相等数量的干的或半干的野蒜小鳞茎的小麦，其标注形式举例为"美国2级软红冬小麦，野蒜味，扣除物 0.9%"；虫蚀小麦是指被象甲危害或其他活的仓储性害虫侵蚀的小麦，其标注形式举例为"美国2级硬红冬麦，虫蚀，扣除物 0.0%"；轻微黑穗病小麦是指小麦含有可辨别的黑穗病气味，或在每 250 g 小麦中含有的黑穗病球、部分黑穗病球或黑穗病孢子的平均数多于 5 个少于 30 个,其标注形式为"美国 3 级硬红冬麦,轻微黑穗病,扣除物 1.7%";黑穗病小麦是指每 250 g 小麦中含有的黑穗病球、部分黑穗病球或黑穗病孢子的数量多于 30 个,其标注形式为"美国 3 级北方春麦,黑穗病,扣除物 0.5%";经处理过的小麦是指小麦曾受擦打、石灰处理、清洗、硫化处理,其真正品质不能通过等级评定或美国样品标准确定,其标注形式为"美国 1 级琥珀色的杜伦麦,处理过(石灰),扣除物 0.2%"。

6.3.3 美国小麦品质检验方法

一、仪器设备和检验器具

仪器设备和检验器具包括钟鼎式分样器、不锈钢对分式分样器、电子天平(感量分别有 0.01 g、0.001 g 和 0.000 1 g)、谷物选筛(长孔筛,0.064 in × 3/8 in)、卡特除杂机(Cater-Day)、容重器[Seedburo Filling Hopper #151 (4321)]、Dickey-john GAC 2100 水分测定仪、燃烧仪、凯氏定氮仪或近红外仪等。

二、检验项目

(一)外观及气味

指小麦的色泽、类型、等级健全匀整程度和外观的洁净程度及正常或非正常气味。

美国小麦异常气味的类型包括:①酸味:靴子味、发酵味、昆虫味(辛辣味)、猪舍味;②霉臭味:土腥味、昆虫味、发霉味;③商业上有异议的外来味,如兽皮味、动植物腐烂味、肥料味、杀虫剂味、石油产品味、臭鼬味、吸烟味、强烈的杂草味。

(二)扣除物(Dockage)

扣除物是指用卡特除杂机按规定程序从约 1 000 g 试样中分离出去的小麦以外的所有物质,以及不能从分离物中回收的发育不良的、皱缩的、破碎的或带有一个以上颖片的小麦粒。

(三)容重

容重是指单位容积的小麦自然重量。以每温彻斯特蒲式耳的重量表示。

(四)皱缩粒和破碎粒(Shrunken and Broken Kernel)

皱缩粒和破碎粒是指在已清除扣除物样品中的易于通过 0.064 in × 3/8 in 两端半圆形长孔筛的整粒和碎粒小麦及所有其他物质。

(五)杂质(Foreign Material)

杂质指清除扣除物以及皱缩粒和破碎粒后留存于样品中的所有小麦以外的物质,包括已脱落及未脱落的小麦颖片。

(六)损伤粒(Damaged Kernel)

损伤粒指清除扣除物以及皱缩粒和破碎粒后的样品中发芽、发霉、热损伤、冻伤、虫蚀、病变、黑尖或其他明显损伤的小麦和其他谷物的整粒和碎粒。

1. 热损粒（Heat-Damaged Kernel）

热损粒指因受热明显变色并伤及胚乳，断面呈棕红色、赤褐色、奶油色的小麦及其他谷物的整粒和碎粒。

2. 黑尖粒（Black Tip Fungus）

黑尖粒指遭受黑尖真菌侵染，胚部变为黑色并蔓延至腹沟处的麦粒。

3. 病变粒（Blight or Scab）

病变粒是指在生长期受病害其外表呆暗呈白垩状，或胚部和腹沟等部位呈现粉红色、黑色无生命力的麦粒。

4. 冻伤粒（Frost-Damaged Kernel）

（1）起泡（Blistered）：指受冻明显起泡，遍及背部并蔓延至腹沟处的麦粒。

（2）糖渍状（Candied）：指受冻后外观呈明显蜡状或糖渍状，并可能略现绿色、黄绿色、浅褐色或灰黑色，在边缘部分有暗色条纹或无暗色条纹的麦粒。

（3）脱皮（Flaked）：指受冻后引起麸皮轻微脱落的麦粒。

（4）黑色粒或褐色（Discolored Black or Brown）：指受冻后呈黑色或褐色，或褪色起泡，两侧均出现暗色条纹的麦粒。

5. 胚部发霉粒［Germ-Damaged Kernel（Mold）］

指胚部有明显发霉迹象的麦粒。

6. 绿色损伤粒（不熟粒）［Green Damage（Immature）］

麦粒呈现明显的绿色或深绿色（未成熟）不显任何黄色的麦粒。

7. 表皮发霉粒（Mold-like Substance）

整个麦粒的50%或者更多的面积发生了变色，麦粒的子叶褪色并且被类似霉菌的物质覆盖。

8. 发芽粒（Sprout-Damaged Kernel）

麦粒胚芽的末端由于发芽生长已突破种皮或发芽后幼根已脱落及胚已脱落的麦粒。

9. 虫蚀粒（Insect-Bored Kernel）

麦粒由于害虫蛀蚀形成孔洞或隧道。

10. 损伤粒（总量）［Damaged Kernel（Total）］

损伤粒（总量）是指损伤粒和热损伤粒百分含量的总和。

（七）缺陷（总量）［Defect（Total）］

缺陷（总量）是指杂质、损伤粒（总量）以及皱缩粒和破碎粒三者百分含量的总和。

（八）组别（Class）

组别是指根据小麦的颗粒色泽、质地、栽培季节和用途等特点所作的商业分类。

1. 对比组别（Contrasting Class）

对比组别是指在色泽和质地上与主体组别恰成对比的小麦组别。

2. 其他组别（总量）[Other Class (Total)]

其他组别是指主体组别以外的其他所有组别（包括对比组别）的小麦（总量）。

（九）水分（Moisture）

水分是指样品在规定条件下经烘干后的质量损失。

（十）粗蛋白（Crude Protein）

粗蛋白是指小麦中的含氮物质。除蛋白外，还包括非蛋白质含氮物质，如酰胺及铵盐等。

（十一）降落数值（Falling Number）

经搅拌后，搅拌棒通过酶液化热乳状面粉悬浮物下落固定距离所需的时间（单位以秒计算）。

三、检验方法

（一）检验流程

进口美国小麦品质检验项目所需各项试样和存查样品按图 6-2 用钟鼎式分样器对平均样品进行缩分，供各项目检验使用。样品具体缩分如下：将平均样品约 4 000 g 混合均匀后，通过钟鼎式分样器进行缩分，其中 1 000 g 用于存样；1 000 g 进行理化项目检验，如水分、粗蛋白和降落数值的测定；1 000 g 样品除去扣除物后，进行容重检测，再进行缩分，取 250 g 样品用于检验皱缩粒和破碎粒，然后再进行缩分，50 g 样品用于检验热损伤粒和杂质，15 g 样品用于检验损伤粒，15 g 样品用于检验组别项目；最后，用 1 000 g 样品进行野蒜、石块、水泥块、碎玻璃等项目检验。

（二）外观及气味

外观与气味检验主要在扦样现场进行，但室内检验人员还须在缩分平均样品前进一步检验。

检验方法有以下两种。①感官鉴定：主要依据检验人员的感官对小麦的色泽、类型、等级、健全程度以及气味等进行检验；怀疑样品有异味难以判断时，可用温水浸泡嗅辨样品，或将样品制成食品品尝。②化学或仪器分析法：对于某些不易判断其性质或程度的异味、异物，可用国内外通用的化学或仪器分析方法，进一步作定性定量分析。

（三）扣除物检验

卡特除杂机的筛具配备见表 6-5。

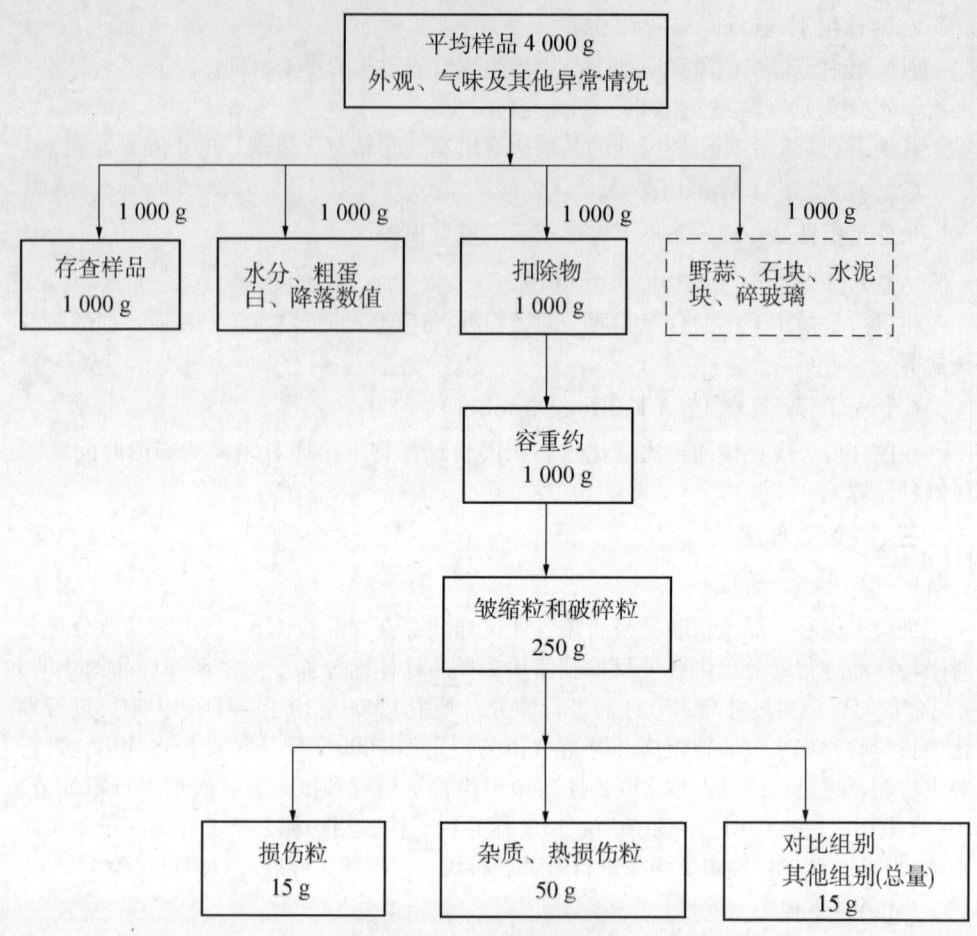

图 6-2 中国小麦检验流程

注：实线格内项目为必检项目，虚线格内项目根据情况必要时检验。

表 6-5 卡特除杂机筛具配备

谷物类别	风量控制位置	进料控制位置	塑料粗筛	中层筛	底筛
硬红冬、硬红春、软红冬、白麦	4	6	2号	2号	2号
杜伦小麦	4	6	25号	2号	2号
混合小麦及未列组小麦	4	6	适于主体小麦组别的筛号	2号	2号
备注	主体小麦粒型大小接近普通小麦时用2号塑料粗筛，接近杜伦小麦时用25号塑料粗筛				

具体操作步骤如下:

(1) 选用筛具:按小麦品种,根据图 6 - 3 选用筛具。小麦不需要使用顶筛。

(2) 清理仪器部件:检查清理卡特除杂机的进样漏斗、气流分离物收集盘、各层筛面上可能留存的异物,清除嵌在各层筛孔中的物质如粮粒等。

(3) 试开空机,确认运转正常。

(4) 调节风力及进样开关到规定位置。

(5) 按照图 6 - 2 流程缩分的 1 000 g 试样倒入卡特除杂机漏斗内,启动设备进行筛理。

(6) 筛理完毕后,收集筛分物质。①吸收盘中的物质,如轻量杂质。②通过 2 号底筛的物质,如小麦碎粒、小粒种子和灰尘等。③中层 2 号筛下承受盘内的物质,主要是已清除扣除物的小麦。④越过塑料粗筛的物质,如大粒种子和带核麦粒等,但如有外颖已脱落仅带有一片内颖的麦粒或发芽的麦粒,应捡回至中层 2 号筛下端的小麦承受盘内。⑤将越过 2 号底筛的物质收集后,根据情况分别作归属:含小麦整粒或碎粒不足 50% 时连同麦粒并入扣除物内;含小麦整粒或碎粒达 50% 或以上时,连同小麦以外的物质全部并入已清除了扣除物的小麦内。

(7) 特定情况的处理:当除去扣除物前的小麦样品中雀麦(或其类似种子)、荞麦蔓(或其类似种子)的含量达 0.5% 时,或已除去扣除物后的小麦样品中带穗轴(或带颖片的小麦,或亚麻籽,或其类似种子)的含量达 0.3% 时,应适当筛分或用手拣出这些物质的过多部分,并入扣除物中。

扣除物的计算:

$$扣除物(\%) = \frac{A + C + B + F}{S} \times 100$$

式中:A 为被气流分流的物质(g)。

C 为流过粗筛物质(g)。

B 为通过底筛物质(g)。

F 为流过底筛的含小麦整粒、碎粒少于 50% 的物质(g)。

S 为样品重(g)。

检验结果保留小数点后 1 位。如扣除物结果小于 0.1%,则以"扣除物 0.0%"报告结果。

(四) 容重

美国小麦的容重检验指定用 Seedburo Filling Hopper #151 (4321) 容重器进行测

定,单位以磅/蒲式耳表示。美国官方推荐的容重器与我国国产容重器(GHCS-1000型、HGT-1000型)的区别如下:我国国标测定容重使用的仪器,漏斗口到插片的垂直落差为35 cm(约13.8 in),并且粮食自由下落时是在容器内部完成的;而美国标准测定容重使用的仪器,漏斗口到杯口的垂直落差为5.08 cm(约2 in),粮食自由下落时是在空气中完成的。

具体操作步骤如下:通过漏斗将样品加入到一个"升杯"(Liter Cup)内,直到样品溢出容器。加样完毕后,用刮粮板沿杯口以"之"字形运动刮去多余样品,使样品与杯口齐平,用电子天平对"升杯"中的样品进行称量。

小麦容重结果以整磅和保留0.1磅最近似值形式表示。在报告上记录容重结果,以整磅和保留0.1磅最近似值形式表示。在有申请的情况下,可将磅/蒲式耳(Lbs/bu)换算成千克/百升(kg/hL),计算公式如下。杜伦麦:[1.292×Lbs/bu]+0.630=1 kg/hL;其他小麦:[1.292×Lbs/bu]+1.419=1 kg/hL。混合小麦或西部白小麦的分级,根据混合物中占主体的组别或主体软白小麦子组别进行。

(五)皱缩粒和破碎粒

按照图6-2检验流程,将已清除扣除物的样品,缩分约为250 g,置于0.064 in×3/8 in两端半圆形长孔筛内筛分,筛下物即为皱缩粒和破碎粒,称重,计算百分含量:

皱缩粒和破碎粒(%) = 皱缩粒和破碎粒质量(g)/试样质量(g)×100

结果保留小数点后1位。

具体操作步骤如下:

(1)电动筛分法:在电动振荡筛上安装筛底和选筛;振荡次数设置为30次;所有通过选筛的物质计为皱缩粒及破碎粒。将卡在筛孔中的籽粒归入筛上物中。

(2)手筛法:在筛底上安放选筛;在选筛中央放置250 g样品;双手握持选筛边缘,肘部靠近体侧,沿选筛长孔方向振摇选筛;振摇选筛时动作稳定,幅度约10 in,自左向右再自右向左做往复运动,重复上述动作30次;所有通过选筛的物质计为皱缩粒及破碎粒。将卡在筛孔中的籽粒归入筛上物中。

(六)杂质和热损伤粒

按照图6-2检验流程,将已清除扣除物、皱缩粒和破碎粒的样品分取约50 g,分别检出杂质和热损伤粒,称重,分别计算百分含量:

杂质(%) = 杂质质量(g)/试样质量(g)×100

热损伤粒(%) = 热损伤粒质量(g)/试样质量(g)×100

结果保留小数点后1位。

(七)损伤粒

按照图6-2检验流程,将已清除扣除物、皱缩粒和破碎粒的样品分取约15 g,按定义检出损伤粒,称重,计算百分含量:

$$损伤粒(\%) = 损伤粒质量(g) / 试样质量(g) \times 100$$

结果保留小数点后 1 位。

(八) 损伤粒 (总量)

$$损伤粒(总量)(\%) = 热损伤粒(\%) + 损伤粒(\%)$$

结果保留小数点后 1 位。

(九) 缺陷 (总量) 检验

$$缺陷(总量)(\%) = 杂质(\%) + 损伤粒(总量)(\%) + 皱缩粒和破碎粒(\%)$$

结果保留小数点后 1 位。

(十) 组别

按照图 6-2 检验流程，将已清除扣除物、皱缩粒和破碎粒的样品分取约 15 g，按定义以及表 6-6 检出对比组别小麦和其他组别小麦 (总量) 粒，称重，分别计算百分含量：

$$对比组别(\%) = 对比组别小麦质量(g) / 试样质量(g) \times 100$$
$$其他组别(\%) = 其他组别小麦质量(g) / 试样质量(g) \times 100$$
$$其他组别(总量)(\%) = 对比组别(\%) + 其他组别(\%)$$

结果保留小数点后 1 位。

表 6-6 美国小麦的对比组别关系

主体组别	对比组别
硬红春麦及硬红冬麦	杜伦麦、硬白麦和未分类小麦
杜伦麦	硬红春麦、硬红冬麦、硬白麦、软红冬麦、软白麦和未分类的小麦
软红冬麦	杜伦麦和未分类小麦
硬白麦及软白麦	杜伦麦、硬红春麦、硬红冬麦、软红冬麦和未分类小麦

根据需要确定子类：

硬红春麦、杜伦麦 (硬粒小麦) 和软白麦各有三个子类，需要时可确定子类 (Subclass)。将已清除扣除物及皱缩粒和破碎粒的样品称取 15 g，对样品进行分析。依据子类和 DHV、HVAC、密穗白麦的麦粒的百分含量进行判定。

(1) 硬红春麦的子类。

深色北部春麦 (DNS)：指含有 ≥75% 的深色、硬质和玻璃状 (DHV) 的麦粒。

北部春麦 (NS)：指含有 ≥25% 但 <75% 的深色、硬质和玻璃状 (DHV) 的麦粒。

红春麦 (RS)：指含有 ≥25% 深色、硬质和玻璃状 (DHV) 的麦粒。

深色、硬质和玻璃状麦粒（DHV）：是指具有硬质和玻璃状（有漂白色或裂纹但其他部位为硬质和玻璃状）的硬红春麦粒以及具有深色、硬质和玻璃状的软红冬和硬红冬麦粒。不包括黄色、有斑点或白垩点、明显绿色未成熟的麦粒、病变粒、发芽粒以及杂质和其他未分类小麦、硬白麦、软白麦和硬粒小麦。

（2）杜伦麦（硬粒小麦）的子类。

琥珀色硬质硬粒小麦：指含有≥75%的琥珀色、硬质和玻璃状（HVAC）的麦粒。

琥珀色硬粒小麦：指含有≥60%但<75%的琥珀色、硬质和玻璃状（HVAC）的麦粒。

硬粒小麦：指含有<60%的琥珀色、硬质和玻璃状（HVAC）的麦粒。

琥珀色、硬质和玻璃状（HVAC）：是指具有硬质和玻璃状（有漂白色或裂纹但其他部位为硬质和玻璃状）的硬粒小麦麦粒。不包括有斑点或白垩点、明显绿色未成熟的麦粒、病变粒、发芽粒以及杂质和所有其他小麦类别。

（3）软白麦的子类。

软白麦：指含有≤10%的密穗白麦。

密穗白麦：指含有≤10%的其他软白小麦。

西部白麦：指含有>10%的密穗白麦或其他软白麦。

（十一）水分

美国小麦按照图6-2流程，缩分约500 g样品，使用官方指定的水分测定仪器狄克·约翰谷物分析计算机2500（Dickey-john GAC 2500），进行水分检验。

水分检验时实验室温度要求保持范围在15~30 ℃，仪器内置设备温度要求保持在10~40 ℃；实验样品温度保持在10~32 ℃；样品与仪器的温差不超过11 ℃。小颗粒粮食如燕麦和向日葵种子的试样量大约需要225 g，其他粮食大约需要350 g。

混匀试样并缩分至实验需要量约350 g；在仪器菜单上选择正确的试样种类；往仪器进料斗中装入试样直至满溢为止；按"LOAD"键，开始测量；测量完毕后，进行结果记录，按"UNLOAD"键，关机。

结果保留小数点后1位。

（十二）粗蛋白

美国小麦粗蛋白的检测方法主要是依据《AOAC官方分析方法》992.23中的《燃烧法检测谷物、油籽粗蛋白》以及近红外测定法。目前，杜马斯燃烧定氮法是应用最广泛的粮食粗蛋白测定方法。

美国小麦粗蛋白检验先将样品经除杂后，用电动粉碎机粉碎（孔径约2 mm），然后再用旋风磨（1.0 mm）筛进一步粉碎，并置于干净的棕色密封瓶中待用。称取0.1~0.3 g被测样品包于特制锡箔中，并置于自动落样器上，后续检验步骤参见本书3.4。

第6章 小麦品质检验方法

（十三）降落数值

用指定的磨粉机磨 350 g 小麦样品，以指定的降落数值仪进行检测（研磨机是标准推荐的，降落数值仪不是指定的，不同的降落数值仪的参数都一样，由降落数值的定义所决定）。磨粉机及降落数值仪操作方法、降落数值测定方法详见 3.4。降落值结果单位为秒（s），精确至整数位（结果取整数）。

四、其他事项

（一）数字修约

检验结果数值需要修约时，除另有规定外，应符合 GB/T 8170 的规定，采用"四舍六入五留双"的数字修约规则，逢"5"时有舍有入，由"5"的舍入所引入的误差本身可自相抵消。

（二）检验证书

（1）每一货舱的检验结果，按该仓各检验批结果算术平均计算求得，全船结果按各舱货物装载量加权平均计算求得。

（2）检验证书各项目结果取位数如表 6-7 所示。

表 6-7 进口美国小麦品质检验结果保留位数

检验项目	结果的取位数
水分（%）	0.1
粗蛋白（%）	0.01
降落数值（s）	整数
扣除物（%）	0.1
容重（磅/蒲式耳）	0.1
杂质（%）	0.1
热损伤粒（%）	0.1
损伤粒（%）	0.1
皱缩粒、破碎粒（%）	0.1
缺陷（总量）（%）	0.1
对比组别（%）	0.1
其他组别（总量）（%）	0.1

（3）评定：依据贸易合同规定的有关品质条款或/和标样，对照检验结果和现场工作报告综合评定。

（三）存查样品

存查样品要求从平均样品中逐批分取制备，做好标识，在通风、干燥、防虫条件下保存。合同规定索赔期限的，存查样品保存到合同规定的索赔有效期期满为止；合同未规定索赔期限的，样品保存半年。检验不合格的，按相关规定保存。

6.4 加拿大小麦品质检验

6.4.1 加拿大小麦标准

加拿大于1912年通过谷物法并成立谷物委员会，1916年谷物标准法案成立。加拿大小麦是世界上质量最优的，这与加拿大严格的小麦质量管理分不开。加拿大的小麦标准也是世界上最复杂、最详细的作物产品标准。

加拿大粮食标准委员会在加拿大谷物委员会（CGC）的指导下，制定谷物规格表和等级定义表，每年定期召开会议，研究粮食质量问题，修订粮食等级标准，确定当年的标准样品。在谷物流通中均依据标准样品准确评定谷物的质量等级。

6.4.2 加拿大小麦分类与分级

加拿大小麦在谷物分级指南中，按西部和东部地区各划分了10类，具体如下。

（1）西部：红春麦、硬白春麦、琥珀色杜伦麦、红冬麦、软白春麦、特强筋麦、优质白春麦、优质红春麦、饲用麦、通用麦。

（2）东部：红麦、红春麦、硬红冬麦、软红冬麦、琥珀色杜伦麦、硬白冬麦、白冬麦、软白春麦、硬白春麦、饲料麦。

根据加拿大官方谷物分级指南（2010年版），对国内小麦等级评定包括初级标准和出口标准两个方面，这两方面的标准规定了小麦的等级均是以清洁样品为基础进行的，即是对机检杂质（扣除物）清除后的样品进行评定。在初级标准规定中，对21种小麦类型进行了分级的规定，而出口标准则有16种类型的小麦分级标准。两个评级标准规定的检验项目有23个，主要包括容重、角质率、杂质、皱缩粒、各种损伤粒、其他组别等，并规定相应的限量。初级标准与出口标准的结构基本相同，但项目设置和部分重要项目的限量差异较大，通常初级标准设置的项目比出口标准多，但规格限量则比出口标准要宽松。

6.4.3 加拿大小麦品质检验方法

一、仪器设备和检验器具

仪器设备和检验器具包括钟鼎式分样器、不锈钢对分式分样器、谷物选筛[1.79 mm（4.5/64 in）圆孔筛]、电子天平（感量分别为0.01 g、0.001 g和0.000 1 g）、容重器（类似美国小麦容重测量器）、Seedburo 1200A谷物水分测定仪等。

二、检验项目

(一) 外观气味

(二) 容重 (Test Weight)

容重是指单位容积的小麦自然质量。

(三) 杂质 (Foreign Material)

杂质是指小麦以外的所有其他物质,具体包括以下各项:1.79 mm (4.5/64 in) 圆孔筛的筛下物;黑麦、大麦、燕麦、小黑麦和已脱壳的野燕麦等其他谷物;其他谷物以外的任何作物或野生杂草的种子,如玉米、豌豆、荞麦、亚麻籽、油菜籽、野荞麦及带壳整粒野燕麦等;除其他谷物、其他种子以外的所有非小麦物质和麦角、黑穗病粒、带颖片的小麦以及小麦的小穗等。

(四) 损伤粒 (Damaged Kernel)

损伤粒是指因发芽、受冻、发霉、受热、烧焦、虫蚀、病害或发育不良以及因其他原因遭受明显损伤的小麦颗粒。

主要的损伤粒类型如下:

(1) 发芽粒 (Sprout-Damaged Kernel):幼根已经突破种皮,或发芽后幼根和胚已经脱落的小麦粒。

(2) 发霉粒 (Germ-Damaged/Mold Kernel):胚部或其他部位有明显发霉迹象的小麦粒。

(3) 深色未熟粒 (Dark Immature Kernel):类似热损伤粒,但没有热损伤粒的颜色和气味的小麦粒。

(4) 热损伤粒 (Heated Kernel):因储存或人为干燥处理受热明显变色变味的小麦。

(5) 无胚粒 (Degermed Kernel):因机械加工或害虫侵害而胚部掉落的小麦粒。

(6) 烧焦粒 (Fireburnt Kernel):被火烤焦的小麦,其截面多孔易碎。

(7) 镰刀霉损伤粒 (Fusaium Damage):因镰刀霉菌侵害,粒型瘦小皱缩的小麦粒。

(8) 虫蚀粒 (Grasshopper, Army Worm Damage Kernel):小麦粒被蝗虫或黏虫蛀蚀边缘的小麦粒。

(9) 草绿色粒 (Green Damaged Kernel):因未成熟呈深绿色的小麦粒。

(10) 粉色未熟粒 (Pink Kernel):因未成熟呈粉色皱缩的小麦粒。

(11) 叶蜂损伤粒 (Sawfly Damage Kernel):因叶蜂侵害而皱缩变形的小麦粒。

(12) 真菌损伤粒 (Smudge Damage Kernel):因田间真菌侵害而呈棕色、黑色或红色的小麦粒。

(13) 损伤粒总量 (Damaged Kernel Total):损伤粒百分含量的总和。

（五）水分（Moisture）

水分是指样品在规定条件下经烘干后的质量损失。

（六）粗蛋白（Crude Protein）

粗蛋白是指粮食、饲料、油料中含氮的物质。除蛋白外，还包括非蛋白质含氮物质，如酰胺及铵盐等。

（七）降落数值（Falling Number）

降落数值是指规定量的谷物全研磨物或面粉的糊化物在降落数值仪沸水浴中被酶液化后，搅拌器下降一特定距离所需的时间，以单位"秒（s）"表示。

三、检验方法

使用钟鼎式分样器，结合检验项目的试样用量，按照图6-4所示的步骤对平均样品进行缩分，供各项目检验使用。

样品具体缩分如下：将平均样品约4 000 g混合均匀后，通过钟鼎式分样器进行缩分，其中1 000 g用于存样；1 000 g样品进行容重检测，再进行缩分，100 g样品进行杂质检验，然后再进行缩分，25 g样品进行硬质透明粒检验，25 g样品进行组别品种检验；另外，500 g样品进行矿物质、麦角、核盘菌检验，然后再进一步缩分成50 g，进行损伤粒项目检验；500 g进行理化项目检验如水分、粗蛋白。

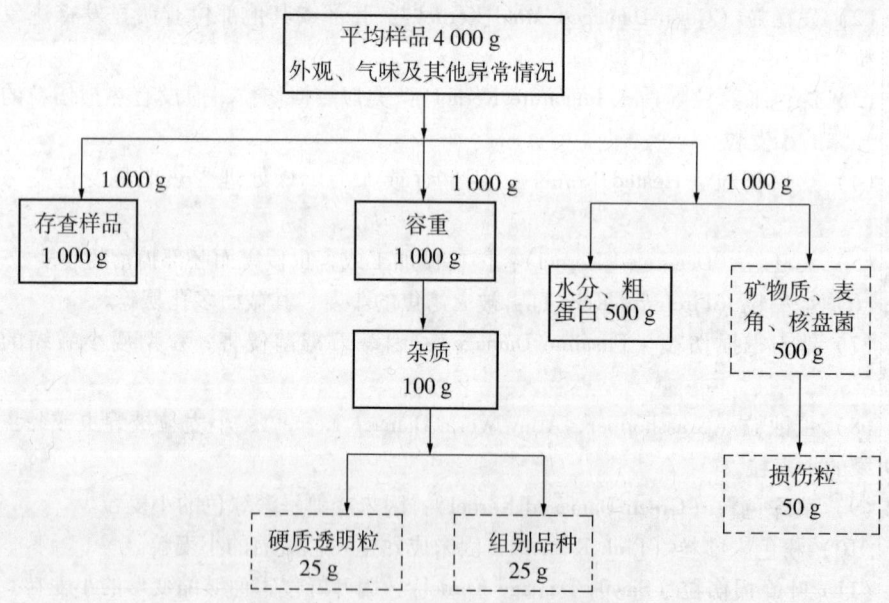

图6-4 进口加拿大小麦检验流程

注：实线格内项目为必检项目，虚线格内的项目则根据情况必要时检验。

四、检验项目

（一）外观气味

外观气味检验主要在扦样现场进行，但室内检验人员还须在缩分平均样品前进一步检验。

主要的检验方法包括感官鉴定和化学或仪器分析法。①感官鉴定：主要依检验人员的感官对小麦的色泽、类型、等级、健全程度以及气味等进行检验；怀疑样品有异味难以判断，可用温水浸泡嗅辨，或制成食品品尝。②化学或仪器分析法：对于某些不易判断其性质或程度的异味、异物，可用国内外通用的化学或仪器分析方法，进一步作定性定量分析。

（二）容重

按照图6-4检验流程，使用容重器进行容重测定。具体的操作参照本章第二节美国小麦容重检验。容重单位的换算：$1\ kg/hL = 1/10\ g/L$。

（三）杂质

按照图6-4检验流程，从平均样品中分取100 g试样，置入1.79 mm（4.5/64 in）圆孔筛内筛分。从筛上物中拣出其他谷物、其他种子、其他杂质和带壳野燕麦，然后从筛下物中拣出各种种子，与筛上其他种子合并，筛下其他杂质与筛上其他杂质合并，分别称重，带壳完整的野燕麦独自称重，计算质量百分含量。

其他谷物(%) = 其他谷物质量(g)/试样质量(g) × 100

其他种子(%) = (筛上 + 筛下)其他种子质量(g)/试样质量(g) × 100

野燕麦(%) = 带壳整粒野燕麦质量(g)/试样质量(g) × 100

其他杂质(%) = (筛上 + 筛下)其他杂质质量(g)/试样质量(g) × 100

杂质(总量) = 其他谷物(%) + 其他种子(%) + 其他杂质(%)

结果保留小数点后1位。

（四）损伤粒

按照图6-4检验流程，从平均样品中分取50 g试样，按定义进行挑拣，称重，计算质量百分含量。

结果保留小数点后1位。

（五）水分

按照图6-4流程，缩分约500 g样品，使用官方指定的水分测定仪器——Seedburo 1200A谷物水分测定仪，其为电容式水分测定仪。

混匀试样并缩分至实验需要量约300 g，在仪器菜单上选择正确的试样种类，往仪器进料斗中装入试样，进样后仪器会自动进行大小识别，自动温度补偿，开始测量及结果记录。

（六）粗蛋白

与美国小麦品质检验方法一样，参照6.2。

（七）降落数值

用磨粉机磨 350 g 小麦样品，以指定的降落数值仪进行检测，磨粉机及降落数值仪操作方法、降落数值测定方法详见本书 3.4。降落值结果单位为秒（s），精确至整数位。

五、其他事项

（一）数字修约

检验结果数值需要修约时，除另有规定外，应符合 GB/T 8170 的规定，采用"四舍六入五留双"的数字修约规则，逢"5"时有舍有入，由"5"的舍入所引入的误差本身可自相抵消。

（二）检验证书

（1）每一货舱的检验结果，按该仓各检验批结果算术平均计算求得，全船结果按各舱货物装载量加权平均计算求得。

（2）检验证书各项目结果取位数如表 6-8 所示。

表 6-8　进口加拿大小麦品质检验结果保留位数

检验项目	结果的取位数
水分（%）	0.1
粗蛋白（%）	0.01
降落数值（s）	整数
容重（kg/hL）	0.1
杂质（%）	0.1
损伤粒（%）	0.1

（3）评定：依据贸易合同规定的有关品质条款或/和标样，对照检验结果和现场工作报告进行综合评定。

（三）存查样品

存查样品要求从平均样品中逐批分取制备，做好标识，在通风、干燥、防虫条件下保存。合同规定索赔期限的，存查样品保存到合同规定的索赔有效期满为止；合同未规定索赔期限的，样品保存半年。检验不合格的，按相关规定保存。

6.5　澳大利亚小麦品质检验

6.5.1　澳大利亚小麦标准

澳大利亚的小麦标准起源于 1915 年的收购标准，现行的澳大利亚小麦标准由收购标准和抽样检查标准两部分构成。澳大利亚小麦标准《澳大利亚谷物贸易 第二部分—小麦标准》（Grain Trade Australia Section 2-Wheat Standards）由澳大利亚小麦局（Australian Wheat Board，AWB）委托澳大利亚谷物贸易协会（Grain Trade Australia，GTA）组织标准委员会制定，并每年对小麦标准进行年审修订。

收购标准是初级仓储从麦农手中收购小麦时的检验标准，是小麦进入流通环节的第一关。每年 AWB 联合农户、贸易商和谷物专家在广泛抽样的基础上制定当年的收购标准。现行的收购标准没有进行分等，收购时只是确定小麦是否合格；分等在后续的质量检查过程中进行。其现行的小麦收购标准包含四部分：标准定义、指定品种名单、杂草种子容忍度、每个质量指数的详细列表。

抽样检查标准作为质量检查标准，澳大利亚小麦出口局（WEA）要求所有澳大利亚出口的小麦都必须进行抽样和质量测试。所有的质量检验必须由有资质的检测部门进行。抽样内容很多，主要有容重、千粒重、谷物硬度、蛋白质、水分、灰分、降落值、杂质、筛屑、缺陷粒等强制检验项目。而加工品质指标诸如湿面筋、淀粉酶活性、色泽等级等可根据客户要求进行检验。

6.5.2 澳大利亚小麦分类与分级

一、澳大利亚小麦分类

澳大利亚小麦局（AWB）根据小麦的品质特征与用途将小麦划分为 10 大类：优质硬麦、硬麦、优质白麦、标准白麦、除饲料外通用小麦、软麦、杜伦小麦、普通小麦、高筛屑小麦、饲用小麦。

澳大利亚把各类小麦质量标准作为一个最低限度的合格性标准，其质量指标主要包括水分、容重、降落数值、安全卫生、杂质及蛋白含量等。在小麦的收购和交易中按标准确定等级，按等级确定价格。

二、澳大利亚小麦品种等级

澳大利亚小麦品种分类是小麦分级委员会（WCC）的职责并且由品种分类小组执行。小麦分级是根据加工和最终产品质量的分类。分类旨在为客户和最终用户提供持续稳定的质量、加工性能和最终产品质量的谷物。澳大利亚小麦分级或者品种总清单可参见 WCC 网站（www.wheatclassificationcouncil.com.au）。小麦品种总清单给出了所有可以交付的品种和他们的分类或者区域。当新的品种发布或者对现有品种进行检验，总清单每年都会更新几次。

6.5.3 澳大利亚小麦品质检验方法

一、仪器设备和检验器具

仪器设备和检验器具包括双管取样器（真空取样器，或气动取样器）、钟鼎式或不锈钢对分式分样器、谷物选筛（1.5 mm、2.0 mm 筛子）、电子天平（感量分别有

0.01 g、0.001 g 和 0.0001 g）、肖伯尔容重器（或马克·富兰克林Ⅱ号容重器，或科恩 222 号容重器）、凯氏定氮仪（或近红外分析仪）、Perten 降落数值仪，Perten 3100 试验磨，配 0.8 mm 筛网、恒温烘箱，实验研磨机、近红外水分析仪，等等。

二、检验项目

（一）外观及气味

气味（Odor）是指小麦的正常或非正常气味。非正常气味是指小麦中发出的呈酸、霉味或者其他不自然或不正常的在商业中无法接受的不良气味。

（二）容重（Test Weight）

容重指单位容积的小麦的自然质量。

（三）杂质（Foreign Material）

杂质是指除小麦以外的所有其他物质，包括矿物质、有害杂质与其他杂质三部分。

（四）不可研磨筛下物［Unmillable Material Below the Screen (Screening)］

谷物样品经过筛选后，通过 2.0 mm 筛子的总物质。

（五）水分（Moisture）

（六）降落数值（Falling Number）

谷物质量检测的一种，检验小麦受气候损伤的程度。其依据 α-酶（种子发芽时会产生这种酶）能液化淀粉糊化物的特性，这种酶的活性通过降落数值表示，单位以秒（s）表示。

（七）粗蛋白（Protein）

蛋白质（直链氨基酸）为谷物组成中的一大成分。这种结构与小麦加工后的产品品质有关。

（八）缺陷粒（Defective Grain）

缺陷粒是指被破坏到一定程度的小麦，包括干绿和多汁、真菌损伤、霜冻损伤、热损伤、烧伤、贮藏发霉或者腐烂、虫害损伤、非玻璃质粒（只针对硬质小麦）、过度干燥损伤、粉色染色、黑粉菌病、发芽、染色、全蚀病（白穗病）等麦粒。（注：每个颗粒均有可能含有一种以上的缺陷。）

(1) 真菌损伤（Smudge Damage Kernel）：由于高湿引起的整颗谷物种皮褪色达50%以上并带有发霉物质（种皮褪色达50%及以下的类型被划分在染色里。谷物发软和/或发出霉味被定义为腐烂）。

(2) 干绿（Dry Green）：是指在成熟收获之前就被采摘的绿色谷粒。干绿谷粒的表面是明显绿色或者切开后呈现深绿色。

(3) 多汁（Sappy）：是指在成熟前收获的谷粒。多汁粒一般质地较软，可能是绿色或者非绿色。任何程度的多汁都被认定成缺陷粒。

（4）热损伤或者烧伤（Heat Damaged or Bin Burnt）：是指谷粒在贮存中由于高温或者错误的人工干燥方法造成的变色。受损的谷粒呈现红棕色，严重情况会变黑。

（5）贮存中发霉（Storage Mould Affected）：谷粒贮存中，谷物水分提高导致真菌或者细菌生长对谷粒带来的影响，受损的谷粒呈现褪色状并伴有明显的发霉现象。

（6）腐烂（Rot）：由于湿度高，真菌或者细菌生长引起谷粒的腐烂。

（7）虫害损伤（Insect Damaged）：是指谷粒被仓储害虫或者包括棉铃虫在内的田间害虫吃掉一部分。

（8）过度干燥损伤（Over-Dried Damaged）：是指谷物在人工干燥中由于过度加热造成的缺陷。

（9）染色（粉色）（Pink Stained）：受到镰刀菌属、德氏霉属等真菌感染的谷物。这种缺陷被划分在"染色"中。

（10）发芽（Sprouted）：是指谷物那些胚部皮层开裂。包括胚芽生长的早期和更早的阶段。谷粒发芽早期阶段为胚部皮层已开裂，但没有进一步的发芽。由于收割机造成的胚芽脱落或者谷物带有针孔不包括在这个定义里。

（11）染色（Stained）：在生长和成熟期，由于潮湿环境或者生化反应造成的缺陷，引起谷物颗粒变色。

三、检验方法

（一）检验流程

使用钟鼎式分样器，结合检验项目的试样用量，按照图6-5所示的步骤对平均样品进行缩分，供各项目检验使用。

样品缩分具体步骤如下：将平均样品约4 000 g混合均匀后，通过钟鼎式分样器进行缩分，其中1 000 g用于存样；2 000 g进行理化项目检验，如测定水分、粗蛋白以及降落数值；1 000 g样品进行容重检测，再进行缩分，其中250 g样品进行2.0 mm筛下物检验，然后再进行缩分，50 g样品检验缺陷粒（损伤粒），另外500 g样品进行矿物质和有害杂质检验，然后再进一步缩分成100 g，进行其他杂质项目检验。

（二）外观及气味

将小麦原始样品倾入盛样盘，嗅辨气味是否正常。

主要的检验方法包括感官鉴定和化学或仪器分析法。①感官鉴定：主要依检验人员的感官对小麦的色泽、类型、等级、健全程度以及气味等进行检验；怀疑样品有异味难以判断，可用温水浸泡嗅辨，或制成食品品尝。②化学或仪器分析法：对于某些不易判断其性质或程度的异味、异物，可用国内外通用的化学或仪器分析方法，进一步作定性定量分析。

（三）容重

按照图6-5检验流程，使用容重器进行容重测定。GTA建议采用肖伯尔容重器

(见图6-6)法、马克·富兰克林Ⅱ号容重器法和科恩222号容重器法等三种方法。

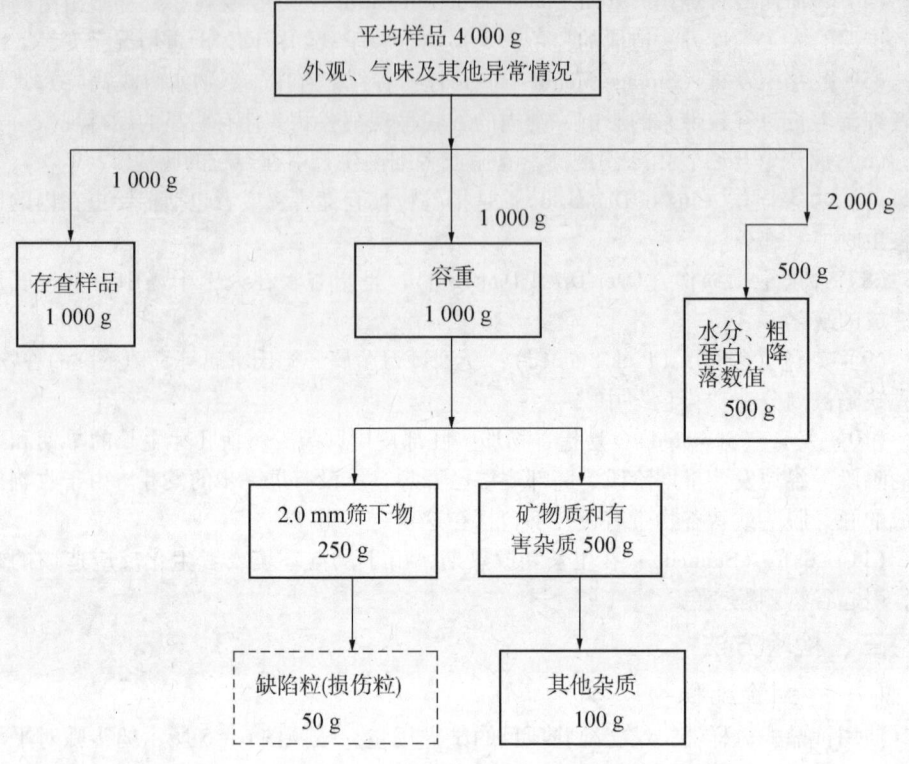

图6-5 澳大利亚小麦检验流程

注：实线格内项目为必检项目，虚线格内项目根据情况，必要时检验。

图6-6 肖伯尔容重器

1. 肖伯尔容重器法（Test Weight Assessment-Schopper Chondrometer Reference Method）

肖伯尔容重器是用来测定谷物密度的方法（密度也称蒲式耳重量、容重或者升重），单位为kg/hL。具体的操作步骤如下：

（1）将下半截圆筒A安全固定在容重计盒子上。

（2）确保分割滑刀片 C 插入圆筒 A 的缝隙中。

（3）将排气砣 D 放置在分割滑板上。

（4）把上半截圆筒 B 安全固定在下半截圆筒 A 上。

（5）确保分割滑刀片完全插入缝隙中，然后，匀速地把谷物倒进圆筒中，直至倒满为止。

（6）拉出分割滑刀片，排气砣顺着重力下移，牵引谷物向下移动（可以听到排气砣下移的声响）。一旦听到排气砣 D 下落到顶部之后，把分割滑刀片重新插入缝隙中，小心地翻到圆筒，把残留在顶部的谷物全部倒出。当排气砣掉落下来的时候，要确保把其拿住。

（7）把塑料容器放在天平上，去皮。

（8）移除滑刀片，将 1 L 的谷物倒入塑料容器进行称量。

称量结果是以克计算，还需要乘以 0.1（或除以 10）来得到最后以单位为 kg/hL 的密度结果。

每次实验都要重复一次，最后取平均结果。结果精确到 0.1%。

2. 马克·富兰克林Ⅱ号容重器法（Test Weight Assessment-Franklin Mark Ⅱ Chondrometer Reference Method）

马克·富兰克林Ⅱ号容重器法是用来测定谷物密度（容重）的方法，单位为 kg/hL。具体的操作步骤如下：

（1）把仪器安装在一起，并且把校正砝码放在称量圆筒的上面；把称量圆筒和砝码一起放在测量束末尾的钩上。

（2）移动测量杆上的滑动砝码到 40 kg/hL 的位置，以校正仪器。测量杆应该是完全平衡的。

（3）移除校正砝码，完成了仪器校正。

（4）把截盘插入底部称量圆筒，然后把排气砣放在截盘上面，把填充圆筒安装在称量圆筒上，用谷物填充预填充杯。

（5）用一只手平稳地把谷物从预填充杯里倒入填充圆筒，直到充满，同时，保持两个圆筒在一起。

（6）快速地抽出截盘，平稳地把截盘重新插入缝隙，并且使它穿过谷物；把填充圆筒从称量圆筒上移除，移除截盘上面剩余的谷物，同时，保持截盘在原位。

（7）移除截盘并且暂停称量容器；调整滑动砝码直到仪器平衡。

（8）按照滑动砝码指出的读数，读出容重并且以 kg/hL 的形式记录。

结果精确到 0.1%。

3. 科恩 222 号容重器法（Test Weight Assessment-Kern 222 Chondrometer Reference Method）

科恩 222 号容重器法是用来测定谷物容重的方法，单位为 g/L。具体的操作步骤如下：

(1) 把谷物截盘和测量容器安装在一起，把铜塞放在截盘叶片上，稳固连接填充漏斗于测量容器上。

(2) 把谷物装入预填充杯中。

(3) 把预填充杯中的谷物倒入一个大的托盘里，手工移除所有外来物质，如白穗、麦梗、大麦、羽扇豆、枝条、石头等。

(4) 把托盘里剩余的谷物倒回预填充杯，保证预填充杯里至少达到内填充线/槽。

(5) 平稳地把预填充杯里的谷物倒入填充漏斗，直到填满。

(6) 一手拿稳测量容器，另一手快速稳定地抽出截盘。

(7) 平稳地把截盘重新插入缝隙，并且使它穿过谷物，从测量容器上移除填充漏斗并且移除截盘上剩余的谷粒，同时拿稳截盘。

(8) 移除截盘并且把底部筒重新直立，取出截盘。

(9) 把钢碗放在天平上，并且去皮重，保证显示是零。

(10) 把谷物从筒里倒入钢碗，以克记的重量会显示在天平上，单位是 g/L。

结果精确到 0.01%。

（四）杂质

澳大利亚小麦杂质包括矿物质、有害杂质与其他杂质三个子项目。

(1) 矿物质检验和有害物质检验：按照检验流程图 6-4 从做完容重项目的样品中缩分 500 g，置入检验盘中，手拣出矿物质和有害物质，分别称重，计算百分含量。结果精确到 0.01%。

(2) 其他杂质：从拣去矿物质和有害杂质后的样品中缩分 100 g，置于 1.5 mm 圆孔筛内进行筛分，收集筛上和筛下除小麦以外的其他物质，称重，计算百分含量。结果精确到 0.01%。

澳大利亚小麦杂质含量(%) = 矿物质(%) + 有害物质(%) + 其他杂质(%)

结果精确到 0.1%。

（五）不可研磨筛下物

按照检验流程图 6-4 从做完容重项目的样品中缩分 250 g，置于 2.0 mm 圆孔筛内进行筛分，收集筛下除小麦以外的其他物质，称重，计算质量百分含量。结果精确到 0.1%。

（六）水分

澳大利亚小麦水分检验常用的方法以 130 ℃ 真空恒重 60 min 的方法作为基准法，也可使用近红外（NIR）仪器测定法。

1. 风力驱动烘箱参考法（Fan Forced Oven Reference Method）

(1) 在合适的磨粉机（Perten 3303. Tecator，渗碳体层或相似材料）内研磨 30～40 g 完整的谷物样品。

(2) 完全混合后分别向 2 个或更多称量过皮重的铝盒中转移 2～3 g 样品。

(3) 盖上盖子并立即称量铝盒。

(4) 减去皮重后记录样品的重量。

(5) 研磨不同样品时要清洁磨粉机。

(6) 打开盘子并将它们放置在预热好的烘箱内（130 ℃），然后将盖子放在铝盒下，铝盒均匀分散在烘箱中。

(7) 关闭烘箱门，保持温度恒定，然后精确地加热 60 min。

(8) 取出铝盒，快速地盖上盖子并放置在干燥器中。

(9) 当盘子到达室温时称重。

按照以下计算式计算样品质量减少：

$$水分\% = \frac{W_{tp} - (W_{dry} - W_{dish})}{W_{tp}} \times 100$$

式中：W_{tp} 为是用烘箱烘干前检测样品的质量。

W_{dry} 为铝盒、盖子和烘干后检测样品的质量。

W_{dish} 为空的、干燥的铝盒和盖子的质量。

报告结果精确到 1%。

如果平行样间差异超过 0.2%，重新测定，报告取平行样的平均值。

2. 近红外（NIR）仪器测定法

澳大利亚小麦水分近红外仪器测定操作步骤按相应仪器操作指南进行。近红外法原理和检验步骤参见本书第 3 章。

（七）降落数值

按照图 6-4 流程，缩分约 500 g 样品，使用检验水分项目后的样品，运用 Hagberg-Perten 法相应的检验仪器进行检验。

具体的操作步骤如下：

(1) 根据仪器说明开启降落值测定仪，把水杯里面装满蒸馏水，在使用之前要达到仪器说明书标明的温度。

(2) 用指定的磨粉机磨 250 g 小麦样品，所制取的样品必须与所接样品的特性一致。

(3) 称取（7.00 ± 0.05）g 粗制小麦粉放入一支干燥的降落值管中。

(4) 用自动分配器加入 25 mL 蒸馏水，塞上塞子，上下摇动 20～30 次使样品混合均匀，如不均匀可多摇动几次。如管口有干粉物质，可将塞子稍稍向外拔出，继续摇动几次。

(5) 用黏度计搅拌器刮下粘在管口以及塞子上的浆料。

(6) 混匀后把黏度计和管子放到水中沐浴 30～60 s，之后开启降落仪。

(7) 测试结束时记录时间，以秒（s）计。

(8) 拆下管子，并将管子、搅拌器以及塞子用凉水刷洗干净，并将降落仪清理干净。

结果保留至个位数,单位为秒(s)。

(八)粗蛋白

澳大利亚小麦粗蛋白检验常用的方法有杜马斯燃烧法和近红外测定法。

1. 杜马斯燃烧定氮方法

操作步骤如下:

(1)启动分析仪,打开气体系统(厂商指定的)。运转气流,调节气压、燃烧温度和时间。

(2)使仪器有足够的平衡时间,确保分析样品时仪器达到最理想的分析状态。

参照制造商的指示运用适当的校准标准校准仪器,校准标准需用第二级高纯度标准反复核对——烟酸或 EDTA。根据仪器设定运行空白实验。

(3)研磨足够量的代表原始样品的样品进行氮含量的测定。样品必须具有代表性。

(4)磨粉的样品称重,精确到 0.001 g,将适量的样品放入仪器的胶囊式容器中。

(5)如果放入样品在片状容器中的,必须调整燃烧温度和时间,还要考虑到胶囊式容器的空白补偿。

(6)每次分析都要定期检查空白和度量标准来监控任何的偏差(例如 10 个样品检查一次)。分析结果若超出范围则需要更正和重新计算标准偏差。

(7)仪器数据处理系统和相关软件自动计算氮含量。

(8)结果应该表示为氮的百分比,精确到小数点后 2 位。转变成蛋白质含量则把小麦氮含量乘以 5.7。如需要,还应把蛋白质含量转化成 11% 湿基状态下的蛋白质含量。报告结果精确到 0.1%。

2. 近红外测定法

澳大利亚小麦粗蛋白近红外仪器测定操作步骤按相应仪器操作指南进行。近红外法检验步骤参见本书第 3 章。

(九)缺陷粒检验

缺陷粒检验采用对照法。

澳大利亚小麦标准中对于缺陷粒的允许量有两种情况,缺陷粒检验的要求有所差别。①对于允许有缺陷存在的小麦,缺陷粒的检验是在不可研磨筛下物检测后再进行。②对于不允许有缺陷的小麦,缺陷粒检验应在下列任一过程中进行:扦样前车辆装运,扦样,或检测后流入接收漏斗的过程。

具体的操作步骤为:从经过不可研磨筛下物(2.0 mm 筛下物)检验后的样品中,缩分出约 50 g 样品,在光线充足的环境下,应用放大镜辅助进行小麦缺陷粒的对照检验。收集缺陷粒,称重,计算百分含量。结果精确到 0.1%。

6.5.4 其他事项

一、数字修约

检验结果数值需要修约时，除另有规定外，应符合 GB/T 8170 的规定，采用"四舍六入五留双"的数字修约规则，逢"5"时有舍有入，由"5"的舍入所引入的误差本身可自相抵消。

二、检验证书

（1）每一货舱的检验结果，按该仓各检验批结果平均计算求得，全船结果按各舱货物装载量加权平均计算求得。

（2）检验证书各项目结果取位数如表 6-9 所示。

表 6-9 进口澳大利亚小麦品质检验结果保留位数

检验项目	结果保留位数
水分（%）	1
粗蛋白（%）	0.1
降落数值（s）	整数
容重（kg/hL）	0.1
杂质（%）	0.1
2.0 mm 筛下物（%）	0.1
缺陷粒（%）	0.1

（3）评定：依据贸易合同规定的有关品质条款或/和标样，对照检验结果和现场工作报告进行综合评定。

三、存查样品

存查样品要求从平均样品中逐批分取制备，做好标识，在通风、干燥、防虫条件下保存。合同规定索赔期限的，存查样品保存到合同规定的索赔有效期期满为止；合同未规定索赔期限的，样品保存半年。检验不合格的，按相关规定保存。

第7章 大麦品质检验方法

7.1 概述

大麦（*Hordeum vulgare*）属禾本科（Gramineae）、大麦属（*Hordeum*）。大麦属具有典型的三联小穗，颖片背侧朝外、披刚毛或扁平，野生种侧生小穗通常具柄，普通大麦通常无柄。若三联小穗中侧生穗可育则为六棱大麦；如不可育则为二棱大麦。大麦是谷类作物中适应范围最广的，具有较高的耐旱性、耐寒性和耐盐性，生长在温带和亚热带干旱地带，但不耐受高温潮湿气候，能在高纬度、高海拔和沙漠地区生长。在北欧地区，六棱大麦能在二棱春大麦、冬大麦、春小麦和燕麦更北的区域生长；在秘鲁和玻利维亚安第斯山脉高原地区，大麦能在比燕麦、小麦和玉米的种植区域更高的海拔地区种植；在阿尔及利亚等北非地区，大麦在比耐旱性高的硬粒小麦种植区更干旱的撒哈拉沙漠地区生长。由于各种胁迫作用，在上述苛刻条件地区的大麦平均产量比较适宜生长地区要低。

大麦是世界上最古老、分布最为广泛的作物之一，存在于大部分温带地区，可能起源于亚洲西南部，后来迁移蔓延至北美、南美、地中海、非洲和欧洲，直至全世界各地，并不断演变。大麦已形成多种生理形态和商业形式，包括冬大麦、春大麦、二棱大麦、六棱大麦、有芒大麦、无芒大麦、包头大麦、皮大麦、裸大麦、无壳大麦、啤酒大麦、饲料大麦、食用大麦等。大麦主要应用于饲料、酿酒和食品，在医学和保健食品工业中也日益发挥着重要作用。大麦是一种重要的饲料加工原料，全球大麦60%用于饲料加工。大麦蛋白质、氨基酸、粗纤维、微量元素和纤维素含量高于玉米，且消化率也较玉米高，因此玉米饲料中加入一定比例的大麦可促进家畜生长，缩短育肥期。大麦秸秆、麦芽和麸皮也是动物饲料的良好原料。

7.1.1 世界大麦的生产和贸易状况

目前，世界上有100多个国家和地区种植大麦，常年播种面积约6 000万 hm^2，年总产量约1.5亿 t，是世界上仅次于玉米、水稻和小麦的第四大谷物。

2007—2011年，世界大麦平均产量各大洲所占比例为欧洲62.78%、亚洲14.30%、美洲12.75%、大洋洲5.76%、非洲4.41%。目前，世界大麦产量前10位的国家为俄罗斯、德国、法国、乌克兰、加拿大、西班牙、澳大利亚、土耳其、英国、美国，中国大麦产量位列第14位。排名前5位的国家平均产量分别为俄罗斯1 637.5万 t、德国1 075.7万 t、法国1 068万 t、乌克兰960.2万 t、加拿大952.9万

t。2011 年种植面积排名前 6 位的国家分别为俄罗斯 762.8 万 hm^2、澳大利亚 442.6 万 hm^2、乌克兰 425 万 hm^2、西班牙 306.2 万 hm^2、土耳其 305.9 万 hm^2、加拿大 303.3 万 hm^2。

中国大麦种植历史悠久，分布广泛。西起新疆维吾尔自治区塔什库尔干塔吉克自治县，东至黑龙江省抚远县；北起黑龙江省大兴安岭以北地区，南至海南省，东南至沿海各省和台湾省，都有大麦的种植。种植省份包括江苏、浙江、西藏、甘肃、黑龙江、云南、四川、湖北、新疆和内蒙古等，其中苏北、东北、西南和西北是主要产区。全国啤酒大麦种植面积约 40 万 hm^2，主要省份包括江苏、云南、内蒙古、甘肃、新疆等地，其中江苏占全国约 1/3；云南、四川、湖北、安徽、河南等地的饲料大麦种植面积达 45 万 hm^2，以云南的种植面积最大。近年食用大麦种植稳定在约 35 万 hm^2，主要分布在青藏高原地区，包括西藏、青海、四川、云南和甘肃等省。我国大麦每年种植面积一直稳定在 62.6 万～91.4 万 hm^2，总产量最高达到 330 万 t 左右。

全世界大麦及其加工品的贸易量巨大，进入 21 世纪以来，全球每年有 2 000 万 t 以上大麦用于进出口，交易额超过 50 亿美元。沙特阿拉伯、中国、西班牙、比利时和日本等是全球大麦的主要进口国；沙特阿拉伯是世界上最大的大麦进口国，其进口量占世界大麦总贸易量的 25% 以上。中国已成为世界第二大大麦进口国，进口量占世界总贸易量的 10% 左右。法国、澳大利亚、乌克兰、德国、加拿大和俄罗斯等是大麦的主要出口国，法国、澳大利亚、乌克兰、德国和加拿大等大麦出口大国的出口量占世界大麦贸易总额的 75% 以上。

中国麦芽生产潜力巨大，近年来啤酒消费大增引起了麦芽需求量大幅上涨。中国麦芽需求量从 1990 年的 80 万 t，快速增长至 2004 年的 430 万 t。中国每年进口的 200 多万 t 大麦中，大部分用于啤酒制造。

我国 2012 年进口大麦总量为 250 余万 t，贸易额近 8 亿美元，主要从澳大利亚、加拿大、法国、丹麦等国家进口。2005—2010 年，进口量排在前 3 位的是澳大利亚、加拿大和法国，占中国进口份额的 97%～99%。我国大麦出口量很少，基本上在每年 5 万 t 以下，约占全年总产量的 1%～2%，其余全部供应国内市场。

7.1.2 大麦品质检验的主要标准和技术性规范

一、中国

我国大麦质量标准主要分为国家标准和行业标准（检验检疫行业标准 SN、粮食标准 LS、农业标准 NY）。大麦国家标准包括 GB/T 7416《啤酒大麦》和 GB/T 11760《裸大麦》；行业标准根据不同领域分为农业、粮食和检验检疫标准。农业标准有 NY/T 118《饲料用皮大麦》、NY/T 210《饲料用裸大麦》和 NY/T 891《绿色食品 大麦》；粮食标准有 LS/T 3101《大麦》；检验检疫标准有 SN/T 2088《进境小麦、大麦检验检疫操作规程》。

在上述标准中，两项国家标准最具适用性和指导性，GB/T 7416 适用于专用于酿造啤酒的大麦的收购、检验和销售,规定了啤酒大麦的术语及定义、大麦分类、质量要求、分析方法、检验规则、标志、包装、运输和储存。GB/T 11760 适用于商品裸大麦(青稞、元麦、裸麦、米大麦)。

大麦出入境检验检疫工作中目前较常采用的标准有 SN/T 2088《进境小麦、大麦检验检疫操作规程》,与其结合的通用标准包括 SN/T 0798《进出口粮油、饲料检验 名词术语》、SN/T 0799《进出口粮油、饲料检验 一般规则》等系列标准。

农业标准《饲料用皮大麦》、《饲料用裸大麦》和《绿色食品 大麦》为国家农业部颁布的针对饲料用途的商品大麦和作为绿色食品的大麦的规范性标准。粮食标准 LS/T 3101 则规定了用于国内各省、自治区、直辖市之间调拨的商品大麦的质量要求。

二、美国

美国农业部下属联邦谷物检验局(Federal Grain Inspection Service, FGIS)负责美国谷物、油籽以及相关产品官方标准的制定与管理,从农场、加工企业、出口商直到国际市场推行一致的标准,通过设在各地的检测机构对进出口粮谷进行取样、检验、过程验证、计重和仓储检验,以校准溯源设备和官方基准方法,按照一定周期对检验设备进行校准和验证。官方工作人员需通过严格的资格评定,参加持续培训,并在组织严密的管理体系下进行工作和接收监督。

美国大麦检验主要依据是由联邦谷物检验署制定的《谷物检验手册(第二册)》大麦部分,详细规定了大麦的等级标准、术语和定义、检验项目和检验程序。除此以外还颁布了《美国大麦标准》,规定了主要检验项目和定义、检验通则和等级要求。为使感官检验取得良好的一致性,还发布了图谱标准。

三、加拿大

加拿大谷物委员会(Canadian Grain Commission, CGC)是加拿大联邦政府官方机构,监管加拿大粮食加工、储运,同时也是加拿大粮食相关行业的官方认证机构,下属还有从事粮食质量安全的科研机构。《加拿大谷物法》规定谷物等级划分标准的制定由加拿大粮食标准委员会负责,该委员会在 CGC 的指导下,制定谷物规格表和等级定义表,每年定期召开会议,研究粮食质量问题,修订粮食等级标准,确定当年的标准样品。在谷物流通中均依据标准样品准确评定谷物的质量等级。在加拿大,评定谷物质量等级的表格、检测仪器的品牌型号、等级评定检验官都是全国统一,在每个基本转运站和终点站港口都设有 CGC 办公室,派检验官现场检验、称重,有效地保证了谷物等级评定结果的一致性。CGC 为确保在全国统一配备的检测仪器的精准,每年定期对其组织检查和测试。

加拿大进口大麦标准为 CGC 制定的《官方谷物分级指南》第 6 部分。该部分内容包括大麦组别及分类、商业洁净检验、等级要求、检验程序等。

四、澳大利亚

澳大利亚粮谷贸易促进会(Grain Trade Australia, GTA)负责澳大利亚粮谷标准的管理，通过各种管理措施在粮谷产业链中促进各种商业活动有效进行，这些管理措施包括产品标准、商业合同、贸易规则、争议仲裁、专业领域发展规划和全国粮谷产业会议。自1999年开始，GTA 标准委员会每年都召开年会对大麦等粮谷标准进行评审修订。为使国内及国际贸易相关方能够获得持续有效的信息，GTA 不断对上述标准进行更新，并鼓励在生产及贸易中使用一致的标准。GTA 每年在全国范围内公布统一的等级标准，各州从种植到买卖活动均遵循该标准。

澳大利亚大麦检验遵循《GTA粮谷标准》第二部分——"大麦标准"。该标准规定了项目定义、大麦质量标准、大麦认证品种、检验方法及程序等。

7.1.3 主要大麦贸易国的大麦分类和分级

各国大麦分级对比情况见表7-1。

表7-1 中国、美国、加拿大、澳大利亚大麦分级对比情况

国别	组别及分类	子组别	等级	分级项目
中国	啤酒大麦	二棱啤酒大麦、多棱啤酒大麦	优级、1级、2级	11项
中国	脱壳大麦（裸大麦）	—	1级、2级、3级、4级、5级和等外级	5项
中国	带壳大麦（皮大麦）	—	1级、2级和3级	3项
美国	啤酒大麦	六棱啤酒大麦、六棱蓝色啤酒大麦、二棱啤酒大麦	1级、2级、3级、4级	7~8项，附加项目7项
美国	普通大麦	六棱普通大麦、二棱普通大麦、普通大麦	1级、2级、3级、4级、5级	7项
加拿大	啤酒大麦	—	带壳：专用CW/CE①二棱啤酒大麦、专用CW/CE六棱啤酒大麦；脱壳：专用CW/CE二棱脱壳啤酒大麦、专用CW/CE六棱脱壳啤酒大麦	12项

续表 7-1

国别	组别及分类	子组别	等级	分级项目
加拿大	食用大麦	—	带壳：专用 CW/CE 二棱食用大麦、专用 CW/CE 六棱食用大麦； 脱壳：专用 CW/CE 二棱脱壳食用大麦、专用六棱脱壳食用大麦	15 项
加拿大	一般用途大麦	—	带壳：1 级 CW/CE、2 级 CW/CE； 脱壳：1 级 CW/CE 脱壳、2 级 CW/CE 脱壳	18 项
澳大利亚	—	—	啤酒大麦 1 级、2 级、3 级，饲料大麦 1 级、2 级	47 项

注：①CW 指加拿大西部，CE 指加拿大东部。

一、中国

我国大麦标准为三类：啤酒大麦、裸大麦（包括食用及饲料用）和带壳大麦（皮大麦），其中，啤酒大麦分为二棱大麦和多棱大麦，有优级、1 级和 2 级等 3 个等级；裸大麦分为 5 个等级和 1 个等外级；带壳大麦也分为 1 级、2 级和 3 级。啤酒大麦规定了 11 项等级评定项目。与国外标准不同，我国啤酒大麦标准未规定容重及损伤项目要求，这些项目在美国和澳大利亚啤酒大麦标准中均作为重要指标。而我国标准中规定的部分项目也是国外标准中没有的，如我国啤酒大麦标准中规定了千粒重，而在上表中所列 3 个国家均未规定；我国裸大麦等级评定检测项目主要为杂质、不完善粒、色泽和气味、容重；饲料用皮大麦等级评定项目分别为粗蛋白质、粗纤维和粗灰分。

二、美国

美国大麦分为 2 个组别，每组别又分为 3 个子组别。根据分级项目限量要求每组别分为 4~5 个等级；啤酒大麦等级随品质自高到低依次为 1 级至 4 级，普通大麦则从 1 级到 5 级，如低于普通大麦 5 级要求或出现其他不能按照正常等级标准进行评定的情况，则称为样品级。此外，针对谷物枯萎病、野蒜、害虫和黑穗病等异常情况，还规定了特殊等级。等级评定检验项目分为两类：一类是最低限量要求项目；另一类是最高限量项目。检验项目在各组别之间也不相同，如"其他谷物"只适用于六棱啤酒大麦和六棱蓝色啤酒大麦最高限量项目；而在二棱啤酒大麦中未在最高限量项目中规定"损伤粒"的限值。

三、加拿大

加拿大大麦分为啤酒大麦、食品大麦和一般用途大麦等3个组别，每组别又分为带壳大麦、脱壳大麦、二棱大麦和六棱大麦等4种类型。与美国大麦相比，加拿大大麦的分级规定得更为详尽，分级检测项目也较多。啤酒大麦没有像美国大麦那样分为4个等级，而是仅有1个等级，要求也比美国大麦严格，如啤酒大麦中杂质项目在美国1级大麦的限量为0.50%，而加拿大大麦的杂质限量（子项总和）则为0.28%。

四、澳大利亚

澳大利亚大麦检验标准中未明确规定组别，从等级名称中可区分为啤酒大麦和饲料大麦两个大类，其中啤酒大麦分为3个等级，饲料大麦分为2个等级。等级评定项目比加拿大规定的还要详细，如MALT1啤酒大麦，规定了质量项目、损伤、外来污染物和其他污染物等4类项目共计近50个分级项目。

7.1.4 大麦品质检验项目与方法概述

中国、美国、加拿大和澳大利亚大麦标准中，等级评定项目存在较大差异，但在大麦进境检验中常遇到近似的项目。大麦品质检验中常见的项目主要包括容重、杂质、损伤、饱满粒、瘦小粒、发芽率、水分、蛋白等。以下对上述项目在各标准间的异同进行介绍。

一、容重

容重在我国裸大麦所有等级、美国大麦所有组别、澳大利亚大麦所有等级、加拿大一般用途大麦中均作为重要等级指标。各国容重检验原理基本相同，但体积及结果单位有差异。我国采用HGT1000型容重器，先以指定孔径的选筛过筛，再检测1 L该粮谷样品的质量，以g/L表示；美国采用FIGIS指定容重器，检测体积约为1.125~1.250夸脱（quart）[①]的样品，结果以磅/蒲式耳表示；加拿大和澳大利亚则均采用公斤/百升（kg/hL）为结果单位。各单位之间的换算关系为：1克/升（g/L）=1/10公斤/百升（kg/hL）；1磅/蒲式耳（美制）=0.077 69 g/L；1磅/蒲式耳（英制）=0.080 13 g/L。

二、杂质

杂质是大麦定等的重要指标之一。我国大麦杂质与美国、加拿大和澳大利亚的规定存在较大差异，而其他各国之间也不尽相同。

我国大麦标准中规定杂质为除大麦以外的其他物质，包括筛下物、无机杂质和有机杂质，标准中并没有进行细分。美国定义为在去除扣除物后，留存其中的所有大麦

---

① 1夸脱=1.101 L（干量）。

以外的物质,包括其他谷物和野燕麦。加拿大分得更为细致,包括麦角、粪便、核盘菌、石块、不可分离种子、其他谷物和野燕麦,而且各自都有单独限量。最复杂且差异最大的是澳大利亚,其类似杂质的概念是以"污染物"提出的,内容多达20多项。各国检验取样量也不同,如我国为大样杂质500 g、小样杂质50 g;美国为1 000 g去除扣除物,小样25 g;加拿大为1 000 g去除扣除物,再分别从250 g、100 g和50 g检验不同子项。澳大利亚则先后在4 000 g、350 g中进行污染物检验。

除了上述差异以外,我国大麦筛下物属于杂质,而在美国和加拿大标准中则归在扣除物中,澳大利亚则有单独筛下物指标。因此在杂质检验时,应注意上述标准的差异。

三、损伤粒（不完善粒）

损伤作为大麦品质的重要指标,直接影响大麦的加工品质,如对于啤酒大麦,胚损伤影响着麦芽加工质量,霉变会影响产品卫生质量和食用安全。各国大麦标准中损伤子项存在差异,因此在检验总损伤时应根据不同国家的要求进行。

我国大麦标准与国外标准不同,"损伤"的定义是以"不完善粒"形式给出的,子项包括虫蚀粒、病斑粒、黑胚粒、赤霉病粒、破损粒、生芽粒和生霉粒。美国大麦损伤包括的子项有枯萎病粒、酿造损伤粒、冻伤粒、霉变粒、胚损伤粒、热损伤粒、虫蚀粒。加拿大大麦损伤包括破碎粒、炭化粒、镰刀菌损伤粒、热损粒、发芽粒等。澳大利亚大麦损伤包括发芽粒、虫蚀粒、破碎粒、黑尖粒、田间真菌、脱皮粒、裂开粒、冻伤粒、干绿或多汁等,包括的子项最多。

此外,上述各国标准中损伤子项判定标准也不同。例如,"破碎粒"在我国大麦标准中未给予定量,而是以"伤及胚或胚乳"为依据;美国则定为"麸皮1/3或以上缺失,或胚部麦麸松散或缺失,或籽粒破碎,或籽粒胚部全部或部分缺失"。加拿大与美国基本相同。澳大利亚则为"大麦籽粒1/4及以上部分的缺失或胚芽上的任何物理性损伤"。

四、饱满粒、瘦小粒

饱满粒、瘦小粒是作为啤酒大麦的重要定等指标。籽粒饱满粒含量高、瘦小粒含量低,说明产品整体籽粒饱满度高。大麦籽粒外壳与胚乳所占百分比对于啤酒品质有很大影响,麦粒小则外壳的分量增加,淀粉分量减少则出酒量也将跟着减少;且瘦小籽粒也由于在不利条件下生长,蛋白质的含量会增加,也不利于啤酒的品质。

我国大麦饱满粒、瘦小粒要求使用三层电动筛,孔径对于饱满粒为2.5 mm×25.0 mm,瘦小粒为2.2 mm×22.0 mm。振荡速度:300~320 r/min。美国也采用电动筛,饱满粒对应孔径为2.38 mm×19.05 mm;瘦小粒对于六棱大麦为1.98 mm×19.05 mm,二棱大麦为2.18 mm×19.05 mm。加拿大采用卡特除杂机进行饱满粒和瘦小粒检验,使用的6号长孔筛和5号长孔筛的孔径规格与美国相同。澳大利亚没有饱满粒、瘦小粒规定,而是规定了筛上物和筛下物,筛下物也包含了杂质。

五、发芽率

发芽率是啤酒大麦的重要等级评定指标。我国标准规定了3天发芽率和5天发芽率，澳大利亚标准也规定了发芽势和发芽力，发芽势等同于我国的3天发芽率，但是发芽力检验方法取消了培养法，而是使用了快速染色法；我国检验检疫标准SN/T0800.14中也提出了类似的方法。在美国和加拿大大麦标准中没有发芽率要求。

六、水分、蛋白质

我国大麦标准水分测定使用的是105～107℃烘干3 h法。美国采用Dickey-john GAC 2500水分仪测定水分，但等级标准中未规定限量要求。加拿大大麦标准中没有水分相关规定。澳大利亚采用130℃ 60 min烘干法作为基准方法，同时还提供了Brabender烘箱法和近红外测试方法。

我国大麦标准中蛋白的测定采用的是凯氏定氮法。美国及加拿大均没有相应规定。澳大利亚大麦标准规定了杜马斯燃氮分析仪法和近红外测试法。

7.2 中国大麦品质检验

7.2.1 中国大麦标准

我国大麦相关的主要标准有啤酒大麦（GB/T 7416）、裸大麦（GB/T 11760）、饲料用皮大麦（即饲料用带壳大麦）（NY/T 118，原GB 10367）标准。啤酒大麦最新标准为2008年发布实施的GB/T 7416《啤酒大麦》。裸大麦最新标准为2008年发布的GB/T 11760《裸大麦》。而饲料用皮大麦仍然为1989年版本。

GB/T 7416《啤酒大麦》在1987年首个版本标准颁布13年后，参考国外主要大麦出口国标准进行了修订。其中，理化指标参考了澳大利亚、加拿大等国家及其公司的标准，试验方法则参照了欧洲啤酒酿造协会（EBC）分析方法中有关大麦的部分。修订的标准提高了与国外先进标准的协调一致性，如"千粒重"表示为"千粒重（以干基计）"；将"发芽势"和"发芽率"分别改为"3天发芽率"和"5天发芽率"，与国际方法一致。此外，根据啤酒大麦总体生产和贸易状况，将优级、1级的水分由原来的≤13.0%改为≤12.0%。在2008版本中又进而提高了二棱、多棱大麦优级及1级千粒重和饱满粒的要求，指标均有提高。

GB/T 11760《裸大麦》首次颁布于1989年，后经过数年裸大麦主产区粮食质量监测中心对该标准进行修订，于2008年颁布了新标准。新标准将标准名称改为《裸大麦》，取消了原标准中的分类，增加了检验规则和标签标识的规定，对质量标准中的"不完善粒"作了修改。

7.2.2 中国大麦分类与分级

我国大麦总体上分为3类：啤酒大麦、裸大麦和饲用带壳大麦，啤酒大麦又分为二棱大麦和多棱大麦。啤酒大麦有3个等级：优级、1级和2级，裸大麦分为5个等级外加1个等外级，饲料用带壳大麦分为1级、2级和3级。啤酒大麦等级评定项目包括外观、气味、夹杂物等11个项目；裸大麦规定了色泽、气味、容重等5个项目的要求。中国啤酒大麦、裸大麦和带壳大麦等级要求见表7-2至表7-6。

表7-2　啤酒大麦等级感官要求

项目	优级	1级	2级
外观	淡黄色具有光泽，无病斑粒[①]	淡黄色或黄色，稍有光泽，无病斑粒	黄色，无病斑粒
气味	有原大麦固有的香气，无霉味和其他异味	无霉味和其他异味	无霉味和其他异味

注：①检疫性有害生物所规定的病斑粒。

表7-3　二棱啤酒大麦质量要求

项目	二棱大麦		
	优级	1级	2级
夹杂物（%）	≤1.0	≤1.5	≤2.0
破损率（%）	≤0.5	≤1.0	≤1.5
水分（%）	≤12.0	≤12.0	≤13.0
千粒重（以干基计）(g)	≥38.0	≥35.0	≥32.0
3天发芽率（%）	95	≥92	≥85
5天发芽率（%）	97	≥95	≥90
蛋白质（以干基计）（%）	10.0～12.5	10.0～12.5	9.0～13.5
饱满粒（腹径≥2.5 mm）	≥85.0	≥80.0	≥70.0
瘦小粒（腹径<2.2 mm）	≤4.0	≤5.0	≤6.0

表7-4　多棱啤酒大麦质量要求

项目	多棱大麦		
	优级	1级	2级
夹杂物（%）	≤1.0	≤1.5	≤2.0
破损率（%）	≤0.5	≤1.0	≤1.5
水分（%）	≤12.0	≤12.0	≤13.0
千粒重（以干基计）(g)	≥37.0	≥33.0	≥28.0

续表7-4

项目	多棱大麦		
	优级	1级	2级
3天发芽率（%）	≥95	≥92	≥85
5天发芽率（%）	≥97	≥95	≥90
蛋白质（以干基计）/%	10.0～12.5	10.0～12.5	9.0～13.5
饱满粒（腹径≥2.5 mm）	≥80.0	≥75.0	≥60.0
瘦小粒（腹径<2.2 mm）	≤4.0	≤6.0	≤8.0

表7-5 裸大麦质量要求

等级	容重（g/L）	不完善粒（%）	杂质（%）		水分（%）	色泽、气味
			总量	矿物质		
1	≥790	≤6.0	≤1.0	≤0.5	≤13.0	正常
2	≥770	≤6.0				
3	≥750	≤6.0				
4	≥730	≤8.0				
5	≥710	≤10.0				
等外	<710	—				

注："—"为不适用。

表7-6 带壳大麦质量要求

质量指标 \ 等级	1级	2级	3级
粗蛋白质（%）	≥11.0	≥10.0	≥9.0
粗纤维（%）	<5.0	<5.5	<6.0
粗灰分（%）	<3.0	<3.0	<3.0

7.2.3 中国大麦品质检验方法

一、设备和用具

设备和用具包括鼓风干燥箱、天平（感量0.1 g，0.1 mg）、盘式粉碎机、恒温恒湿培养箱、凯氏定氮仪、选粒机（装有3层筛板，筛板尺寸：长为43 cm，宽为15 cm。筛孔尺寸：上面为长度25 mm，下面为长度22 mm；宽度，筛Ⅰ为2.8 mm，筛Ⅱ为2.5 mm，筛Ⅲ为2.2 mm）。

二、检验项目

（一）容重
容重是指大麦籽粒在单位容积内的质量，以 g/L 表示。

（二）不完善粒
不完善粒是指受到损伤但尚有使用价值的大麦颗粒，包括虫蚀粒、病斑粒、破损粒、生芽粒、生霉粒等。

（1）虫蚀粒：被虫蛀蚀，伤及胚或胚乳的颗粒。

（2）病斑粒：粒面带有病斑，伤及胚或胚乳的颗粒。

（3）黑胚粒：籽粒胚部呈深褐色或黑色，伤及胚或胚乳的颗粒。

（4）赤霉病粒：籽粒皱缩、呆白，有的粒面呈紫色，或有明显的粉红色霉状物，或有黑色子囊壳。

（5）破损粒：压扁、破碎，伤及胚或胚乳的颗粒。

（6）生芽粒：芽或幼根突破种皮不超过本颗粒长度的颗粒，或芽或幼根虽未突破种皮但胚部种皮已破裂或明显隆起且与胚分离的颗粒。

（7）生霉粒：粒面生霉的颗粒。

（三）杂质
杂质是指除大麦粒以外的其他物质，包括筛下物、无机杂质和有机杂质。

（1）筛下物：通过直径 1.5 mm 圆孔筛的物质。

（2）无机杂质：砂石、煤渣、砖瓦块、泥土等矿物质及其他无机类物质。

（3）有机杂质：无使用价值的大麦、异种粮粒及其他有机类物质。

（四）色泽、气味
色泽、气味是指一批大麦固有的综合颜色、光泽和气味。

（五）千粒重
千粒重是指 1 000 粒完好大麦籽粒的总重。

三、检验方法

（一）检验流程
大麦品质检验项目所需各项试样和存查样品用钟鼎式分样器按照图 7-1 的步骤进行制备。

（二）外观及气味检验
在自然光线明亮的场所观察大麦的颜色，将大麦样品握在手中，并嗅其气味；观看颜色；记录有无光泽、病斑粒（检疫性有害生物所规定的）、霉变粒、霉味或其他异味等情况。

第7章 大麦品质检验方法

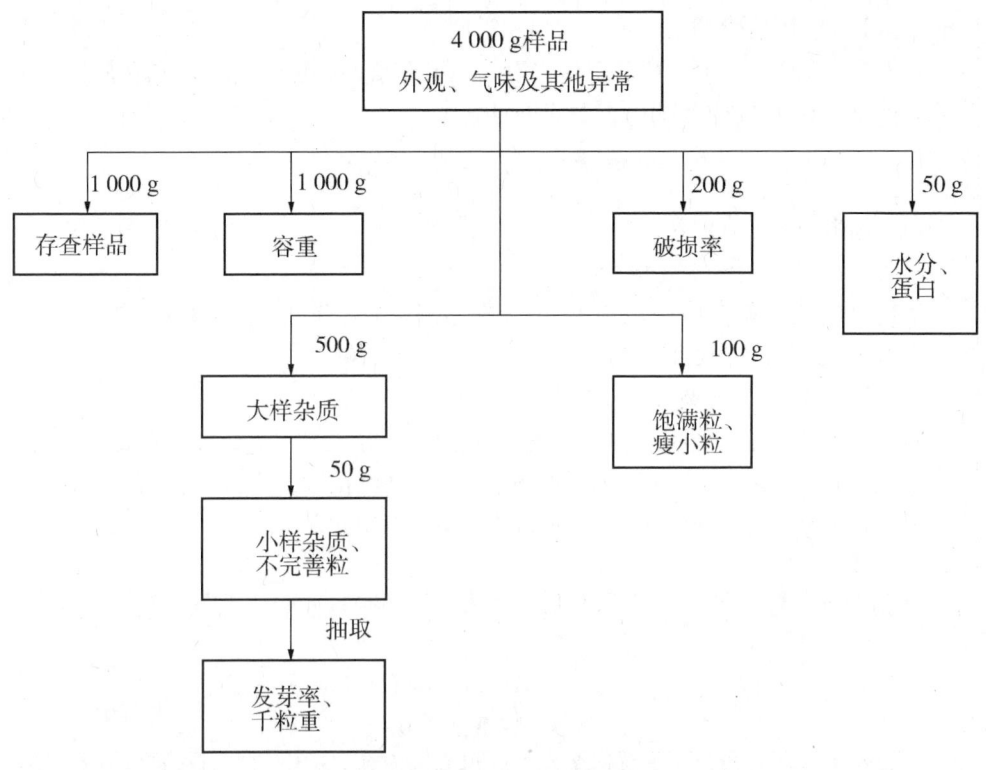

图7-1 中国大麦品质检验流程

（三）容重检验

将除去扣除物的样品按照第3章中容重器操作方法进行容重检验，记录结果。容重结果单位为g/L。例如，大麦籽粒普遍带有麦芒时，应将麦芒磨掉，用适当孔径的选筛筛除后，再测容重。

（四）杂质检验

称取样品500 g（S）（精确至0.1 g），以孔径1.5 mm选筛过筛，自筛上物中拣出大型杂质并与筛下物合并称量（W_M）（精确至0.01 g），将剩余筛上物缩分至50 g（s），手拣出比肩杂质并称量（W_m）（精确至0.01 g），大样杂质（M）、小样杂质（m）和杂质总量（B）按下式计算：

$$大样杂质：M(\%) = \frac{W_M}{S} \times 100$$

$$小样杂质：m(\%) = (100 - M) \times 100$$

$$杂质总量：B = M + m$$

所得结果保留1位小数。

(五) 破损率检验

称取样品 200 g（S）（精确至 0.1 g），拣出破粒、半粒，在天平（感量 0.1 g）上称其质量（W_P），按下式计算其所占的百分比：

$$破损率: P(\%) = \frac{W_P}{S} \times 100$$

所得结果保留 1 位小数。

(六) 水分及蛋白质检验

取约 50 g（精确至 0.1 g）样品进行水分检测。常规分析方法见 3.4。

以凯氏定氮法或其他等效方法检测蛋白质含量，详见 3.4。

(七) 3 天、5 天发芽率检验

将两张直径 9 cm 的中速滤纸放入培养皿底部，加 4 mL 水均匀润湿滤纸。取 100 粒试样放在滤纸上，使每一麦粒的腹部都很好地与滤纸接触，盖上培养皿盖，用薄膜封口以防止水蒸发，或将培养皿放入恒温恒湿培养箱中，在温度 18～20 ℃下，于暗处静置发芽。

放置 72 h（X_3）和 120 h（X_5）后，计数不发芽粒数（n），按下式计算 3 天、5 天发芽率：

$$3 \text{ 天发芽率}: X_3 = 100 - n$$
$$5 \text{ 天发芽率}: X_5 = 100 - n$$

所得结果保留整数，在重复性条件下获得的两次独立测定结果的绝对差值不得超过算术平均值的 3%。

(八) 饱满粒、瘦小粒检验

称取试样 100 g（S）（精确至 0.1 g），放入选粒机上层，加盖，开启电动机，准确振荡 5 min。将 2.5 mm 筛上及 2.2 mm 筛下的麦粒称量（精确至 0.1 g），按下式计算饱满粒（B）及瘦小粒（SX）百分率：

$$饱满粒: B(\%) = \frac{W_B}{S} \times 100$$

$$瘦小粒: SX(\%) = \frac{W_{SX}}{S} \times 100$$

所得结果保留 1 位小数。

(九) 千粒重检验

从拣出异物的大麦样品中随机数出 1 000 粒大麦整粒并称量（S）（精确至 0.1 g），以干基为基础，将本大麦样品水分含量（W）计入，按下式计算千粒重，做两次平行试验：

$$千粒重: Q = S \times (1 - W)$$

所得结果保留 1 位小数，在重复性条件下获得的两次独立测定结果的绝对差值不

得超过算术平均值的 2%。

（十）不完善粒检验

从去除大杂样品缩分并称取 50 g 大麦样品（S），按照大麦不完善定义挑拣出不完善籽粒并称重（W_D）（精确至 0.01 g），需考虑大样杂质含量（M），按下式计算：

$$不完善粒: m = (100 - M) \times \frac{W_D}{S}$$

所得结果保留 1 位小数，平行检测结果两次独立结果绝对差值应不大于 0.5%。

四、其他事项

（一）数字修约

中国大麦品质检验结果数值修约参见美国大豆品质检验数值修约规定。

（二）判定规则

大麦质量指标中的水分和发芽率为质量等级主要指标，当其他指标都在同一级别，而水分或发芽率指标有一项不在这一级别，则以该项目所在级别为准。

质量指标中，所有其他指标均在同一级别，只有一项（水分和 5 天发芽率除外）低于该级别时，不作降级处理。但该指标低于下一级别时，则降至下一等级。

质量指标中，所有其他指标都在同一级别，但有两项指标（水分和 5 天发芽率除外）低于该级别时，降至下一级别。

（三）存查样品

存查样品要求从平均样品中逐批分取制备，做好标识，在通风、干燥、防虫条件下保存。合同规定索赔期限的，存查样品保存到合同规定的索赔有效期满为止；合同未规定索赔期限的，样品保存半年。检验不合格的，按相关规定保存。

7.3　美国大麦品质检验

7.3.1　美国大麦标准

美国大麦是指在去除扣除物之前含有不低于 50% 完好大麦的种植大麦（Hordeum vulgare L.），且含有不超过 25% 的根据美国谷物标准法案已制定标准的其他谷物的粮谷，不包括无壳大麦及黑大麦。目前，美国大麦品质检验标准为《美国官方标准》（*Official U. S. Standards*），方法程序为 USDA Grain Inspection Handbook-Book II。该标准规定了大麦的商业定义、术语、标准通则、分级和分级要求，以及大麦检验程序和等级评定方法。

美国大麦的品质检验标准最早可追溯到 20 世纪 20 年代，经过近百年的发展，并结合了美国实际生产情况、贸易形势和检测技术进步等因素不断进行修订完善，逐渐趋于规范合理。美国大麦标准规定了 20 个大麦相关术语和定义、检验基础、选筛规格以及各组别分级限量要求。在子组别定义中给出了原则性限量要求。此外针对同一损伤的不同程度也进行了区分定义,如热损粒和受热损伤粒、冻伤粒和受冻损伤粒等。在 USDA Grain Inspection Handbook-Book II 中详细规定了美国大麦的检验程序和方法,包括分级方法、特殊等级、分级的选择等概念性内容,取样、制样程序,受热,气味,水分和野蒜大麦等 22 个项目的检验方法。

7.3.2 美国大麦分级

一、美国大麦组别

美国大麦分啤酒大麦和普通大麦 2 个组别,其中啤酒大麦又分为六棱啤酒大麦、六棱蓝色啤酒大麦和二棱啤酒大麦等 3 个子组别,普通大麦分为六棱普通大麦、二棱普通大麦和普通大麦等 3 个子组别。

二、美国大麦等级

在美国大麦中,所有啤酒大麦被分为 4 个定量等级;所有普通大麦被分为 5 个定量等级和美国样品等级。特殊分级规定了影响大麦价值的特殊品质要求,补充并成为分级标准的组成部分。这些分级规定不影响定量分级或样品分级的归属。等级评定项目各组别不尽相同,六棱啤酒大麦和六棱蓝色啤酒大麦的等级评定项目包括容重、适用麦芽类型纯度、完好粒、损伤粒、杂质、其他谷物、脱壳及破碎粒、瘦小粒等;二棱啤酒大麦等级评定项目包括容重、适用麦芽类型纯度、完好粒、野燕麦、杂质、脱壳及破碎粒、瘦小粒;普通大麦等级评定项目包括容重、完好粒、损伤粒、热损粒、杂质、破碎粒、瘦小粒。美国大麦分级及限量要求见表 7-7 至表 7-9。

表 7-7 美国六棱啤酒大麦和六棱蓝色啤酒大麦分级及分级要求

分级	最低限值			最高限值				
	容重(磅/蒲式耳)	适用的麦芽类型(%)	完好粒(%)①	损伤粒(%)①	外来物(%)	其他谷物(%)	脱壳及破碎粒(%)	瘦小粒(%)②
美国 1 级	47.0	95.0	97.0	2.0	0.5	2.0	4.0	7.0
美国 2 级	45.0	95.0	94.0	3.0	1.0	3.0	6.0	10.0
美国 3 级	43.0	95.0	90.0	4.0	2.0	5.0	8.0	15.0
美国 4 级	43.0	95.0	87.0	5.0	3.0	5.0	10.0	15.0

注:①受冻损伤及发霉损伤不计为损伤粒,记为完好大麦。②瘦小粒采用 5/64 in × 3/4 in 长孔筛。

表7-8 美国二棱啤酒大麦分级及分级要求

等级	最低限量			最高限量			
	容重(磅/蒲式耳)	适用的麦芽类型(%)	完好大麦(%)①	野燕麦(%)①	外来物(%)	脱壳粒及破碎粒(%)	瘦小粒(%)②
美国1级	50.0	97.0	98.0	1.0	0.5	5.0	5.0
美国2级	48.0	97.0	98.0	1.0	1.0	7.0	7.0
美国3级	48.0	95.0	96.0	2.0	2.0	10.0	10.0
美国4级	48.0	95.0	93.0	3.0	3.0	10.0	10.0

注：①受冻损伤及发霉损伤不计为损伤粒，记为完好大麦。②瘦小粒采用5/64 in×3/4 in长孔筛。

表7-9 美国普通大麦分级及分级要求

等级	最低限量			最高限量			
	容重(磅/蒲式耳)	完好大麦(%)	损伤粒(%)①	热损粒(%)	外来物(%)	破碎粒(%)	瘦小粒(%)②
美国1级	47.0	97.0	2.0	0.2	1.0	4.0	10.0
美国2级	45.0	94.0	4.0	0.3	2.0	8.0	15.0
美国3级	43.0	90.0	6.0	0.5	3.0	12.0	25.0
美国4级	40.0	85.0	8.0	1.0	4.0	18.0	35.0
美国5级	36.0	75.0	10.0	3.0	5.0	28.0	75.0

注：①包括热损粒。受冻损伤粒及发霉损伤粒不计为损伤粒。②瘦小粒采用5/64 in×3/4 in长孔筛。

啤酒大麦应避免以下情况：害虫侵蚀、枯萎病、麦角病、黑穗病、野蒜或含有其他特殊等级大麦。根据需要，可以根据大麦分类的标准对啤酒大麦进行检验和分级。

不符合美国1级、2级、3级、4级啤酒大麦的六棱啤酒大麦和六棱蓝色啤酒大麦应根据普通大麦分级进行检验（见表7-7）。

不符合美国1级、2级、3级、4级啤酒大麦的二棱啤酒大麦应根据普通大麦分级进行检验（见表7-8）。

美国样品级是指符合以下要求之一的大麦：

(1) 不符合美国1级、2级、3级、4级、5级要求的。

(2) 含有8粒及以上的石块，或石块的总重量超过样品重量的0.2%，或每 $1\frac{1}{8}$ 至 $1\frac{1}{4}$ 夸脱（1 美制干量夸脱 =1/32 蒲式耳 =1 101.220 mL）大麦中含有2块及以上的碎玻璃，3颗及以上的野百合种子（*Crotalaria* spp.），2颗及以上的蓖麻籽（*Ricinus communis* L.），或是4颗及以上的不明外来物或公认的有毒有害物质，8颗及以上的单独的苍耳（*Xanthium* spp.）或与类似种子的混合，10块及以上的啮齿目动物粪便、鸟类粪便或相等数量的其他动物的粪便。

（3）具有霉味、酸败味，或贸易上不允许有的异味（不包括黑穗病大麦和野蒜大麦的异味）。

（4）发热或其他品质低劣者。美国啤酒大麦除在分级及分级要求（见表7-7至表7-9）中所列检测项目外，还规定了附加检测项目（见表7-10）。这些项目连同上表中所列分级项目，应在确定大麦组别和子组别之前进行检验。如有要求，对于非啤酒大麦也可进行啤酒大麦项目的检验。

美国啤酒大麦损伤子项归属有如下规定：冻伤粒计为损伤粒，不视为完好大麦；受冻损伤粒不计为损伤粒，视为完好大麦；霉菌损伤粒不计为损伤粒，属完好大麦。

表7-10 美国啤酒大麦检测项目

子组别	最高限量						
	冻伤粒	受冻损伤	热损	受热损伤	霉变	霉菌损伤	籽粒结构
六棱和六棱蓝色啤酒大麦（%）	0.4	1.9	0.1	0.2	—	—	90
二棱啤酒大麦（%）	0.4	1.9	0.1	0.2	0.4	1.9	—
最小用样量（g）	25	25	50	50	25	25	50

三、等级评定

完成检验后，将结果与表7-7、表7-8或表7-9中规定的每一等级项目限量比较。当评定等级时，需注明相关内容，如"美国"、"级"、"样品级"、子组别、扣除物含量等；有要求时，注明"饱满"及适用的百分含量范围。对于子组别，申请人可要求在检验证书"备注"中按主体粒型顺序注明样品中每个类型大麦的百分含量（六棱和二棱）。

四、特殊等级

特殊等级的规定着重于谷物的异常情况，并构成等级规定的一部分。美国大麦特殊等级包括枯萎病大麦、麦角病大麦、野蒜大麦、害虫侵染大麦和黑穗病大麦等4种情况。其中，枯萎病大麦是指含有超过4.0%的真菌损伤和/或霉菌损伤籽粒的大麦；麦角病大麦是指含有超过0.10%麦角的大麦；野蒜大麦是指在500 g大麦中含有3粒及以上野蒜瓣，或含有等量全干或部分干燥野蒜瓣的大麦；害虫侵染大麦是指滋生活象甲或其他活仓储害虫的大麦；黑穗病大麦为大麦籽粒遍布黑穗病孢子，产生病菌团块，或菌瘿含量大于0.2%。标注形式如下：美国4级二棱大麦，枯萎病，扣除物 0.5%。

7.3.3 美国大麦品质检验方法

一、设备及器具

设备及器具包括卡特除杂机（配备 6 号粗筛、8 号选筛和 6 号选筛）；钟鼎式分样器；电动筛分机；容重器；凯氏定氮仪；电子天平（精确至 0.01 g）；选筛（等边三角形孔，5/64 in；长孔筛，5/64 in×3/4 in，5.5/64 in×3/4 in）。

二、检验项目

（一）扣除物（Dockage）

扣除物是指根据美国联邦谷物检验局规定的程序，用指定仪器可从原始样品中分离的除小麦以外的物质，包括正常分离过程中不能回收的未熟粒、皱缩粒和瘦小粒。

（二）容重（Test Weight）

容重是指根据联邦谷物检验局规定的程序，使用指定设备检测的每蒲式耳（2 150.42 in^3）的质量。

（三）受冻损伤粒（Injured-by-Frost Kernel）

在成熟前遭受霜冻发生明显凹陷、不熟，或皱缩，或变为浅绿色的大麦整粒及破碎粒；受冻损伤粒不计为损伤粒，属完好大麦；受冻损伤粒是美国啤酒大麦附加检测项目。

（四）霉菌损伤粒（Injured-by-Mold Kernel）

霉菌损伤粒是指带有轻微发霉迹象的含有微小迹象的大大麦粒、其他谷物或野燕麦的整粒或破碎粒，霉菌损伤粒的主要特征是有生有霉菌孢子，或因有气候影响带来风化的迹象；霉菌损伤粒项目只适用于二棱啤酒大麦；霉菌损伤粒不计为损伤粒，属完好大麦；霉菌损伤粒是美国啤酒大麦附加检测项目。

（五）饱满大麦（Plump Barley）

饱满大麦是指根据美国联邦谷物检验局规定的程序，用 6/64 in×3/4 in 筛孔选筛筛分后，留存在筛上的大麦。

（六）瘦小大麦（Thin Barley）

对于啤酒大麦，瘦小大麦是指通过 5/64 in×3/4 in 长孔筛的六棱啤酒大麦，通过 5.5/64 in×3/4 in 长孔筛的二棱啤酒大麦。

对于普通大麦，瘦小大麦是指通过 5/64 in×3/4 in 长孔筛的六棱大麦或二棱大麦。

（七）脱皮粒及破碎粒（Skinned and Broken Kernel）

脱皮粒及破碎粒是指大麦籽粒麸皮 1/3 或 1/3 以上脱落，或胚部麦麸松散、缺失，或籽粒破碎，或籽粒胚部全部、部分缺失。

（八）完善大麦（Sound Barley）

完善大麦是指大麦麦粒的整粒及破碎粒没有受到损伤。完善大麦包括未受损伤的大麦脱皮或破碎籽粒、轻度不熟但未达到损伤的籽粒、受冻损伤粒及霉菌损伤粒。

（九）损伤粒（Damaged Kernel）

损伤粒是指大麦、其他谷物和野燕麦整粒或破碎粒遭受落地损伤、严重气候损伤、病害损伤、冻伤、胚损伤、热损伤、受热损伤、虫蚀、霉变、发芽或者其他损伤。

（1）枯萎病粒（Blight-Damaged Kernel）：大麦麦粒的整粒及破碎粒有1/3或1/3以上的枯萎皱缩；枯萎变色不应该与污渍、气候损伤或水锈渍相混淆；枯萎损伤大于4%枯萎病损伤粒被评定为患有枯萎病。

（2）酿造损伤粒（Malt-Damaged Kernel）：大麦麦粒的整粒及破碎粒经过酿造处理而不同程度发芽。

（3）冻伤粒（Frost-Damaged Kernel）：大麦麦粒的整粒及破碎粒由于受冻而产生严重的皱缩或颜色明显变黑、变棕或变绿。

（4）霉变粒（Mold-Damaged Kernel）：大麦麦粒的整粒及破碎粒由于受到气候影响或有明显的霉变迹象。霉变粒的特征为籽粒单颊或双颊带有黑色或浅灰色斑点或斑块；将霉变粒超过4%的大麦评定为"枯萎病"。

（5）胚损伤粒（病斑或发霉）[Germ-Damaged Kernel（Sick and/or Mold）]：大麦麦粒的整粒及破碎粒呈现呆板、胚部褪色；胚损伤粒是指麦粒的整粒及破碎粒的胚在呼吸过程中由于受热或者霉变而产生变色的麦粒，包括受热损伤的大麦麦粒。

（6）受热损伤粒（Injured-by-Heat Kernel）：由于受热的原因，大麦粒、其他谷物和野燕麦发生有细微轻微变色的褪色。

（7）热损伤粒（Heat-Damaged Kernel）：大麦麦粒的整粒及破碎粒、其他谷物和野燕麦受热导致严重的变色和损伤，热损伤粒是由50 g脱皮样品中检出。

（8）象甲或虫蚀粒（Weevil or Insect-Bored）：象甲或虫蚀粒是指大麦麦粒的整粒及破碎粒被昆虫侵蚀并产生虫蛀空洞。

（9）类霉变物质（Mold-like Substance）：大麦麦粒的整粒有50%或以上面积（或大麦破碎粒）变色并附着类似霉变物质。

（10）发芽损伤粒（Sprout-Damaged Kernel）：大麦麦粒的整粒及破碎粒发芽或胚部膨胀并经检验有发芽迹象。

（十）杂质（Foreign Material）

杂质是指样品在去除扣除物后，留存其中的所有大麦以外的物质、其他谷物和野燕麦。

（十一）野燕麦（Wild Oat）

野燕麦是指野燕麦（*Avena fatua* L. and *A. sterilis* L.）种子。

（十二）破碎粒（Broken Kernel）

破碎粒是指籽粒 1/4 以上缺失的大麦籽粒。

（十三）其他谷物（Other Grain）

其他谷物包括黑大麦、油菜籽、玉米、种植荞麦、单粒小麦、双粒小麦、亚麻籽、瓜儿豆、去壳大麦、去壳燕麦、非谷物高粱、脱壳燕麦、燕麦、抛光小麦、爆裂玉米、圆锥小麦、稻谷、黑麦、红花籽、高粱、大豆、斯佩尔特小麦、葵花籽、粟米、黑小麦和小麦。

三、检验方法

（一）检验流程

进口美国大麦品质检验项目所需各项试样和存查样品用钟鼎式分样器按照图 7-2 的步骤进行制备。

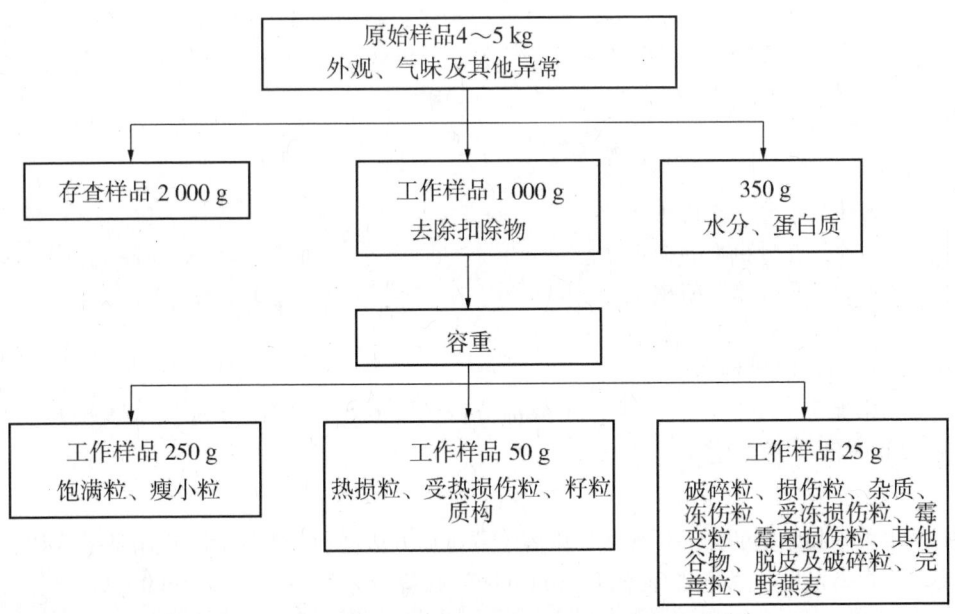

图 7-2 美国大麦品质检验流程

（二）外观及气味

外观及气味检验主要在扦样现场进行，但实验室检验人员须在缩分平均样品前进一步检验。

（1）感官鉴定：主要根据检验人员的感官对大麦的色泽、类型、等级、健全程度以及气味等进行检验；怀疑样品有异味难以判断，可用温水浸泡嗅辨，或制成食品品尝。

（2）化学或仪器分析法：对于某些不易判断其性质或程度的异味、异物，可用国内外通用的化学或仪器分析方法，进一步作定性定量分析。

（三）水分及蛋白质

在去除扣除物之前，取约350 g样品进行水分检测。常规分析方法见3.4。也可使用Dickey-john GAC2100谷物水分分析仪进行水分测定。

以凯氏定氮法或其他等效方法检测蛋白质含量，详见3.4。

（四）扣除物

卡特除杂机操作详见4.3。将卡特除杂机气流设置为4、进样设置为6，并分别在粗筛、顶层、中层选筛托架内插入6号粗筛、8号选筛和6号选筛。将约1 000 g样品（S）倒入卡特除杂机漏斗内筛分，将气流承接盘内（A），越过6号粗筛（C），通过6号选筛（B）的分离物合并即为扣除物，另外，应检查越过6号选筛的分离物，如果含有超过0.1%的野荞麦、芥菜籽或类似种子，则须用5/64 in等边三角形孔筛重新筛分，并将筛下物（F）并入扣除物。将合并后的扣除物以精确至0.1 g天平称量，按下式计算扣除物百分率：

$$扣除物(\%) = \frac{A + C + B + F}{S} \times 100$$

A为被气流分离的物质（g）；
C为流过6号粗筛的物质（g）；
B为通过6号选筛的物质（g）；
F为三角形孔筛的筛下物（g）；
S为样品质量（g）。

结果保留至小数点后一位，小数部分修约至0.5。例如，0.50至0.99修约成0.5；1.00至1.49均修约成1.0。

（五）容重

将去除扣除物的样品按照4.3中容重器操作方法进行容重检验，记录结果。如有要求，根据以下公式将磅/蒲式耳（Lbs/bu）换算成公斤/百升（kg/hL）：1磅/蒲式耳（Lbs/bu）×1.287 = 1公斤/百升（kg/hL）。磅/蒲式耳的结果保留至小数点后一位，并修约至0.5磅；公斤/百升的结果保留至小数点后一位。

（六）饱满粒、瘦小粒

1. 饱满粒

分取250 g已去除扣除物的样品，称量（M），精确至0.1 g。用6/64 in×3/4 in筛孔选筛筛分后，留存在筛上的大麦即为饱满粒。可采用电动筛分法，也可以采用手动筛分法。电动筛分法见4.2。手动筛分法见3.2。称量筛上物（m_{Pl}），精确至0.1 g，按照以下公式计算饱满粒百分含量（Pl,%）：

$$饱满粒(\%) = \frac{m_{Pl}}{M} \times 100$$

结果保留至整数个位。

2. 瘦小粒

分取 250 g 已去除扣除物的样品，称量（M），精确至 0.1 g；用 5/64 in × 3/4 in 检验六棱啤酒大麦、六棱大麦或二棱大麦，用 5.5/64 in × 3/4 in 长孔筛检验二棱啤酒大麦，通过选筛的大麦即为瘦小粒。可采用电动筛分法，也可以采用手动筛分法。电动筛分法见 4.2。手动筛分法见 3.2。称量筛下物（m_{thin}），精确至 0.1 g，按照以下公式计算瘦小粒百分含量（thin,%）：

$$瘦小粒(\%) = \frac{m_{thin}}{M} \times 100$$

结果保留至小数点后一位。在需同时检验饱满粒和瘦小粒时，可采用叠放选筛的方法同时检验两个项目。计算方法同上。

（七）热损粒、受热损伤粒、籽粒质构检验

1. 热损伤粒

分取 50 g 已去除扣除物的样品，将样品放入大麦脱皮机中进行脱皮操作，设置为"全部标准脱皮"，大麦脱皮后，重新称样（N），精确至 0.1 g，按照热损粒籽粒特征挑拣出热损伤粒，称量（m_{ht}），精确至 0.1 g。按照以下公式计算热损伤粒百分含量（ht,%）：

$$热损伤粒(\%) = \frac{m_{ht}}{N} \times 100$$

结果保留至小数点后一位。

2. 受热损伤粒

分取 50 g 已去除扣除物的样品，将样品放入大麦脱皮机中进行脱皮操作，设置为"脱皮 1/3"，大麦脱皮后，重新称样（N），精确至 0.1 g。按照受热损伤籽粒特征挑拣出受热损伤粒，称量（m_{ibht}），精确至 0.1 g。按照以下公式计算受热损伤粒百分含量（ibht,%）：

$$受热损伤粒(\%) = \frac{m_{ibht}}{N} \times 100$$

结果保留至小数点后一位。

3. 籽粒质构

分取 50 g 已去除扣除物的样品，将样品放入大麦脱皮机中进行脱皮操作，设置为"脱皮 1/3"，大麦脱皮后，重新称样（N），精确至 0.1 g。六棱啤酒大麦应含有 90% 或以上具白色糊粉层的籽粒。六棱蓝色啤酒大麦应含有 90% 或以上具蓝色糊粉层的籽粒。手工挑拣出符合上述特征的籽粒，称量（m_{whal}/m_{blal},%），精确至 0.1 g，并按照以下公式计算白色糊粉层/蓝色糊粉层籽粒含量（whal/blal,%）：

$$籽粒质构(\%) = \frac{m_{whal/blal}}{N} \times 100$$

结果保留至小数点后一位。

(八) 杂质、总损伤粒、脱皮及破碎粒、其他谷物、野燕麦、完善粒检验

分取 25 g 已去除扣除物的样品，称量（m），精确至 0.1 g。大麦损伤粒包括枯萎病粒、麦芽损伤粒、霉变粒、胚损伤粒、热损伤粒、象甲或虫蚀粒、类霉变物质、发芽损伤粒，可参见第 10 章图谱进行检验。将挑拣出的杂质（fm）、总损伤（dkt）、脱皮及破碎（skbn）、其他谷物（og）、野燕麦（wo）等进行称量，精确至 0.01 g，并按下式进行计算：

$$杂质(\%) = \frac{m_{fm}}{m} \times 100$$

$$总损伤(\%) = \frac{m_{dkt}}{m} \times 100$$

$$脱皮及破碎(\%) = \frac{m_{skbn}}{m} \times 100$$

$$其他谷物(\%) = \frac{m_{og}}{m} \times 100$$

$$野燕麦(\%) = \frac{m_{wo}}{m} \times 100$$

结果保留至小数点后一位。

(九) 完善粒

完善粒包括以下四类：未受损伤的脱皮粒和破碎粒；未受损伤的破碎粒；在其他方面未受损伤的绿色未熟粒和被鉴别为冻伤粒或者发霉粒的麦粒，不包括损伤粒和大麦以外的物质。完善粒（sbly）计算方法为 100% 减去总损伤粒、杂质、其他谷物和野燕麦的百分含量总和，详见以下公式：

$$完善粒(\%) = 100 - (dkt + fm + og + wo)$$

结果保留至小数点后一位。

四、其他事项

(一) 数字修约

美国大麦品质检验结果数值修约参见美国大豆品质检验数值修约规定。

(二) 检验证书

(1) 每一货舱的检验结果，按该仓各小批结果算术平均计算求得，全船结果按各舱货物装载量加权平均计算求得。

(2) 检验证书各项目的结果取位数如表 7-11 所示。

表 7–11 美国大麦品质检验结果保留位数

检验项目	结果保留位数
水分（%）	0.1
蛋白质（%）	0.1
扣除物（%）	0.5
容重	0.5 Lbs/bu，或 0.1 kg/hL
饱满粒（%）	1.0
瘦小粒（%）	0.1
热损粒（%）	0.1
受热损伤粒（%）	0.1
籽粒质构（%）	1.0
杂质（%）	0.1
总损伤粒（%）	0.1
脱皮及破碎（%）	0.1
其他谷物（%）	0.1
野燕麦（%）	0.1
完善大麦（%）	0.1

（3）评定：依据贸易合同规定的有关品质条款或/和标样，对照检验结果和现场工作报告综合评定。

（三）存查样品

存查样品要求从平均样品中逐批分取制备，做好标识，在通风、干燥、防虫条件下保存。合同规定索赔期限的，存查样品保存到合同规定的索赔有效期期满为止；合同未规定索赔期限的，样品保存半年。检验不合格的，按相关规定保存。

7.4 加拿大大麦品质检验

7.4.1 加拿大大麦标准

加拿大大麦最新标准是加拿大谷物委员会（CGC）于2012年修订颁布的《官方谷物分级指南》。该标准规定了组别、类型和种类、商业洁净检验、扣除物检验、分级项目和检验、分级和分级要求、出口装船检验规定以及出口级别要求。标准规定了等级评定项目32项，涵盖了质量指标、损伤和外来物。取样方案根据实际需要制备检验用代表性样品，每个项目均对应最小、优选和最大取样量等三类，其中最大取样量为出口检验样品量。该标准还规定了商业洁净检验过程,通过商业洁净检验,初步评估小型外来种子和其他杂质含量,进而确定是否需要进行扣除物检验,为大麦品质检验提供了多种方法选择。

7.4.2 加拿大大麦分级

一、加拿大大麦组别

根据用于酿造、食品加工和一般目的等最终用途的不同,加拿大大麦分为啤酒大麦、食用大麦和一般用途大麦等3个组别。

(一) 啤酒大麦

只有列于啤酒大麦种类名录中的大麦种类可进行啤酒大麦等级评定。每年实际上只有约20%的啤酒大麦产品被选用,其他80%则在国内用于动物饲料,或作为饲料出口,或被选择用于食品等级。注册的饲料大麦不适用于麦芽制造和酿造,而只能用于制造动物饲料。

(二) 食用大麦

食用大麦可以是任何选择用于食品市场的大麦种类(带壳或无壳)。食品加工企业对食用大麦的兴趣正逐渐增加。食用大麦应用于食品的例子很多,如早餐谷物、米状产品(粉碎或抛光加工)、增稠产品、健康食品、茶等。

(三) 一般用途大麦

一般用途等级包括未被选用为酿造或生产食品的带壳和脱壳大麦;一般用途大麦主要用于制造动物饲料。

二、加拿大大麦类型

(一) 带壳大麦

带壳大麦是指在收货后颖壳仍附着籽粒上的大麦品种,带壳大麦可能是二棱或六棱大麦。

(二) 脱壳大麦

脱壳大麦是指颖壳松散地附着于大麦籽粒上的大麦品种,其颖壳附着力很弱,以至于在田间收割时即已脱落。生产企业通常称这种类型大麦为"裸"大麦。脱壳大麦品种可能是二棱或六棱大麦。

(三) 二棱大麦

大麦麦穗上有两行籽粒竖向排列。

(四) 六棱大麦

大麦麦穗上有六行籽粒竖向排列,由两组、每组3颗籽粒组成。

(五) 加拿大大麦等级和等级评定

加拿大大麦等级在组别中进一步按照类型划分。啤酒大麦和食用大麦中带壳二棱、带壳六棱、脱壳二棱和脱壳六棱各对应一个大麦等级，一般用途大麦中带壳和脱壳各对应两个等级。加拿大大麦等级评定项目限量中除规定具体类型损伤外，每一个杂质子项也决定着大麦的等级。

加拿大啤酒大麦等级评定项目有两类，分别为损伤和外来物，共计12个项目，分别为带壳粒、炭化粒、冻伤粒、镰刀菌损伤、热损粒、腐烂和严重霉变粒、麦角、粪便、核盘菌、石块、不可分离种子、大粒油籽等（见表7-12）。

加拿大食用大麦等级评定项目有3类15项，包括带壳粒、其他脱壳种类、带壳粒总量、破碎粒、炭化粒、冻伤粒、热损/腐烂/严重霉变粒、发芽粒、麦角、粪便、不可分离种子、其他粮谷、核盘菌、石块和杂质总量等（见表7-13、表7-14）。

加拿大一般用途大麦等级评定项目包括3类18项，分别为容重、带壳种类、其他脱壳种类、带壳粒总量、完善程度、破碎粒、炭化粒、镰刀菌损伤、热损/腐烂/严重霉变粒、发芽粒、麦角、粪便、不可分离种子、其他粮谷、核盘菌、石块、野燕麦和杂质总量等（见表7-15至表7-17）。

表7-12 加拿大啤酒大麦等级规定

等级	品种	损伤						质量标准 外来物					
		带壳粒(%)	炭化粒(%)	冻伤粒(%)	镰刀菌损伤(%)	热损粒(%)	腐败及严重霉变粒(%)	麦角(%)	粪便(%)	核盘菌(%)	石块(%)	不可分离种子(%)	大粒油籽
带壳 专用CW/CE二棱啤酒大麦	属于CW/CE二棱啤酒大麦组别的任何品种	不适用	不得检出	2.0	0.2	0.1	不得检出	0.025	0.01	0.025	0.02	0.2	不得检出
带壳 专用CW/CE六棱啤酒大麦	属于CW/CE六棱啤酒大麦组别的任何品种	不适用	不得检出	2.0	0.2	0.1	不得检出	0.025	0.01	0.025	0.02	0.2	不得检出
脱壳 专用CW/CE二棱脱壳啤酒大麦	属于CW/CE二棱脱壳大麦组别的任何品种	5	不得检出	2.0	0.2	0.1	不得检出	0.025	0.01	0.025	0.02	0.2	不得检出
脱壳 专用CW/CE六棱脱壳啤酒大麦	属于CW/CE六棱脱壳大麦组别的任何品种	5	不得检出	2.0	0.2	0.1	不得检出	0.025	0.01	0.025	0.02	0.2	不得检出

续表 7-12

等级	品种	质量标准											
		损伤						外来物					
		带壳粒(%)	炭化粒(%)	冻伤粒(%)	镰刀菌损伤(%)	热损粒(%)	腐败及严重霉变粒(%)	麦角(%)	粪便(%)	核盘菌(%)	石块(%)	不可分离种子(%)	大粒油籽
不符合专用 CW/CE 二棱/六棱(脱壳)啤酒大麦规格时的分级	不属于啤酒大麦专用种类,仅适用于样品级 CW/CE 二棱/六棱(脱壳)啤酒大麦	样品级专用 CW/CE 二棱/六棱啤酒大麦,带壳粒	样品级专用 CW/CE 二棱/六棱啤酒大麦,炭化粒	样品级专用 CW/CE 二棱/六棱啤酒大麦,冻伤粒	样品级专用 CW/CE 二棱/六棱啤酒大麦,镰刀菌	样品级专用 CW/CE 二棱/六棱啤酒大麦,热损	样品级专用 CW/CE 二棱/六棱啤酒大麦,腐败及严重霉变	样品级专用 CW/CE 二棱/六棱啤酒大麦,麦角	样品级专用 CW/CE 二棱/六棱啤酒大麦,粪便	样品级专用 CW/CE 二棱/六棱啤酒大麦,核盘菌	样品级专用 CW/CE 二棱/六棱啤酒大麦,石块	样品级专用 CW/CE 二棱/六棱啤酒大麦,不可分离种子	样品级专用 CW/CE 二棱/六棱啤酒大麦,大粒油籽

注：CW 表示"加拿大西部"，CE 表示"加拿大东部"，以下缩略与此同。

表7-13 加拿大食用大麦等级规定（一）

等级	质量标准					损伤		
	带壳粒（%）	其他脱壳种类（%）	带壳粒总量（%）	破碎粒（%）	炭化粒（%）	冻伤粒（%）	热损、腐败、严重霉变（%）	发芽粒（%）
带壳 专用CW/CE二棱食用大麦	不适用	—	—	4	不得检出	2	0.2	不适用
带壳 专用CW/CE六棱食用大麦	不适用	—	—	4	不得检出	2	0.2	不适用
脱壳 专用CW/CE二棱脱壳食用大麦	视为其他粮谷	5	5	4	不得检出	2	0.2	不适用
脱壳 专用CW/CE六棱脱壳食用大麦	视为其他粮谷	5	5	4	不得检出	2	0.2	不适用
不符合食用大麦规格时的分级	≤50%，样品级专用CW/CE食用大麦，带壳粒	—	样品级专用CW/CE食用大麦，带壳粒	样品级专用CW/CE食用大麦，破碎粒	样品级专用CW/CE食用大麦，炭化粒	样品级专用CW/CE食用大麦，冻伤粒	样品级专用CW/CE食用大麦，热损粒	样品级专用CW/CE食用大麦，发芽粒

表7-14 加拿大食用大麦等级规定（二）

等级		麦角（%）	粪便（%）	不可分离种子（%）	其他粮谷（%）	核盘菌（%）	石块（%）	总量（%）
带壳	专用CW/CE二棱食用大麦	0.02	0.01	0.2	2.0	0.02	0.02	2
	专用CW/CE六棱食用大麦	0.02	0.01	0.2	2.0	0.02	0.02	2
脱壳	专用CW/CE二棱脱壳食用大麦	0.02	0.01	0.2	2.0	0.02	0.02	2
	专用CW/CE六棱脱壳食用大麦	0.02	0.01	0.2	2.0	0.02	0.02	2
不符合食用大麦规格时的分级		样品级专用CW/CE食用大麦，麦角	样品级专用CW/CE食用大麦，粪便	样品级专用CW/CE食用大麦，杂质	≤50% - 混合物，CW/CE大麦	样品级专用CW/CE食用大麦，杂质	≤2.5% - 拒收大麦（CW），石块或样品级高于2.5%石块-样品级残损大麦	≤50% - 混合物，CW/CE大麦

表 7-15 加拿大一般用途大麦等级规定(一)

等级		质量标准					
		最小容重 [kg/hL(g/0.5L)]		带壳种类 (%)	其他脱壳种类 (%)	带壳粒总量 (%)	完善程度
		CW	CE				
带壳	1级 CW/CE	63(303)	60(288)	—	—		较甜,允许冻伤、气候变色或其他损伤
	2级 CW/CE	57(274)	54(260)	—	—		很甜,由于不熟或严重损伤降级的大麦
脱壳	1级 CW/CE 脱壳	72(352)	72(352)	10	无限值	10	较甜,允许冻伤、气候变色或其他损伤
	2级 CW/CE 脱壳	65(314)	65(314)	20	无限值	20	很甜,由于不熟或严重损伤降级的大麦
不符合2级规格时的等级		样品级 CW 大麦,轻质	样品级 CE 大麦,轻质				—

表 7-16 加拿大一般用途大麦等级规定（二）

等级		损伤				
		破碎粒 (%)	炭化粒 (%)	镰刀菌损伤 (%)	热损、腐烂、严重霉变 (%)	发芽粒 (%)
带壳	1级 CW/CE	15	不得检出	1.0	0.5	10
	2级 CW/CE	25	0.5	1.0	2.5	20
脱壳	1级 CW/CE 脱壳	15	不得检出	1.0	0.5	10
	2级 CW/CE 脱壳	25	0.5	1.0	2.5	20
不符合2级规格时的等级		样品级 CW 大麦,破碎粒	样品级 CW 大麦,炭化粒	样品级 CW 大麦,镰刀菌	样品级 CW 大麦,热损	样品级 CW 大麦,发芽粒

表 7-17 加拿大一般用途大麦等级规定（三）

等级		外来物							
		麦角(%)	粪便(%)	不可分离种子(%)	其他粮谷(%)	核盘菌(%)	石块(%)	野燕麦(%)	总量(%)
带壳	1 级 CW/CE	0.05	0.020	0.2	2.5	0.05	0.15	1.0	2.5
	2 级 CW/CE	0.10	0.020	0.2	8.0	0.10	0.15	2.5	10.0
脱壳	1 级 CW/CE 脱壳	0.05	0.020	0.2	2.5	0.05	0.15	1.0	2.5
	2 级 CW/CE 脱壳	0.10	0.020	0.2	8.0	0.10	0.15	2.5	10.0
不符合 2 级规格时的等级		样品级 CW 大麦，麦角	样品级 CW 大麦，粪便	样品级 CW 大麦，杂质	≤50%－混合谷物 CW/CE 大麦	样品级 CW 大麦，杂质	≤2.5%－拒收大麦（CW），石块或样品级 CE 大麦高于 2.5% 石块－样品级残损大麦	≤50%－混合谷物 CW/CE 大麦	≤50%－混合谷物 CW/CE 大麦

7.4.3 加拿大大麦品质检验方法

一、设备和器具

卡特除杂机，配备 4.5 号（直径 1.79 mm 圆孔）选筛、6 号（3.57 mm × 19.05 mm 长孔）塑料粗筛、5 号荞麦（边长 1.98 mm 三角孔）选筛和 6 号荞麦（边长 2.26 mm 三角孔）选筛；钟鼎式分样器，5 号长孔筛（1.98 mm × 19.05 mm 长孔），6 号长孔筛（2.38 mm × 19.05 mm 长孔），电动筛分机，容重器，电子天平（精确至 0.1 g、0.01 g 和 0.001 g）等。

注：加拿大谷物委员会《官方谷物分级指南》中统一规定了选筛规格，包括卡特除杂机配套筛，并以编号表示。本章涉及的选筛均同时列出编号及筛孔规格，如需查阅其他选筛，可查阅《官方谷物分级指南》第 3 部分"选筛规格说明"。

二、检验项目

（一）带壳粒（Adhered hull）

带壳粒是指在收获过程中颖壳未被去除的大麦脱壳种类籽粒。

（二）其他大麦（Barley of other type）

二棱大麦中，其他大麦是指任何六棱大麦；六棱大麦中，其他大麦是指任何二棱大麦。

（三）破碎粒（Broken）

破碎粒是指保留部分少于整粒 3/4 的碎粒和胚端脱落的籽粒。

（四）污染谷物（Contaminated Grain）

污染谷物是指谷物含有任何足量不适于人类或动物消化的物质，或以食品及药品法中所禁止的方式掺入物质的谷物。

（五）黑穗病（Smut）

黑穗病是由两种近缘真菌（*Tilletia caries* 和 *Tilletia foetida*）引起的植物疾病，被感染谷物会散发出鱼腥味；被感染植株顶端籽粒被菌瘿侵占，内有黑色真菌孢子粉末。

（六）土壤颗粒（Earth Pellet）

硬质土壤颗粒是指在轻度挤压作用下不破碎的颗粒；软质土壤颗粒是指在轻度挤压作用下即破碎的颗粒。

（七）麦角病（Ergot）

麦角病是一种植物病害，常生成细长状菌瘿，外部颜色为黑紫色，内部呈紫白色至灰白色，表面较光滑。

（八）肥料颗粒（Fertilizer Pellet）

肥料颗粒典型特征为细小、圆形或不规则形，颜色呈白色、粉色或红色；肥料颗粒不被视为有害物质，但感官检验方法无法区分肥料颗粒和其他物质。

（九）炭化粒（Fireburnt）

炭化粒为被火烧焦状。炭化粒横截面类似于带有很多孔洞的焦炭，这些孔洞导致籽粒变轻且挤压后极易破碎。

（十）冻伤粒（Frost）

对于带壳种类大麦，籽粒背部具有明显锯齿状特征，且常常外壳松动。由于霜冻使外壳轻微褶皱的籽粒不作为冻伤粒。对于脱壳种类大麦，冻伤粒常具有褶皱和透明的胚乳。

（十一）镰刀霉菌损伤（Fusarium Damage）

大麦镰刀霉菌损伤粒常被粉红色、橙色或黑色镰刀霉菌形成的坚硬外壳包被。在放大镜下，可见黑色硬壳自籽粒表面隆起并被白色霉菌包被，黑色硬壳可被剥脱。

(十二）热损粒（Heated）

热损粒常具有典型的仓储变质或人工烘干的色泽和气味，热损粒的胚部颖壳常变色为金黄色。

(十三）无法分离的种子（Inseparable Seed）

无法分离的种子是指用清选工艺无法去除的植物种子，通常为大颗粒种子，包括粮谷以外谷物，如豌豆、大豆、玉米、亚麻籽和种植荞麦。

(十四）霉变粒（Mildew）

霉变粒是指在过度潮湿情况下未脱壳籽粒发生霉变，受影响的籽粒通常颜色发灰、质量下降。在检验霉变粒时，应考虑霉变粒数量及其严重程度。

(十五）其他谷物（Other Cereal Grain）

其他谷物包括残存于净样中的小麦、黑麦、燕麦或黑小麦。在大麦样品中思佩尔特小麦和卡姆特小麦可作为其他谷物。

(十六）脱皮粒及破碎粒（Peeled and Broken）

脱皮粒及破碎粒至少具有下列特征之一：1/3 或以上颖壳脱落，包括脱壳大麦籽粒；胚部全部外露；覆盖胚部的颖壳严重磨损破裂，且无发芽迹象；籽粒两侧颖壳脱落。

(十七）饱满粒及瘦小粒（Plump and Thin Kernel）

检验饱满粒和瘦小粒的过程称为规格检验。饱满粒是指筛分后留存于 6 号长孔筛上的籽粒；瘦小粒是指筛分后通过 5 号长孔筛的籽粒。上述特征为啤酒大麦特征。

(十八）腐烂粒（Rotted Kernel）

腐烂粒是指由于霉菌或细菌分解作用导致籽粒变色、膨胀、软化和海绵化。检验腐烂粒时要合并考虑严重霉变和热损粒。

(十九）核盘菌（Sclerotinia Sclerotiorum）

核盘菌是一种可产生称为麦角硬粒的坚硬团块真菌组织的真菌。麦角硬粒具有不同的大小和形状，表面粗糙，外表颜色从深黑色、灰色至白色，内部呈纯白色。

(二十）严重霉变（Severely Mildewed）

严重霉变是指由于霉变使籽粒严重变黑。检验严重霉变时合并考虑腐烂粒和热损粒。

(二十一）发芽粒（Sprouted）

发芽粒是指具有明显发芽迹象的籽粒。

(二十二）石块（Stone）

石块是指岩石、煤块、硬质土壤颗粒，以及其他具有类似硬度的无毒物质。肥料颗粒在 1.0% 及以下净样含量时归为石块。

（二十三）容重（Test Weight）

容重是指一定体积的谷物的重量，以 kg/hL 表示。如果大麦样品含有附着麦芒致使容重结果下降并影响其等级，则按照分级附加清选程序进行处理。

（二十四）经处理的种子和其他化学物质（Treated Seed and Other Chemical Substanced）

经处理的种子是指出于农业目的包被了农业化学物质的谷物，这些种子包衣中含有为使处理的种子醒目而添加的染料，染料颜色依处理类型和谷物种类而异。目前加拿大杀虫剂种子处理的颜色标准为：粮食用粉色或红色，油菜籽用婴儿蓝或绿色。孕育剂处理种子可带绿色。包衣或染色可呈油性或粉质外观，并且表面颜色分布可从斑点状至整个覆盖。

其他化学物质是指附着于籽粒上或残存样品中的任何化学物质，也指样品带有任何种类化学物质气味。

（二十五）带壳种类（Varieties with adhered hull）

对于选用食品脱壳大麦，带壳种类视为其他谷物；对于一般用途脱壳大麦，带壳种类是指任何非脱壳种类大麦籽粒。

（二十六）气候损伤（Weathered）

气候损伤是指籽粒遭受气候影响颜色变为深黄色或浅棕色。严重气候损伤籽粒会严重变色，可呈深棕色、深度着色或明显脱色，也会发生霉变。当检查样品主体色泽时应考虑受影响的籽粒数量及其状况。

（二十七）野燕麦（Wild Oat）

野燕麦是一种一年生杂草种子，其颜色呈白色至黑色，通常比种植燕麦细长，在籽粒根部，带有一倾斜、环形、有时称为吸盘的凹陷疤痕，兼具弯曲扭转的麦芒。

三、检验方法

（一）检验流程

进口加拿大大麦品质检验项目所需各项试样和存查样品用钟鼎式分样器按照图7-3的步骤进行制备。

（二）外观及气味

外观及气味检验主要在扦样现场进行，但实验室检验人员须在缩分平均样品前进一步检验。

（1）感官鉴定：主要依检验人员的感官对大麦的色泽、类型、等级、健全程度以及气味等进行检验；怀疑样品有异味难以判断，可用温水浸泡嗅辨，或制成食品品尝。

（2）化学或仪器分析法：对于某些不易判断其性质或程度的异味、异物，可用国内外通用的化学或仪器分析方法，进一步作定性定量分析。

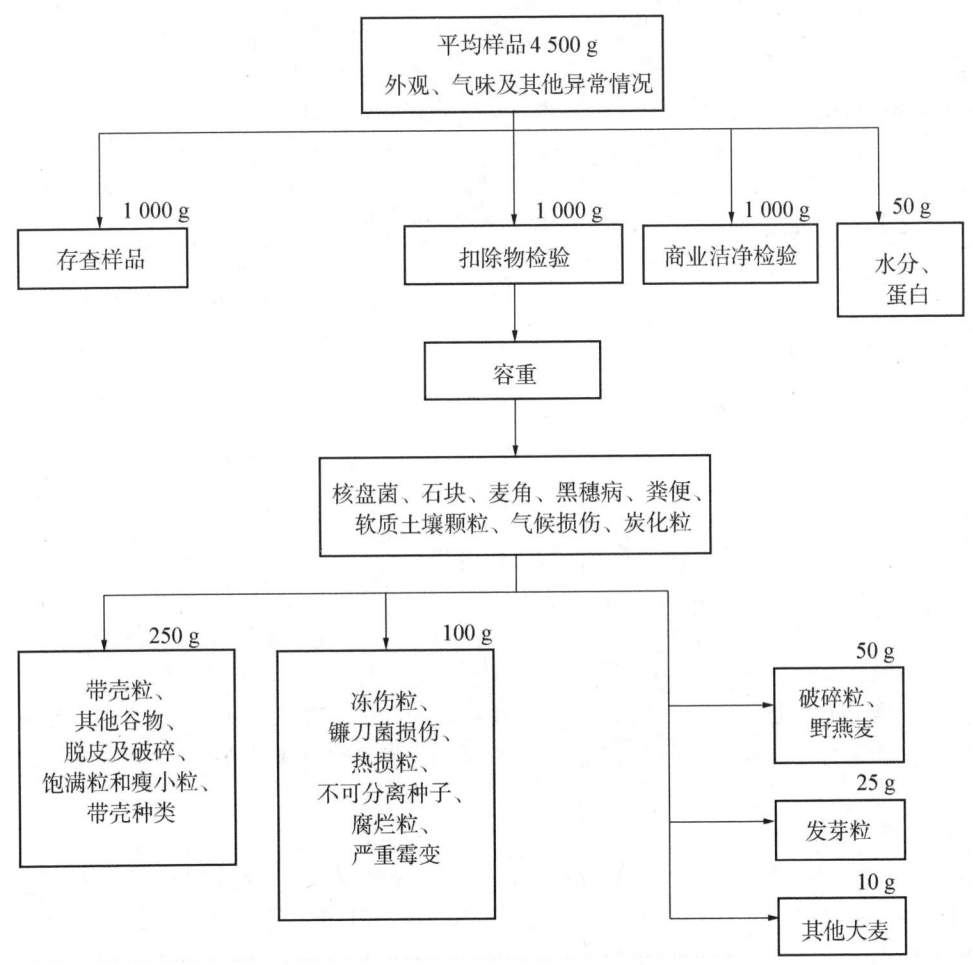

图 7-3 加拿大大麦品质检验流程

(三) 水分及蛋白质

在去除扣除物之前,取约 50 g 样品进行水分检测。常规分析方法见 3.4。
以凯氏定氮法或其他等效方法检测蛋白质含量,详见 3.4。

(四) 商业洁净

所有样品应在扣除物检测之前进行商业纯净检验。如果即使不按照下列规定的卡特除杂机分离和称量,也可判断样品中不含超过 0.1% 的小颗粒种子,则可进行接下来的扣除物检测程序;若对样品是否商业纯净有任何怀疑,则样品必须先按照下述程序进行确认商业纯净,然后再进行扣除物检验。

以钟鼎式分样器缩分出代表性份样 1 000 g。

将卡特除杂机按照如下设置：进样设置为5，气流控制设置3，粗筛空置，顶筛插入4.5号圆孔筛，中层和底层空置，将样品倒入卡特除杂机漏斗内进行清选。

称量通过4.5号圆孔筛的小颗粒种子的重量并计算其百分含量，判定是否符合分级中小颗粒种子的商业洁净要求，商业洁净限量见表7-18。

表7-18 加拿大大麦商业洁净要求

等级	小粒种子（%）	小粒种子、粉末、灰尘、谷壳及粗杂质总和（%）
CW 二棱啤酒/食用大麦	0.1	0.3
CW 六棱啤酒/食用大麦	0.1	0.3
1 级 CW	0.1	0.3
2 级 CW	0.1	0.3

越过4.5号圆孔筛的物质用钟鼎式分样器缩分至不少于250g的代表性份样。人工挑拣出粗杂质，计算粗杂含量。

将所有通过4.5号圆孔筛的物质与经气流分离出的灰尘及谷壳、手捡粗杂质合并，检验是否符合分级中小颗粒种子、粉末、灰尘、谷壳和粗杂质。

根据上述规定的步骤，如果表7-16中项目的百分含量超过限量，则判定样品为非商业纯净。对于非商业洁净的样品，应根据扣除物检验中规定的程序，进行扣除物检验。

（五）扣除物

卡特除杂机操作详见4.3。将卡特除杂机气流设置为6，进样设置为5，并分别在粗筛、顶层、中层选筛托架内插入6号粗筛、6号荞麦顶筛和5号荞麦中层筛。将约1 000 g样品（S）倒入卡特除杂机漏斗内筛分，将气流承接盘内（A），越过6号粗筛（C），越过6号荞麦选筛（D），通过5号荞麦选筛（B）的分离物合并即为扣除物。将合并后的扣除物以精确至0.1g的天平称量，按下式计算扣除物百分率：

$$扣除物(\%) = \frac{A + C + D + B}{S} \times 100$$

A 为被气流分离的物质（g）。
C 为越过6号粗筛的物质（g）。
D 为越过6号芥麦选筛的物质（g）。
B 为通过5号芥麦选筛的物质（g）。
S 为样品质量（g）。
结果保留至小数点后一位。

（六）容重

将去除扣除物的样品按照4.3中容重器操作方法进行容重检验，记录结果。容重结果单位为 kg/hL。如果大麦籽粒普遍带有麦芒，应将麦芒磨掉，用适当孔径的选筛筛除后，再测容重。结果保留至整数个位。

（七）杂质（总量）

按照流程图 7-3 中描述的流程，分取要求的杂质子项样品用量，根据项目定义中的描述挑拣出后，分别称重并计算，具体如下。

1. 麦角（ERG）

取 1 000 g（S）已去除扣除物的样品，挑拣出麦角并称重（W_{ERG}），按下式计算：

$$麦角(\%) = \frac{W_{ERG}}{S} \times 100$$

2. 粪便（EXCR）

取 1000 g（S）已去除扣除物的样品，挑拣出动物粪便并称重（W_{EXCR}），按下式计算：

$$粪便(\%) = \frac{W_{EXCR}}{S} \times 100$$

3. 核盘菌（SCL）

取 1 000 g（S）已去除扣除物的样品，挑拣出核盘菌病粒并称重（W_{SCL}），按下式计算：

$$核盘菌(\%) = \frac{W_{SCL}}{S} \times 100$$

4. 石块（STNS）

取 1 000 g（S）已去除扣除物的样品，挑拣出石块并称重（W_{STNS}），按下式计算：

$$石块(\%) = \frac{W_{STNS}}{S} \times 100$$

5. 不可分离种子（INSEP SDS）

取 100 g（S）已去除扣除物的样品，挑拣出不可分离种子并称重（$W_{INSEP\,SDS}$），按下式计算：

$$不可分离种子(\%) = \frac{W_{INSEPSDS}}{S} \times 100$$

6. 其他粮谷（OCG）

取 250 g（S）已去除扣除物的样品，挑拣出其他粮谷籽粒并称重（W_{OCG}），按下式计算：

$$其他粮谷(\%) = \frac{W_{OCG}}{S} \times 100$$

7. 野燕麦（WO）

取 50 g（S）已去除扣除物的样品，挑拣出其他粮谷籽粒并称重（W_{WO}），按下式计算：

$$野燕麦(\%) = \frac{W_{WO}}{S} \times 100$$

杂质总量（FM）计算公式：

$$杂质总量(\%) = 麦角(\%) + 粪便(\%) + 核盘菌(\%) + 石块(\%) + \\ 不可分离种子(\%) + 其他粮谷(\%) + 野燕麦(\%)$$

上述杂质子项中，麦角、核盘菌和石块结果保留至小数点后 2 位，粪便保留至小数点后 3 位，杂质总和及其他均保留至小数点后 1 位。

（八）饱满粒、瘦小粒

加拿大大麦饱满粒及瘦小粒用卡特除杂机进行检验，卡特除杂机按如下设置：气流设置至关闭，进样设置为 5，粗筛空置，顶层和中层分别插入 6 号和 5 号长孔筛，底层空置。将约 250 g 去除扣除物的样品（S）倒入卡特除杂机漏斗内筛分，越过 6 号筛的分离物为饱满粒（PLMP），通过 5 号筛的为瘦小粒（THIN），分别收集并称重，按下式计算饱满粒及瘦小粒百分率：

$$饱满粒(\%) = \frac{W_{PLMP}}{S} \times 100$$

$$瘦小粒(\%) = \frac{W_{THIN}}{S} \times 100$$

饱满粒和瘦小粒结果保留至小数点后 1 位。

（九）损伤粒（总量）

1. 破碎粒

分取 50 g 样品（S）已去除扣除物的样品，挑拣出大麦破碎粒（BKN），称重，按下式计算破碎粒百分含量：

$$破碎粒(\%) = \frac{W_{BKN}}{S} \times 100$$

2. 炭化粒

以 1 000 g 样品（S）去除扣除物样品为基础检验炭化粒（FBNT），挑拣出大麦炭化粒，称重，按下式计算炭化粒百分含量：

$$炭化粒(\%) = \frac{W_{FBNT}}{S} \times 100$$

3. 镰刀菌损伤粒

分取 100 g 样品（S）已去除扣除物的样品，挑拣出镰刀菌损伤籽粒（FUSDMG），使用放大镜进行确认观察。称重，按下式计算镰刀菌损伤百分含量：

$$镰刀菌损伤粒(\%) = \frac{W_{FUSDMG}}{S} \times 100$$

4. 热损伤粒

分取 100 g 样品（S）已去除扣除物的样品，碾磨去稃 10 s，磨去外稃后，胚部一般呈现红色或褐色，随着热损程度增高，籽粒变色范围越大。挑拣出热损粒（HTD），称重，按下式计算热损粒百分含量：

$$热损伤粒(\%) = \frac{W_{HTD}}{S} \times 100$$

5. 发芽粒

分取 25 g 样品（S）已去除扣除物的样品，对于带壳啤酒大麦，碾磨去稃 2～3 s，检查发芽迹象；对于食用大麦和一般用途大麦，则不进行去稃处理。挑拣出大麦发芽粒（SPTD），称重，按下式计算热损粒百分含量：

$$发芽粒(\%) = \frac{W_{SPTD}}{S} \times 100$$

根据以上损伤结果和其他损伤（ODMD）百分含量，按下式计算总损伤粒（DMG）含量：

$$总损伤粒(\%) = 破碎粒(\%) + 炭化粒(\%) + 镰刀菌损伤粒(\%) + \\ 热损伤粒(\%) + 发芽粒(\%) + 其他损伤(\%)$$

总损伤及各子项结果均保留至小数点后 1 位。

四、其他事项

（一）数字修约

加拿大大麦品质检验结果数值修约参见美国大豆品质检验数值修约规定。

（二）检验证书

每一货舱的检验结果，按该仓各检验批结果算术平均计算求得，全船结果按各舱货物装载量加权平均计算求得，检验证书各项目结果取位数（见表 7-19），依据贸

表 7-19 加拿大大麦品质检验结果保留位数

检验项目	结果保留位数
水分（%）	0.1
蛋白质（%）	0.1
扣除物（%）	0.1
容重（kg/hL）	1
饱满粒（%）	0.1
瘦小粒（%）	0.1
热损伤粒（%）	0.1
杂质（总量）（%）	0.1
总损伤（%）	0.1

易合同规定的有关品质条款或/和标样,对照检验结果和现场工作报告进行综合评定。

(三) 存查样品

存查样品要求从平均样品中逐批分取制备,做好标识,在通风、干燥、防虫条件下保存。合同规定索赔期限的,存查样品保存到合同规定的索赔有效期期满为止;合同未规定索赔期限的,样品保存半年。检验不合格的,按相关规定保存。

7.5 澳大利亚大麦品质检验

7.5.1 澳大利亚大麦标准

澳大利亚大麦标准由澳大利亚谷物贸易协会主持制定并颁布,第一版标准颁布于1999年。最新版本为GTA大麦标准2012/2013。澳大利亚大麦标准与本国大麦年度关系密切。例如,等级标准均规定了相应的收获年度。每一年度等级标准会根据实际生产状况和贸易各方及市场的需求进行必要的调整,同时每年定期进行修订。每年度均公布新的当年度大麦标准。澳大利亚大麦标准中尽管未划分组别,但在大麦等级名称中明确了啤酒大麦和饲料大麦,标准中没有对食用大麦或一般用途大麦进行规定。值得注意的是,澳大利亚重视大麦品种的认证管理,大麦标准中列明了认证大麦品种。例如,在标准第四部分给出了2012/2013年度已认证的啤酒大麦18个品种名称和饲料大麦33个品种名称。

7.5.2 澳大利亚大麦分级

澳大利亚大麦标准中未明确规定组别,从等级名称中可区分为啤酒大麦和饲料大麦两个大类。此外,标准中也未对食用大麦进行组别定义和规定等级。澳大利亚等级标准随收获季节进行调整,每一等级标准均规定了大麦相应的年度,如2012年颁布"2012/2013"年度标准。

澳大利亚等级评定分为5个等级,分别为啤酒大麦1级(MLT1)、啤酒大麦2级(MLT2)、啤酒大麦3级(MLT3)、饲料大麦1级(FEED1)和饲料大麦2级(FEED2)。每个等级涉及项目覆盖4类:质量指标、损伤、外来种子和其他污染,所要求项目有47个。详见表7-20至表7-24。

表7-20　澳大利亚啤酒大麦1级（MALT1）等级评定要求（2012/2013）

项目名称	限量	说　　明
质量指标		
品种纯度（%）（计数）	95	所有认可的当季二棱啤酒大麦品种
水分（%）	12.5	—
蛋白质最低（%）	9.0	控算系数6.25（以干基计）
蛋白质最高（%）	12.0	—
容重最低值（kg/hL）	65.0	—
筛上物（%）	70.0	留存于2.50 mm长孔筛筛上的所有物质（沿筛孔长度方向振荡40次）
筛下物最高值（%），除Franklin以外所有品种	7.0	通过2.20 mm长孔筛筛上的所有物质-沿筛孔长度方向振荡40次
筛下物最高值（%），仅Franklin品种	10.0	通过2.20 mm长孔筛筛上的所有物质-沿筛孔长度方向振荡40次
发芽势最低（%）	95	4 mL发芽势测试
发芽率最低（%）	98	发芽率测试
快速黏度测试最低（单位）	130	快速黏度单位
降落数值（s）	300	降落数值结果
损伤最高限量（%）（100粒样品，除非另有说明）		
芽穿	不得检出	—
发芽损伤	不得检出	—
黑尖粒	10	—
田间真菌损伤	5	—
脱皮粒	15	—
开裂	1	—
破裂（%，100 g样品）	2.0	—
冻伤	5	—
干绿或多汁	1	—
热损、炭化或仓储霉变（全样）	不得检出	—
虫蚀粒（每半升计数）	10	—

续表 7-20

项目名称	限量	说　　明
外来种子污染最高值（每半升计数种子，另有说明除外）		
外来粮谷	85	小麦、黑麦、黑小麦、家燕麦、稻谷
变异品种	25	野燕麦、野萝卜
1类杂草种子（单一品种限量）	8	苦西瓜、扁刺蔷薇、角罂粟、黄麻纤维、淡红罂粟、墨西哥罂粟、新西兰菠菜、银胶菊、毛红花、野生罂粟
2类	不得检出	有色糊粉层麦粒（蓝色/黑色）、蓖麻、芫荽、野生洋葱/野生大蒜、澳洲毒灌木、罂粟、花生、豚草、野百合、贯叶连翘、刚毛刺苞菊
3a类	2	刺苍耳、毛牵牛、西班牙列当、蒺藜、好望角郁金香、棉籽、菟丝子、欧洲苍耳、曼陀罗
3b类	4	野豌豆（商用）、救荒野豌豆
3c类	4粒或1枚种荚	天芥菜（蓝色）、天芥菜
3d类	1	刺棘蒺藜
4类	20	田旋花、黄木樨草、毒麦、印度草木樨（只可接受无腐坏气味产生）、群心菜、毒苏草、茄属植物、密果甜瓜、苞芥菜、水飞蓟
5类	40	矢车菊、蓝蓟、田菁
6类	不得检出	黑高粱、假高粱
7a类	1	蚕豆、鹰嘴豆、三叶荚、玉米、豇豆、蚕豆、小扁豆、羽扇豆、苜蓿、豌豆（野外）、红花、大豆、向日葵、其他任意直径大于5 mm的种子或者豆荚
7b类	50	六棱大麦、旋花、荞麦蔓、雀麦草、窄叶松香草、管状阿福花、蕨草、黑麦草茎、羊杂草、高粱（谷物）、三角猪秧秧、芜菁草
小粒外来种子（%）	0.5	以2.20 mm选筛过筛后所有1～7a类以外的外来种子

续表 7-20

项目名称	限量	说　　明
其他污染最高值（每半升计数，除非另有说明）		
杂质（%）	1.0	规定以外的物质
谷物黑穗病/谷物麦角	不得检出	包括球黑穗病和坚黑穗病，任何麦角
散黑穗病（g）	0.1	每半升中所有品种
黑麦草麦角（cm）	0.5	所有品种纵向排列长度
种衣剂（全样）	不得检出	种衣剂谷物或人工染色剂
大麦禁止使用化学物质	不得检出	大麦不允许有任何有违反标签管理规定化学物质，以及超出最高残留限量要求的化学物质
仓储害虫和豆象，活体（全样）	不得检出	所有成活阶段
大型害虫，活虫或死虫	3	象甲、蚱蜢、蝗虫、毛蕈甲、瓢虫、豌豆象甲（仅限死虫）、根瘤象属象甲、蜡象
小型害虫	10	蚜虫、薪甲科、仓储害虫（仅限死虫）
蜗牛	2	活体或死体
砂粒	50	单独谷物
土壤	3	直径最大 5 mm
石块（全样）	不得检出	—
不可接受物质（全样）	不得检出	肉粉、血粉、鱼粉、禽肉粉或其他动物蛋白。木棍（长度 >1 cm 和直径 >0.5 cm）、谷茬（长度 >3 cm 和直径 >1 cm）、玻璃、水泥块、金属、动物粪便、动物尸体、染色剂或任何其他商业上不可接受的污染物、气味或滋味

表 7-21　澳大利亚啤酒大麦 2 级（MALT2）等级评定要求（2012/2013）

项目名称	限量	说　　明
质量指标		
品种纯度（%）	95	所有认可的当季二棱啤酒大麦品种
水分（%）	12.5	—
蛋白质最低（%）	9.0	控算系数 6.25（以干基计）
蛋白质最高（%）	12.0	—

续表 7-21

项目名称	限量	说　　明
容重最低值（kg/hL）	65.0	—
筛上物（%）	62.0	留存于 2.50 mm 长孔筛筛上的所有物质（沿筛孔长度方向振荡 40 次）
筛下物最高值（%），除 Franklin 以外所有品种	10.0	通过 2.20 mm 长孔筛筛上的所有物质（沿筛孔长度方向振荡 40 次）
筛下物最高值（%），仅 Franklin 品种	NA	通过 2.20 mm 长孔筛筛上的所有物质（沿筛孔长度方向振荡 40 次）
发芽势最低（%）	95	4 mL 发芽势测试
发芽率最低（%）	98	发芽率测试
快速黏度测试最低（单位）	130	快速黏度单位
降落数值（s）	300	降落数值结果
损伤最高限量（%）（100 粒样品，除非另有说明）		
芽穿	不得检出	—
发芽损伤	不得检出	—
黑尖粒	10	—
田间真菌损伤	5	—
脱皮粒	15	—
虫蚀粒（每半升计数）	10	—
开裂	1	—
破裂（%100 g 样品）	2.0	—
冻伤	5	—
干绿或多汁	1	—
热损、炭化或仓储霉变（全样）	不得检出	—
外来种子污染最高值（每半升计数种子，另有说明除外）		
外来粮谷	85	小麦、黑麦、黑小麦、家燕麦、稻谷
变异品种	25	野燕麦、野萝卜
1 类杂草种子（单一品种限量）	8	苦西瓜、扁刺蔷薇、角罂粟、黄麻纤维、淡红罂粟、墨西哥罂粟、新西兰菠菜、银胶菊、毛红花、野生罂粟

续表 7-21

项目名称	限量	说　　明
2 类	不得检出	有色糊粉层麦粒（蓝色/黑色）（仅适用于麦芽等级）、蓖麻、芫荽、野生洋葱/野生大蒜、澳洲毒灌木、罂粟、花生、豚草、野百合、贯叶连翘、刚毛刺苞菊
3a 类	2	刺苍耳、毛牵牛、西班牙列当、蒺藜、好望角郁金香、棉籽、菟丝子、欧洲苍耳、曼陀罗
3b 类	4	野豌豆（商用）、救荒野豌豆
3c 类	4 粒或1 枚种荚	天芥菜（蓝色）、天芥菜
3d 类	1	刺棘蒺藜
4 类	20	田旋花、黄木樨草、毒麦、印度草木樨（只可接受无腐坏气味产生）、群心菜、毒苏草、茄属植物、密果甜瓜、苞芥菜、水飞蓟
5 类	40	矢车菊、蓝蓟、田菁
6 类	不得检出	黑高粱、假高粱
7a 类	1	蚕豆、鹰嘴豆、三叶荚、玉米、豇豆、蚕豆、小扁豆、羽扇豆、苜蓿、豌豆（野外）、红花、大豆、向日葵、其他任意直径大于 5 mm 的种子或者豆荚
7b 类	50	六棱大麦、旋花、荞麦蔓、雀麦草、窄叶松香草、管状阿福花、蒴草、黑麦草茎、羊杂草、高粱（谷物）、三角猪殃、芜菁草
小粒外来种子（%）	0.6	以 2.20 mm 选筛过筛后所有 1～7a 类以外的外来种子
其他污染最高值（每半升计数，除非另有说明）		
杂质（%）	1.0	规定以外的物质
谷物黑穗病/谷物麦角	不得检出	包括球黑穗病和坚黑穗病，任何麦角
散黑穗病（g）	0.1	每半升中所有品种
黑麦草麦角（cm）	0.5	所有品种纵向排列长度

续表 7－21

项目名称	限量	说　　明
种衣剂（全样）	不得检出	种衣剂谷物或人工染色剂
大麦禁止使用化学物质	不得检出	大麦不允许有任何种类违反标签管理规定化学物质，以及超出最高残留限量要求的化学物质
仓储害虫和豆象，活体（全样）	不得检出	所有成活阶段
大型害虫，活虫或死虫	3	象甲、蚱蜢、蝗虫、毛蕈甲、瓢虫、豌豆象甲（仅限死虫）、根瘤象属、蜡象
小型害虫	10	蚜虫、蕲甲科、仓储害虫（仅限死虫）
蜗牛	2	活体或死体
砂粒	50	单独谷物
土壤	3	直径最大 5 mm
石块（全样）	不得检出	—
不可接受物质（全样）	不得检出	肉粉、血粉、鱼粉、禽肉粉或其他动物蛋白。木棍（长度 >1 cm 和直径 >0.5 cm）、谷茬（长度 >3 cm 和直径 >1 cm）、玻璃、水泥块、金属、动物粪便、动物尸体、染色剂或任何其他商业上不可接受的污染物、气味或滋味

表 7－22　澳大利亚啤酒大麦 3 级（MALT3）等级评定要求（2012/2013）

项目名称	限量	说　　明
质量指标		
品种纯度（%计数）	95	所有认可的当季二棱啤酒大麦品种
水分（%）	12.5	—
蛋白质最低（%）	9.0	控算系数 6.25（以干基计）
蛋白质最高（%）	12.8	
容重最低值（kg/hL）	65.0	—
筛上物（%）	58.0	留存于 2.50 mm 长孔筛筛上的所有物质－沿筛孔长度方向振荡 40 次
筛下物最高值（%），除 Franklin 以外所有品种	不适用	通过 2.20 mm 长孔筛筛上的所有物质－沿筛孔长度方向振荡 40 次

续表 7-22

项目名称	限量	说明
筛下物最高值（%），仅 Franklin 品种	不适用	通过 2.20 mm 长孔筛筛上的所有物质 – 沿筛孔长度方向振荡 40 次
发芽势最低（%）	95	4 mL 发芽势测试
发芽率最低（%）	98	发芽率测试
快速黏度测试最低（单位）	130	快速黏度单位
降落数值（s）	300	降落数值结果
损伤最高限量（%计数，100 粒样品，除非另有说明）		
芽穿	不得检出	—
发芽损伤	不得检出	—
黑尖粒	10	—
田间真菌损伤	5	—
脱皮粒	15	—
虫蚀粒（每半升计数）	10	—
开裂	1	—
破裂（%100 g 样品）	2.0	—
冻伤	5	—
干绿或多汁	1	—
热损、炭化或仓储霉变（全样）	不得检出	—
外来种子污染最高值（每半升计数种子，另有说明除外）		
外来粮谷	85	小麦、黑麦、黑小麦、家燕麦、稻谷
变异品种	25	野燕麦、野萝卜
1 类杂草种子（单一品种限量）	8	苦西瓜、扁刺蔷薇、角罂粟、黄麻纤维、淡红罂粟、墨西哥罂粟、新西兰菠菜、银胶菊、毛红花、野生罂粟
2 类	不得检出	有色糊粉层麦粒（蓝色/黑色）、蓖麻、芫荽、野生洋葱/野生大蒜、澳洲毒灌木、罂粟、花生、豚草、野百合、贯叶连翘、刚毛刺苞菊
3a 类	2	刺苍耳、毛牵牛、西班牙列当、藜、好望角郁金香、棉籽、菟丝子、欧洲苍耳、曼陀罗

续表 7-22

项目名称	限量	说　　明
3b 类	4	野豌豆（商用）、救荒野豌豆
3c 类	4 粒或 1 枚种荚	天芥菜（蓝色）、天芥菜
3d 类	1	刺棘蒺藜
4 类	20	田旋花、黄木樨草、毒麦、印度草木樨（只可接受无腐坏气味产生）、群心菜、毒苏草、茄属植物、密果甜瓜、苞芥菜、水飞蓟
5 类	40	矢车菊、蓝蓟、田菁
6 类	不得检出	黑高粱、假高粱
7a 类	1	蚕豆、鹰嘴豆、三叶荚、玉米、豇豆、蚕豆、小扁豆、羽扇豆、苜蓿、豌豆（野外）、红花、大豆、向日葵、其他任意直径大于 5 mm 的种子或者豆荚
7b 类	50	六棱大麦、旋花、荞麦蔓、雀麦草、窄叶松香草、管状阿福花、藕草、黑麦草茎、羊杂草、高粱（谷物）、三角猪秧、芜菁草
小粒外来种子（%）	0.6	以 2.20 mm 选筛过筛后所有 1～7a 类以外的外来种子
其他污染最高值（每半升计数，除非另有说明）		
杂质（%）	1.0	规定以外的物质
谷物黑穗病/谷物麦角	不得检出	包括球黑穗病和坚黑穗病，任何麦角
散黑穗病（g）	0.1	每半升中所有品种
黑麦草麦角（cm）	0.5	所有品种纵向排列长度
种衣剂（全样）	不得检出	种衣剂谷物或人工染色剂
大麦禁止使用化学物质	不得检出	大麦不允许有任何种类违反标签管理规定化学物质，以及超出最高残留限量要求的化学物质
仓储害虫和豆象-活体（全样）	不得检出	所有成活阶段
大型害虫，活虫或死虫	3	象甲、蚱蜢、蝗虫、毛蕈甲、瓢虫、豌豆象甲（仅限死虫）、根瘤象属、蜡象

续表 7-22

项目名称	限量	说　明
小型害虫	10	蚜虫、蕈甲科、仓储害虫（仅限死虫）
蜗牛	2	活体或死体
砂粒	50	单独谷物
土壤	3	直径最大 5 mm
石块（全样）	不得检出	—
不可接受物质（全样）	不得检出	肉粉、血粉、鱼粉、禽肉粉或其他动物蛋白。木棍（长度>1 cm 和直径>0.5 cm）、谷茬（长度>3 cm 和直径>1 cm）、玻璃、水泥块、金属、动物粪便、动物尸体、染色剂或任何其他商业上不可接受的污染物、气味或滋味

表 7-23　澳大利亚饲料大麦 1 级（FEED1）等级评定要求（2012/2013）

项目名称	限量	说　明
质量指标		
品种纯度（%计数）	不适用	包括任何当季二棱大麦或饲料品种
水分（%）	12.5	—
蛋白质最低（%）	不适用	控算系数 6.25（以干基计）
蛋白质最高（%）	不适用	—
容重最低值（kg/hL）	62.5	—
筛上物（%）	不适用	留存于 2.50 mm 长孔筛筛上的所有物质 - 沿筛孔长度方向振荡 40 次
筛下物最高值（%），除 Franklin 以外所有品种	15.0	通过 2.20 mm 长孔筛筛上的所有物质 - 沿筛孔长度方向振荡 40 次
筛下物最高值（%），仅 Franklin 品种	15.0	通过 2.20 mm 长孔筛筛上的所有物质 - 沿筛孔长度方向振荡 40 次
发芽势最低（%）	不适用	4 mL 发芽势测试
发芽率最低（%）	不适用	发芽率测试
快速黏度测试最低（单位）	不适用	快速黏度单位
降落数值（s）	不适用	降落数值结果

续表 7-23

项目名称	限量	说明
损伤最高限量（%）（100 粒样品，除非另有说明）		
芽穿	不适用	—
发芽损伤	不得检出	—
黑尖粒	不适用	—
田间真菌损伤	不适用	—
脱皮粒	不适用	—
虫蚀粒（每半升计数）	85	—
开裂	1	—
破裂（%100 g 样品）	2.0	—
冻伤	5	—
干绿或多汁	1	—
热损、炭化或仓储霉变（全样）	不得检出	—
外来种子污染最高值（每半升计数种子，另有说明除外）		
外来粮谷	500	小麦、黑麦、黑小麦、家燕麦、稻谷
变异品种	50	野燕麦、野萝卜
变异品种	100	有色糊粉层麦粒（蓝色/黑色）
1 类杂草种子（单一品种限量）	8	苦西瓜、扁刺蔷薇、角罂粟、黄麻纤维、淡红罂粟、墨西哥罂粟、新西兰菠菜、银胶菊、毛红花、野生罂粟
2 类	不得检出	蓖麻、芫荽、野生洋葱/野生大蒜、澳洲毒灌木、罂粟、花生、豚草、野百合、贯叶连翘、刚毛刺苞菊
3a 类	2	刺苍耳、毛牵牛、西班牙列当、蒺藜、好望角郁金香、棉籽、菟丝子、欧洲苍耳、曼陀罗
3b 类	4	野豌豆（商用）、救荒野豌豆
3c 类	4 粒或 1 枚种荚	天芥菜（蓝色）、天芥菜
3d 类	1	刺棘蒺藜

续表 7-23

项目名称	限量	说 明
4 类	20	田旋花、黄木樨草、毒麦、印度草木樨（只可接受无腐坏气味产生）、群心菜、毒苏草、茄属植物、密果甜瓜、苞芥菜、水飞蓟
5 类	40	矢车菊、蓝蓟、田菁
6 类	40	黑高粱、假高粱
7a 类	10	蚕豆、鹰嘴豆、三叶荚、玉米、豇豆、蚕豆、小扁豆、羽扇豆、苜蓿、豌豆（野外）、红花、大豆、向日葵、其他任意直径大于 5 mm 的种子或者豆荚
7b 类	150	六棱大麦、旋花、荞麦蔓、雀麦草、窜叶松香草、管状阿福花、蘡草、黑麦草茎、羊杂草、高粱（谷物）、三角猪秧、芜菁草
小粒外来种子（%重量）	1.2	以 2.20 mm 选筛过筛后所有 1～7a 类以外的外来种子
其他污染最高值（每半升计数，除非另有说明）		
杂质（%重量）	1.0	规定以外的物质
谷物黑穗病/谷物麦角	不得检出	包括球黑穗病和坚黑穗病，任何麦角
散黑穗病（g）	0.1	每半升中所有品种
黑麦草麦角（cm）	0.5	所有品种纵向排列长度
种衣剂（全样）	不得检出	种衣剂谷物或人工染色剂
大麦禁止使用化学物质	不得检出	大麦不允许有任何种类违反标签管理规定化学物质，以及超出最高残留限量要求的化学物质
仓储害虫和豆象，活体（全样）	不得检出	所有成活阶段
大型害虫，活虫或死虫	3	象甲、蚱蜢、蝗虫、毛蕈甲、瓢虫、豌豆象甲（仅限死虫）、根瘤象属、蟒象
小型害虫	10	蚜虫、薪甲科、仓储害虫（仅限死虫）
蜗牛	2	活体或死体
砂粒	50	单独谷物

续表 7-23

项目名称	限量	说　明
土壤	3	直径最大 5 mm
石块（全样）	不得检出	—
不可接受物质（全样）	不得检出	肉粉、血粉、鱼粉、禽肉粉或其他动物蛋白。木棍（长度 >1 cm 和直径 >0.5 cm）、谷茬（长度 >3 cm 和直径 >1 cm）、玻璃、水泥块、金属、动物粪便、动物尸体、染色剂或任何其他商业上不可接受的污染物、气味或滋味

表 7-24　澳大利亚饲料大麦 2 级（FEED2）等级评定要求（2012/2013）

项目名称	限量	说　明
质量指标		
品种纯度（%计数）	不适用	包括任何当季二棱大麦或饲料品种
水分（%）	12.5	—
蛋白质最低（%）	不适用	控算系数 6.25（以干基计）
蛋白质最高（%）	不适用	
容重最低值（kg/hL）	60.0	
筛上物（%）	不适用	留存于 2.50 mm 长孔筛筛上的所有物质（沿筛孔长度方向振荡 40 次）
筛下物最高值（%），除 Franklin 以外所有品种	25.0	通过 2.20 mm 长孔筛筛上的所有物质（沿筛孔长度方向振荡 40 次）
筛下物最高值（%），仅 Franklin 品种	25.0	通过 2.20 mm 长孔筛筛上的所有物质（沿筛孔长度方向振荡 40 次）
发芽势最低（%）	不适用	4 mL 发芽势测试
发芽率最低（%）	不适用	发芽率测试
快速黏度测试最低（单位）	不适用	快速黏度单位
降落数值（s）	不适用	降落数值结果
损伤最高限量（%）（100 粒样品，除非另有说明）		
芽穿	不适用	—
发芽损伤	5.0	—
黑尖粒	不适用	

续表 7-24

项目名称	限量	说明
田间真菌损伤	不适用	—
脱皮粒	不适用	—
虫蚀粒（每半升计数）	85	
开裂	1	—
破裂（%，100 g 样品）	2.0	
冻伤	5	
干绿或多汁	1	—
热损、炭化或仓储霉变（全样）	不得检出	—
外来种子污染最高值（每半升计数种子，另有说明除外）		
外来粮谷	1 500	小麦、黑麦、黑小麦、家燕麦、稻谷
变异品种	100	野燕麦、野萝卜
变异品种	100	有色糊粉层麦粒（蓝色/黑色）
1 类杂草种子（单一品种限量）	8	苦西瓜、扁刺蔷薇、角罂粟、黄麻纤维、淡红罂粟、墨西哥罂粟、新西兰菠菜、银胶菊、毛红花、野生罂粟
2 类	不得检出	（仅适用于麦芽等级）、蓖麻、芫荽、野生洋葱/野生大蒜、澳洲毒灌木、罂粟、花生、豚草、野百合、贯叶连翘、刚毛刺苞菊
3a 类	2	刺苍耳、毛牵牛、西班牙列当、蒺藜、好望角郁金香、棉籽、菟丝子、欧洲苍耳、曼陀罗
3b 类	10	野豌豆（商用）、救荒野豌豆
3c 类	4 粒或 1 枚种荚	天芥菜（蓝色）、天芥菜
3d 类	1	刺棘蒺藜
4 类	20	田旋花、黄木樨草、毒麦、印度草木樨（只可接受无腐坏气味产生）、群心菜、毒苏草、茄属植物、密果甜瓜、苞芥菜、水飞蓟
5 类	40	矢车菊、蓝蓟、田菁
6 类	40	黑高粱、假高粱

续表 7-24

项目名称	限量	说　明
7a 类	20	蚕豆、鹰嘴豆、三叶荚、玉米、豇豆、蚕豆、小扁豆、羽扇豆、苜蓿、豌豆（野外）、红花、大豆、向日葵、其他任意直径大于 5 mm 的种子或者豆荚
7b 类	300	六棱大麦、旋花、荞麦蔓、雀麦草、窄叶松香草、管状阿福花、蘋草、黑麦草茎、羊杂草、高粱（谷物）、三角猪秧、芜菁草
小粒外来种子（%）	2.0	以 2.20 mm 选筛过筛后所有 1～7a 类以外的外来种子
其他污染最高值（每半升计数，除非另有说明）		
杂质（%）	1.0	规定以外的物质
谷物黑穗病/谷物麦角	不得检出	包括球黑穗病和坚黑穗病，任何麦角
散黑穗病（g）	0.1	每半升中所有品种
黑麦草麦角（cm）	0.5	所有品种纵向排列长度
种衣剂（全样）	不得检出	种衣剂谷物或人工染色剂
大麦禁止使用化学物质	不得检出	大麦不允许有任何种类违反标签管理规定化学物质，以及超出最高残留限量要求的化学物质
仓储害虫和豆象-活体（全样）	不得检出	所有成活阶段
大型害虫，活虫或死虫	3	象甲、蚱蜢、蝗虫、毛蕈甲、瓢虫、豌豆象甲（仅限死虫）、根瘤象属、蜡象
小型害虫	10	蚜虫、蕈甲科、仓储害虫（仅限死虫）
蜗牛	4	活体或死体
砂粒	50	单独谷物
土壤	3	直径最大 5 mm
石块（全样）	不得检出	—
不可接受物质（全样）	不得检出	肉粉、血粉、鱼粉、禽肉粉或其他动物蛋白。木棍（长度 >1 cm 和直径 >0.5 cm）、谷茬（长度 >3 cm 和直径 >1 cm）、玻璃、水泥块、金属、动物粪便、动物尸体、染色剂或任何其他商业上不可接受的污染物、气味或滋味

7.5.3 澳大利亚大麦品质检验方法

一、设备和器具

设备和器具包括钟鼎式分样器、电动筛分机、筛层规格（孔径 25.40 mm×2.20 mm、孔径 25.40 mm×2.50 mm）、容重器、凯氏定氮仪、电子天平（精确至 0.001 g）、样品磨（大麦样品经过研磨之后满足如下条件：粒度>500 μm 的占 0%～10%，210～500 μm 的占 25%～40%，<210 μm 的占 50%～75%。适用的磨粉机是配有 0.8 mm 筛子的 3100 型波顿磨粉机）、降落数值仪、快速黏度分析仪。

二、检验项目

（一）破碎粒（Broken）

破碎粒是指大麦因收割或装卸过程导致麦粒 1/4 及以上部分的缺失或胚芽上的任何物理性损伤。

（二）不可研磨筛下物（筛下物）[Unmillable Material below the Screen（Screening）]

不可研磨筛下物是指谷物样品筛选后，通过 2.20mm 筛的物质总量，包括小型外来种子。

（三）污染物（Contaminant）

澳大利亚大麦标准中的污染物包括非当季大麦、谷物麦角、大麦黑穗病、大麦中不允许使用的化学品、超过最大限量的化学品、有色糊粉层、土壤颗粒、外来谷物（小麦、谷物黑麦、黑小麦、燕麦、稻谷）、杂质、外来种子、虫害（大型）、虫害（小型）、散黑穗病、有害物质、浸渍化合物或人工色素、黑麦草麦角、砂粒、六棱大麦、蜗牛、石块、仓储害虫和豌豆象甲（活体）、品种纯度、野生燕麦/野生萝卜。污染物可计为杂质。

（四）黑尖粒（Dark Tipped）

黑尖粒是指在接近成熟期和收割期，因水分过高和/或过分潮湿或外部压力导致发生生化反应，从而使籽粒变色。通常籽粒变色为明显浅褐色至深褐色或黑色。变色主要发生在胚端，情况严重时可发展到籽粒的其他部位。黑尖部位大于或等于 1 mm 为缺陷粒。

（五）缺陷粒（Defective Grain）

缺陷粒是指被破坏到一定程度的大麦，包括以下子项：破碎粒，黑尖粒，干绿或多汁，田间真菌，冻伤，热损伤，仓储热损或霉变，虫蚀，芽穿或发芽粒，脱皮粒，开裂或断裂。每个颗粒均有可能含有一种以上的缺陷。

（六）泥土（Earth）

泥土是指直径小于等于 5 mm 的土块。

（七）麦角（Ergot）

麦角是麦角菌真菌感染谷物和黑麦草籽粒后所形成的紫黑色菌瘿。

（八）降落数值（Falling Number）

α-淀粉酶（种子发芽时所产生的酶）具有液化淀粉糊化物的特性，其活性通过降落数值表示。降落数值就是指在降落数值仪沸水浴中搅拌器在糊化物中下降特定距离所需的时间，以秒（s）表示。

（九）田间真菌（Field Fungi）

田间真菌是指谷物籽粒被枝孢菌属真菌感染，病粒表面具黑色斑点。谷物籽粒表面病斑覆盖达 1/8 以上的被定义为缺陷粒。

（十）外来谷物（Foreign Grain）

外来谷物是指规定了单独限量的谷物种类，包括小麦、谷物黑麦、黑小麦、栽培燕麦、稻谷。其他谷物、豆类和油籽计为外来种子。

（十一）其他杂质（Foreign Material）

其他杂质是指澳大利亚大麦标准中未给出定义的其他物质。

（十二）冻伤粒（Frost Damaged）

冻伤粒是指成熟期因霜冻造成的损伤，霜冻损伤大麦表现为在籽粒具芒半端背面收缩凹陷，严重的情况颖壳下会出现橙色。

（十三）发芽率（Germinative Capacity）

发芽率是指粒型、色泽基本正常，胚部无明显破损的纯净大麦，培养于最适宜条件下，在 5 昼夜内发芽的百分率。

（十四）发芽势（Germinative Energy）

发芽势是指粒型、色泽基本正常，胚部无明显破损的纯净大麦，培养于最适宜条件下，在 3 昼夜内发芽的百分率。

（十五）热损伤、仓储热损或霉变（Heat Damaged, Bin Burnt or Storage Mould Affected）

（1）热损伤、仓储热损是指谷粒因为贮存中暴露在强热下或者错误的人工干燥方法中造成的变色情况。受损的谷粒呈现红棕色，严重情况会变黑。

（2）贮存中发霉是指谷粒贮存中，由于谷物水分增加导致真菌或者细菌生长而影响谷物籽粒，常伴有变色或明显发霉。

上述缺陷严重到一定程度，被称为腐烂谷粒。腐烂谷粒是指由于高湿、真菌或细菌滋生对籽粒产生严重影响，籽粒发霉严重变色会膨胀或软化，常具海绵感或散发霉味。

（十六）虫蚀粒（Insect Damaged）

虫蚀粒是指被仓储害虫或者田间害虫部分蛀食的谷粒，籽粒常留存孔洞或蛀痕。

（十七）裂开粒（Cleaved）

裂开粒是指籽粒开裂并已穿透表皮，伤及胚乳。

（十八）品种纯度（Varietal Purity）

同一批大麦不可能达到100%的纯度，因此允许一定限度内的混入。啤酒大麦对混合物极其敏感，不同等级啤酒大麦不能混载。澳大利亚所有等级啤酒大麦品种纯度不得低于95%；饲料级则无纯度限制。

三、检验方法

（一）检验流程

进口澳大利亚大麦品质检验项目所需各项试样和存查样品按图7-4用钟鼎式分样器制备。澳大利亚大麦标准中样品制备按升或半升计，在实际操作中可转化1 L为700 g，0.5 L为350 g。

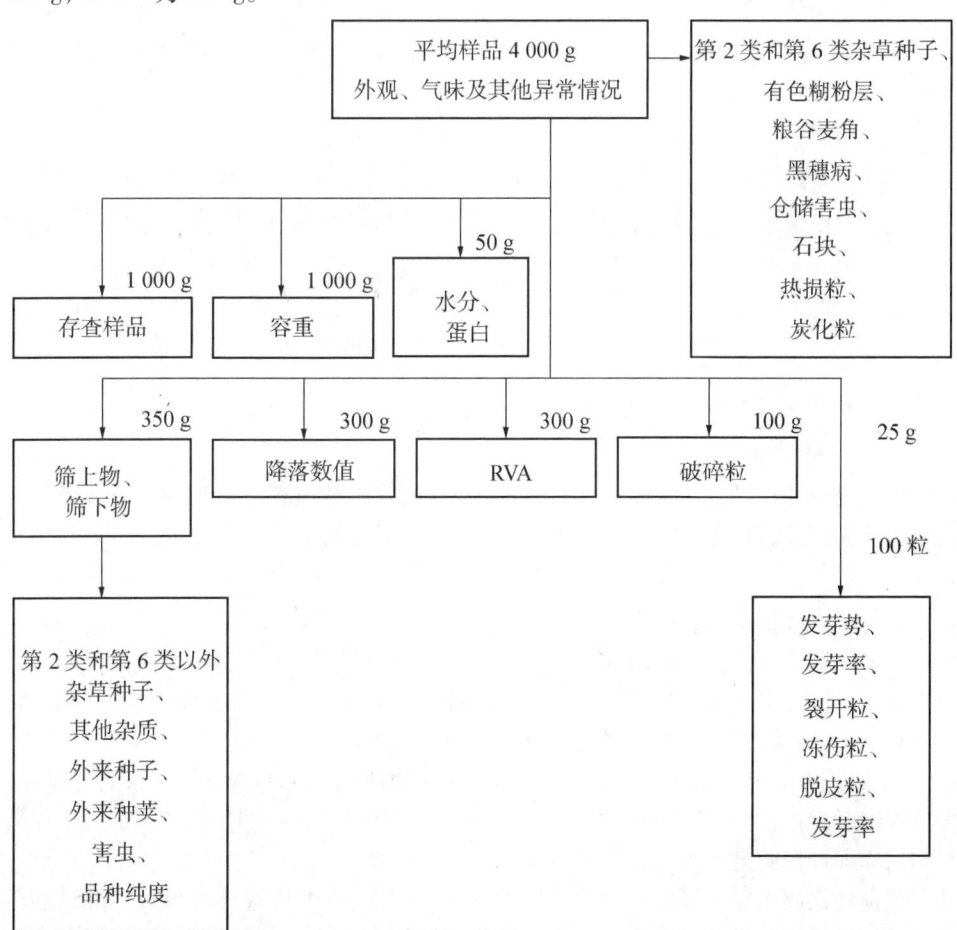

图7-4 澳大利亚大麦品质检验流程

(二) 外观及气味

外观及气味检验主要在扦样现场进行，但实验室检验人员须在缩分平均样品前进一步检验。

(1) 感官鉴定：主要依检验人员的感官对大麦的色泽、类型、等级、健全程度以及气味等进行检验；怀疑样品有异味难以判断，可用温水浸泡嗅辨，或制成食品品尝。

(2) 化学或仪器分析法：对于某些不易判断其性质或程度的异味、异物，可用国内外通用的化学或仪器分析方法，进一步作定性定量分析。

(三) 水分及蛋白质

在去除扣除物之前，取约 50 g 样品进行水分检测。常规分析方法见 3.4。

以凯氏定氮法或其他等效方法检测蛋白质含量，详见 3.4。

(四) 容重

将去除扣除物的样品按照 4.3 中容重器操作方法进行容重检验，记录结果。容重结果单位为 kg/hL。结果保留小数点后 1 位。如果大麦籽粒普遍带有麦芒，应将麦芒磨掉，用适当孔径的选筛筛除后，再测容重。

(五) 不可研磨物质（筛下物）和筛上物

分取 350 g 大麦样品（S），在电动筛上固定好 2.5 mm 上层筛和 2.2 mm 下层筛，沿长孔方向振动 40 次，收集筛上物（RT）和筛下物并称重（UM），按下式计算：

$$筛上物(\%) = \frac{W_{RT}}{S} \times 100$$

$$筛下物(\%) = \frac{W_{UM}}{S} \times 100$$

筛上物及筛下物结果保留 1 位小数。

(六) 降落数值

用指定的磨粉机磨 300 g 大麦样品，以指定的降落数值仪进行检测，磨粉机及降落数值仪操作方法、降落数值测定方法详见 3.4。降落值结果单位为秒（s），精确至整数位。

(七) 快速黏度（RVA）

根据仪器说明操作 RVA 分析测定仪，确保仪器在使用之前要达到仪器说明书说明的温度。用指定的磨粉机磨制 300 g 大麦粉，麦粉特性必须与所接样品特性一致。(RVA 分析测定仪温度读数一定要达到设定的测量温度。) 分配器取（25.0±0.1）mL 蒸馏水或者去离子水于样品筒中。用称量皿准确称取（4.00±0.01）g 磨碎样品。准备测定时，将试样完全转移到样品筒内液面上。样品在开始测定时才可加入，样品混匀后立即进行测定，否则将导致错误结果。

把搅拌器放入样品筒内，上下搅拌 10 次，如果样品中还有结块出现，继续进行搅拌。搅拌器放入样品筒中之后将搅拌器紧密连接在 RVA 分析仪上（搅拌器必须紧密连接在 RVA 分析仪上以保证 RVA 分析仪能够正常工作）。确保搅拌器在样品筒内能够自如地转动，并且不能够碰触样品筒壁，否则测定结果将偏高。

打开仪器测定开始键，开始测定。测定结束后，仪器界面上将显示搅拌数测定结果，此时记录测定结果。做 3 次平行试验，报告取结果平均值，以秒（s）为单位。在采取防护措施的条件下将样品筒取下，因测试刚刚结束时样品筒很烫。

（八）发芽势和发芽率

分取 25 g 试样，拣除杂质和已明显失去发芽能力的颗粒，按舱批混合缩分至 50 g 后，从中随机数取 2 份 100 粒颗粒（G）培养在 17～20 ℃ 及适宜的相对湿度下，在满 3 天（T）和 5 天（F）时分别数计其发芽粒数，按下式计算发芽率和发芽势：

$$发芽势(\%) = \frac{T}{G} \times 100$$

$$发芽率(\%) = \frac{F}{G} \times 100$$

式中：T 为 3 天，F 为 5 天，G 为粒数。

发芽势、发芽率结果保留至整数个位。

（九）污染物检验

澳大利亚大麦标准中专门规定了污染物的概念，该项目的子项中包含的 "foreign material"，应按标准未规定的 "其他杂质" 进行检验。不同类型的污染物及其检验方法见表 7 - 25。

表 7 - 25 澳大利亚大麦污染物检验项目

定量方法	项 目
测量每半升样品中长度总和（cm）	黑麦麦角
检测每半升样品中颗粒数的绝对数量	所有第 2 类、第 6 类以外杂草种子[*]、有色糊粉层[*]、大型害虫、小型害虫、蜗牛、沙子、土壤、野燕麦/野萝卜、小麦、谷物黑麦、黑麦、燕麦、水稻（外来谷物）、六棱大麦、外来种荚
检测粒数百分比	品种纯度
检测每半升样品中重量百分含量	小型外来种子、其他杂质
检测全样中颗粒数绝对数量	第 2 类杂草种子、第 6 类杂草种子[*]、有色糊粉层[*]、谷物麦角、球黑穗病和坚黑穗病、仓储害虫及活豌豆象鼻虫、仓储害虫及活豌豆象鼻虫、不可接受物质、石块、浸渍化合物、大麦禁用或超限量化学物质、非当季大麦

注：第 6 类杂草种子和有色糊粉层根据不同等级要求需要进行全样或半升样品中计数。

对于允许限量高于 0 的污染物项目，应基于整个半升样品进行检验，完成不可研磨物质检验后，自 2.50 mm 筛上物、筛下物和 2.20 mm 筛下物中检验。小型外来种子检验针对筛底中分离物进行，须自非外来种子中进行物理分离，可使用网筛辅助进行。在一白色盘上方将样品置于网筛上，轻轻振摇。小型外来种子易于存留网筛上，用此法时仍可能须进行手工挑拣。直径大于 5 mm 种荚以每半升样品为基础进行检验，直径小于或等于 5 mm 的种荚按杂质计算。

（1）全样计数项目：根据各项目定义挑拣出各项计数并记录结果。

（2）每半升中百分含量项目：半升样品（Sh）经不可研磨筛下物检验后，自 2.20 mm 筛下物中手工挑拣小型外来种子；其他杂质则须自所有筛上物和筛下物中分离。将小型外来种子（WSFS）、其他杂质（WFM）称量后，按下式计算：

$$小型外来种子(\%) = \frac{W_{SFS}}{S_h} \times 100$$

$$其他杂质(\%) = \frac{W_{FM}}{S_h} \times 100$$

（3）数量百分比项目：包括品种纯度。以每半升去除污染物样品数量（N_s）为基础，根据合同规定的品种按照相应图谱、标准样品或分子生物学方法进行鉴定，分离出非本品种大麦籽粒（N_n），按照籽粒数量百分比进行计算：

$$品种纯度(\%) = \frac{N_n}{N_S} \times 100$$

（4）每半升计数项目：自半升样品中对上述项目进行计数，记录结果。

（5）每半升中长度项目：包括黑麦麦角。将分离出的麦角按长度方向排列后，测量其长度总和。

（6）每半升中重量项目：包括散黑穗病。将分离出的散黑穗病菌瘿称重，并记录结果。

按照下列方式保留结果数字：

每半升计数，保留至整数个位。

每半升长度（cm），保留至小数点后 1 位。

每半升百分含量（%），保留至小数点后 1 位。

每半升计数百分比（%），保留至整数个位。

每半升质量（g），保留至小数点后 1 位。

（十）损伤粒检验

根据流程图 7-4 制备损伤检验样品。对样品中每个籽粒逐一进行检验。应注意一个籽粒可能出现一项以上的损伤，应分别归属和计算结果。根据取样量不同，损伤粒检验分别说明如下：

（1）全样计数项目：包括热损粒、仓储热损或霉变。在全样中对发现的该损伤籽粒进行计数并记录结果。

（2）每100g中百分含量项目：包括破碎粒。分取并称量100 g样品（S），挑拣出破碎粒并称重（W_{BR}），按下式结算结果：

$$破碎粒(\%) = \frac{W_{BR}}{S} \times 100$$

（3）每半升计数项目：包括虫蚀粒。在每半升样品中手工挑拣出虫蚀粒，计数并记录结果。

（4）每100粒计数项目：包括芽穿或发芽粒、黑尖、田间真菌、脱皮粒、裂开粒、冻伤粒、干绿或多汁。分取25 g样品并随机抽取100粒样品，按各项定义挑拣出各项损伤籽粒，计数并记录结果。

按照下列方式保留结果数字：
100粒谷物中数量（％），保留至整数个位。
每半升计数，保留至整数个位。
100 g样品中百分含量（％），保留至整数个位。

四、其他事项

（一）数字修约

检验结果数值需要修约时除另有规定者外，按照美国大豆检验结果数值修约规定进行。

（二）检验证书

（1）每一货舱的检验结果，按该仓各检验批结果算术平均计算求得，全船结果按各舱货物装载量加权平均计算求得。

（2）评定：依据贸易合同规定的有关品质条款或/和标样，对照检验结果和现场工作报告进行综合评定。

（三）存查样品

存查样品要求从平均样品中逐批分取制备，做好标识，在通风、干燥、防虫条件下保存。合同规定索赔期限的，存查样品保存到合同规定的索赔有效期期满为止；合同未规定索赔期限的，样品保存半年。检验不合格的，按相关规定保存。

第 8 章 玉米品质检验方法

8.1 概述

玉米（Zea mays L.）属于禾本科玉米属，学名为玉蜀黍，俗称棒子、玉茭、苞，起源于美洲大陆，有数千年的栽培历史。根据玉米的籽粒形态及结构可分为 9 个类型，分别是硬粒型玉米、马齿型玉米、粉质型玉米、甜质型玉米、爆裂型玉米、甜粉型玉米、蜡质型玉米、半马齿型玉米和有稃型玉米。根据用途可分为 4 种类型，分别是甜玉米、糯玉米、油玉米和高赖氨酸玉米。

8.1.1 世界玉米的生产和贸易状况

由于玉米的适应性好、产量高、品质好，目前是人类种植最广泛的谷类作物之一，从北纬 58°到南纬 35～40°的地区均有大量栽培。北美洲种植面积最大，亚洲、非洲和拉丁美洲次之。种植面积最大、总产量最多的国家依次是美国、中国、巴西、墨西哥。1998 年开始，玉米总产量已经超过稻谷和小麦，目前是世界上产量最高的谷类粮食作物，是禾谷类作物中增产潜力最大的作物，也是世界上贸易量最大的粮食产品。

20 世纪中叶，在发达国家玉米生产逐渐转为以饲料生产为主要目的，目前世界生产玉米有 70% 作为饲料使用。与此同时，随着化学工业的发展，玉米的应用得到了更大的开发。以玉米淀粉作为最初原料，生产出了一系列化工产品。由于不可再生能源——石油的紧张，2005 年，美国以立法的方式推动以玉米为原料生产汽车用乙醇，从而使得玉米成为一种重要的能源作物。玉米不仅生产潜力大、经济效益高，而且具有食用、饲用和多种工业用途。

近年来，世界玉米种植面积不断增加，亚洲国家的玉米种植面积增长较快。世界主要玉米生产国是美国和中国，两国的收获面积合计占到世界的 40%。世界玉米种植面积，从 1995 年的 1.34 亿 hm^2，增长到 2012 年的 1.75 亿 hm^2，增长了 30.15%；年均增长率为 1.68%，其中，2007 年增长率达到 6.87%，为近 10 年来的最高增幅。玉米种植面积及产量的增加与美国调整能源战略，大力促进玉米乙醇生产有着直接关系，当年美国玉米收获面积增加了 22.48%。从地区来看，在各主产国中，美国的玉米种植面积居全球首位，2012 年为 3 925 万 hm^2，占世界玉米总种植面积的 22.5%；中国约为 3 600 万 hm^2，占世界玉米总种植面积的 20.6%；其他主产国和地区包括巴西、欧盟、阿根廷、墨西哥、印度等。总的来说，亚洲国家的玉米种植面积增长较快，印度、中国和印度尼西亚玉米种植面积的年均增长率分别达到了 1.87%、

1.86% 和 1.46%，都大大高于世界平均增长速度。

1995—2012 年，世界玉米产量从 5.155 亿 t 增长到 8.41 亿 t，增长了 74.01%，年均增长率为 3.22%。单产从 1995 年的 3.84 t/hm² 增长到 2011 年的 5.20 t/hm²，增长了 35.42%，年均增长 2.08%。而 2012 年世界玉米种植面积较上年增加，但总产量和平均单产都有所下降，单产只有 4.81 t/hm²，其主要原因是美国等美洲国家天气干旱造成减产。在全球玉米生产中占有较大份额的主要国家和地区包括美国、中国、欧盟、巴西等，其中美国玉米总产量远远高于其他国家。2011—2012 年度，美国玉米总产量约为 2.72 亿 t，占世界玉米总产量的 32.34%；中国约为 2.08 亿 t，占 24.73%；巴西为 7 260 万 t，阿根廷为 2 150 万 t。从增长速度来看，世界玉米产量在波动中不断增长。

和世界玉米生产特性一样，玉米需求也呈现出此特点，目前玉米主要出口国有美国、巴西、阿根廷、乌克兰、澳大利亚等，主要进口国家和地区有日本、韩国、中国、墨西哥、欧盟等。其中，中国从 2010 年起成为净进口国，2012 年进口量达 500 多万 t。

从出口方面看，2011—2012 贸易年世界玉米贸易量 9 694 万 t，同比增加 4.4%。美国仍然是世界上头号玉米出口大国，2012 年出口量达到 2 600 万 t，占世界的 26.8%，同比下降 46.1%，其主要原因是美国本土干旱天气造成当地玉米减产，为满足国内消费需求，从而减少出口量。在 2012 年，巴西和阿根廷两国玉米出口量大增，分别出口 2 250 万 t 和 1 950 万 t，同比分别增加 104.5% 和 39.3%。巴西成为了世界第二大玉米出口国。此外，乌克兰、南非、塞尔维亚也是世界玉米主要出口国。

从进口方面看，世界玉米进口需求不断增长，主要进口国表现稳定。日本玉米进口量最大，2011—2012 贸易年进口 1 500 万 t，占世界的 15.5%，比上年度减少 100 多万 t；其次是韩国和墨西哥，分别进口 800 万 t 和 900 万 t，占世界的 8.3% 和 9.3%。从进出口国家结构来看，由于能源消费增加，发达国家出口趋于减少，而发展中国家由于结构性消费的增长，其进口则趋于增加。美国仍为玉米出口大国，但出口份额逐年减少。美国占世界出口量比重已由 2007—2008 贸易年的 61.7% 降至 2011—2011 贸易年的 26.8%。美国出口的减少主要由于 2007 年生物能源战略的调整，国内生物乙醇玉米用量大增。

一、中国玉米生产

玉米大约于 16 世纪中叶（1551—1594 年）相继传入中国南北各省，17—18 世纪传遍全国各地，并出现较大面积种植的情况，中国玉米种植历史较短，但发展速度较快。近 20 年来，玉米生产发展迅速，种植面积、总产和单产都呈持续增长趋势。21 世纪中国玉米种植面积扩大，受益于政策、气候、品种和技术。在国务院一系列扶持粮食生产的政策下，玉米种植面积逐年增加，2005 年种植面积就恢复到 1999 年的水平，2010 年达 3 250 万 hm²，超过了水稻和小麦的种植面积，其种植面积和总产量在粮食作物中均居首位，玉米在国家粮食安全中的地位逐渐增强，成为粮食安全保障的关键作物。

中国玉米种植区域分布广泛，优势区域分布在自东北经黄海、淮海向西南延伸的广阔土地上，包括北方春玉米带、黄淮海夏玉米带和西南玉米带。自2003年实施玉米优势区域规划以来，中国玉米生产布局日趋集中，品种和品质结构逐步优化，玉米生产能力稳定提高。2007年东北和黄淮海两大产区玉米种植面积和产量分别占全国的70%和73%，西南地区玉米种植面积494.4万hm^2，成为国内玉米的又一个重要产区。

1949年，全国玉米种植面积1 291.5万hm^2，产量1 241.8万t，单产961.5 kg/hm^2。20世纪50年代，国内玉米生产起伏动荡，单产处于徘徊与缓慢发展阶段；60年代，玉米单产迅速增加，土地生产率显著提高；70年代，玉米杂交种出现，加上使用化肥，玉米生产进入大发展、大转折的关键时期，玉米成为左右中国粮食形势的重要作物。从1979年至2008年的改革开放30年间，中国粮食产量增加19 659万t，其中玉米产量增加10 588万t，占粮食增产总额的53.86%，远高于稻谷和小麦对粮食增产的贡献，玉米在谷物增产中的贡献凸显。1979—1998年，全国玉米种植面积由2 013.3万hm^2扩大到2 523.9万hm^2，产量由6 003.5万t增加到1.33亿t，单产由2 985 kg/hm^2提高到5 276 kg/hm^2，分别提高了25.36%、121.46%和76.75%。虽然1999年种植面积增加到2 580.4万hm^2，但产量为12 808万t，单产为4 944 kg/hm^2，比1998年有所下降。此后进入滑坡期，玉米种植面积连年萎缩，产量持续下降。1999—2003年，全国玉米种植面积由2 590.4万hm^2减少到2 406.8万hm^2；产量由1.28亿t降低到1.16亿t。2004年以来，中央出台实施了一系列重大强农惠农政策，中国玉米生产才恢复增长。2004—2008年，全国玉米种植面积由2 545万hm^2恢复增长到2 986万hm^2，玉米产量分别为1.30亿t、1.39亿t、1.52亿t、1.523亿t和1.66亿t，分别占粮食总产量的27.75%、28.79%、30.46%、30.36%和31.38%。2011年玉米种植面积（3 354万hm^2）超过水稻而成为中国种植面积最大的作物。2012年中国玉米种植面积为3 495万hm^2，总产量为2.08亿t。虽然玉米总产量在增加，但其单产增加不多，其总产量的增加主要是依靠扩大种植面积。与美国玉米生产水平还有很大差距，究其原因是落后的种植与管理现代化技术，以及缺乏高产优质的品种。因此，发展玉米产业要采取稳定种植面积，提高种植技术水平，提高机械化水平，因地制宜培育经济效益高的品种，包括高产、抗病虫草害、优质、适宜机械作业的新品种。

二、中国玉米的贸易

中国玉米进出口贸易始于20世纪60年代初期，在世界玉米经济中扮演着极其重要的角色。1961—1983年，由于国内食物以短缺为主要特征，因此玉米的国际贸易表现为净进口；1984—1996年间，中国成为玉米净出口国；1995—1996年，因国内玉米价格大大高于国际市场，在玉米大量积压的情况下进口玉米。而从1997—2008年，中国一直是玉米出口国，2003年出口量为1639万t，达到历史最高。然而，从

2007 年起，玉米出口量急剧下降，进口量逐年增加。中国玉米出口主要集中在东亚、东南亚及周边国家和地区，主要包括韩国、朝鲜、马来西亚、印度尼西亚、日本、俄罗斯、中国台湾等国家和地区，其中韩国和马来西亚是我国玉米的稳定出口国，日本虽然进口总量世界第一，但中国出口量占日本的市场份额较低。

2009 年，东北地区发生严重旱灾，当时市场预计产量仅有 1.4 亿 t，供需平衡相对紧张，同时玉米深加工快速发展，推动玉米工业消费的较快增长，因而增加了玉米进口预期。中国玉米需求不断增加，2010 年，中国 15 年来首次大规模进口玉米，达到 157 万 t。2011 年，全球通货膨胀压力严重，国内尤为严重。通胀压力推动国内商品价格的上涨，国际机构继续炒作国内的需求增长和缺口。2011 年中国玉米进口量 175.3 万 t，较 2010 年增长 11.47%，玉米出口量 13.6 万 t，较上年增长 6.83%。相关的统计数据显示，2012 年中国玉米进口量为 532 万 t。国际粮农组织（FAO）食物展望报告指出，旺盛的饲料需求和国内玉米价格上涨刺激了中国在国际市场的采购量。相关的国际机构预测，未来几年中国将超越日本成为世界最大玉米进口国，而这将进一步推高世界玉米价格。

8.1.2 玉米品质检验的主要标准和技术性规范

一、玉米国际标准

玉米国际标准是指由国际食品法典委员会（CAC）发布的标准，主要涉及玉米产品标准的共有 6 件，分别是 CODEX STAN 18《罐装甜玉米》、CODEX STAN 132《速冻整玉米粒》、CODEX STAN 133《速冻笋玉米》、CODEX STAN 153《玉米》、CODEX STAN 154《粗磨全玉米面》、CODEX STAN 155《去胚玉米粉和玉米楂》。此外，CAC 还对玉米及相关产品中农药残留制定了限量标准。

CODEX STAN 153《玉米》为世界上多数国家玉米标准的制定起着重要的指导作用。CODEX STAN 153《玉米》作为一个国际性的标准，其规范了用于人类消费的玉米的基本质量要求、具体质量指标、污染物质限量标准、卫生指标、包装和标识，适用于马齿型和硬质型以及杂交玉米。各项规范具体有如下几个方面。

（1）基本质量要求：①安全和适合人类消费；②无异味和活的昆虫；③死亡昆虫及动物污秽物不得超过危害人类健康的含量。

（2）具体质量指标：①水分含量低于 15.5%；②死亡昆虫及动物污秽物不得超过 0.1%；③不得有猪屎豆、玉米莠草、蓖麻子、曼陀罗等可能危害人类健康的有毒有害植物种子；④其他外来有机物质如其他植物种子、秸秆等不得超过 1.5%；⑤无机外来物质如石子、土等不得超过 0.5%。

（3）污染物质限量标准：①不得含有金属物质；②农药残留不得超过 CAC 设定的标准；③真菌毒素不得超过 CAC 设定的标准。

（4）卫生指标：①按照 CAC/RCP 1—1985 标准对本标准中所定义玉米进行处理；②没有有害微生物，没有寄生虫，没有源于微生物的任何有害物质。

(5) 规定包装、标识和分析取样方法必须符合CAC有关标准的规定。该标准附件中规定：①黄玉米中其他颜色的玉米不得超过5.0%；②白玉米中其他颜色的玉米不得超过2.0%；③红玉米中其他颜色的玉米不得超过5.0%；④在硬质玉米中马齿型玉米不得超过5.0%；⑤在马齿型玉米中硬质玉米不得超过5.0%；⑥硬质和马齿混合型玉米中硬质玉米相对密度在5.0%～95.0%；⑦不完整粒不得超过7.0%，其中病斑粒不得超过0.5%；⑧破碎粒不得超过6.0%（根据ISO标准，通过4.50 mm金属筛子）；⑨其他谷物的籽粒不得超过2.0%。

二、美国玉米标准

美国国家玉米等级标准制定于1916年，标准内容至今改动不大。其标准等级分为5等及等外等，质量指标包括容重、不完善粒、损伤粒和杂质等。1985年以前其标准中包括水分含量要求，而现在水分只注明在出售时的发票上。美国玉米标准将玉米分为三类，即黄玉米、白玉米和混合玉米。要求黄玉米中不得混有5%以上的白玉米，白玉米中混入的黄玉米不得超过2%，而混合玉米中杂色玉米不得超过10%。除普通玉米标准外，美国制定了许多玉米相关产品的标准，如《罐装甜玉米等级标准》、《去皮带棒玉米消费者标准》、《青玉米标准》、《罐装奶油状玉米等级标准》、《整籽粒罐装玉米等级标准》、《整籽粒速冻玉米等级标准》、《整穗速冻玉米等级标准》等国家标准，详细全面地规定了每一产品的分等质量要求。这些标准的特点有如下几个方面：

(1) 指标包含了产品质量的各个必要方面，十分详尽。如《青玉米标准》中要求玉米具一致的品种特性，穗子整齐，发育良好，无虫蚀、病害等缺陷，穗上布满籽粒，籽粒饱满鲜嫩，包叶紧且无损，色泽青绿，未萎蔫。标准中还规定了玉米穗的长度和切去穗端的质量要求，每个包装的穗数及每个包装中缺陷玉米的限量，等等。

(2) 可量化的指标尽量量化，可操作性较强。如要求穗子整齐，除穗长要求6英寸外，穗柄不得超过1英寸。再如《罐装奶油状玉米等级标准》中对颜色、浓度、产品的完好程度、玉米粒的柔嫩度、成熟度及风味等质量指标均规定了分值，且为了记分的准确，每个分值又划分为若干级别，而对于如何评定每个级别的分值，则又作了详细的描述。譬如浓度的分值是20分，又将其划分为4个级别，好的记18～20分，稍好的记16～17分，中等的记14～15分，不太好的记0～13分，标准对每一级别都作了详细的特征描述，其中对于"好的浓度"具体描述是"将罐中物搅均匀后倒在一干燥平面上，罐中物应具有黏稠奶油状的浓度。不像轻微凝结，而有轻微堆积物的样子。倒完罐中物2 min时，干燥平面上没有自由液体分离出"。这种十分具体细致的规定量化了本不易量化的质量状况，使得检测人员便于操作，检验结果也更加准确。

(3) 标准突出了商业品质。所有上述产品标准中均未强调营养品质，而特别注重外观、包装、食味等作为商品的质量。这一特点说明了美国产品标准的制定是以市场需要为出发点的，产品质量是以消费者对商品的要求来衡量的。其产品等级也是市场价格的依据。因此标准在市场中占有重要的地位，受到生产者、经营者和消费者的普遍重视。

三、中国玉米标准

我国最早实行的基本玉米标准 GB/T 1353—78 是于借鉴苏联 20 世纪 50 年代标准制定的，随后于 1985 年进行修订，并于 1986 年 4 月正式实施新标准 GB/T 1353—86。虽然在此期间进行了多次修改，但随着玉米生产的发展和国际贸易的开展，该玉米标准与世界主要玉米生产国的标准相差甚远，与使用价值亦不同步。1999 年，我国合并了工业用的两个玉米标准，修订了一个国家玉米标准，最终颁布了 GB 1353—1999《玉米》、GB/T 6813—1999《淀粉发酵工业用玉米》、GB/T 17890—1999《饲料用玉米》，取代了原有的 4 个国标。2000 年颁布了 NY/T 418—2000《绿色食品玉米》行业标准，2002 年颁布了 7 个专用玉米行业标准，分别是 NY/T 519—2002《食用玉米》、NY/T 520—2002《优质蛋白玉米》、NY/T 521—2002《高油玉米》、NY/T 522—2002《爆裂玉米》、NY/T 523—2002《甜玉米》、NY/T 524—2002《糯玉米》、NY/T 597—2002《高淀粉玉米》。最近一次对玉米相关标准进行修订的分别是，在 2008 年对《饲料用玉米》标准进行了修订并颁布新版标准，2009 年对《玉米》标准进行了修改并颁布新版标准。此次修订过程中对比国际先进标准做了指标上的完善，普通玉米标准基本满足了当时中国市场的需要，使我国玉米相关的标准更加完善，与国际的标准接轨，以便于经济贸易的发展。

从我国现有玉米标准来看，逐步趋于完善，但仍缺乏系统性，尤其对安全卫生相关的标准以及国际贸易方面。我国玉米安全卫生标准仍然沿用 20 世纪 80 年代和 90 年代的标准，大部分指标已经不适用，同美国相比，我国玉米安全卫生标准要少得多。国家有关部门正着手对这些标准进行修订，以适应经济形势发展和中国加入 WTO 后的形势。随着玉米产业的发展，新的玉米产品不断出现，所有新产品都还没有安全卫生标准。

8.1.3 主要玉米贸易国的玉米分类与分级

一、玉米的分类

中国国标 GB1353《玉米》根据玉米种皮颜色分为三类：①黄玉米：种皮为黄色，或略带红色的籽粒不低于 95% 的玉米。②白玉米：种皮为白色，或略带淡黄色或略带粉红色的籽粒不低于 95% 的玉米。③混合玉米：不符合黄玉米或白玉米要求的玉米。

美国标准玉米共分为：黄玉米、白玉米和混合玉米。其中黄玉米是指颗粒为黄色的玉米，而且玉米的其他颜色含量不超过 5.0%，微淡红色的黄色颗粒玉米也属于黄玉米。白玉米是指颗粒为白色的玉米，而且其他颜色玉米的含量不超过 2.0%；略带浅稻草黄或淡粉色的白色玉米也属于白玉米。混合玉米是指不符合黄玉米或白玉米颜色要求的玉米，还包括白顶黄玉米。

二、玉米的分级

中国玉米在 2009 年之前根据国家标准将玉米分为三个等级，而 2009 年新修订的标准将玉米分为五等。等级指标包括容重、不完善粒、杂质、水分等，分级指标为"容重"，定义为"粮食籽粒在单位容积内的质量"。美国将玉米按质量指标分为五等，等级指标包括容重、损伤粒、破碎粒和杂质等，定等指标为"碎玉米和杂质"。同一等级的玉米，中国的质量要求较美国高（见表 8–1）。

表 8–1　世界主要贸易国家玉米的品质指标

国别	项目	等级				
		1	2	3	4	5
中国	容重（kg/L）	≥720	≥685	≥650	≥620	≥590
	不完善粒率（%）	≤4.0	≤6.0	≤8.0	≤10.0	≤15.0
	生霉粒率（%）	≤2.0	≤2.0	≤2.0	≤2.0	≤2.0
	杂质（%）	≤1.0	≤1.0	≤1.0	≤1.0	≤1.0
	水分（%）	≤14.0	≤14.0	≤14.0	≤14.0	≤14.0
加拿大	容重（kg/hL）	≥68	≥66	≥64	≥62	≥58
	损伤粒率（%）	≤3.0	≤5.0	≤7.0	≤10.0	≤10.0
	热损伤粒率（%）	≤0.1	≤0.2	≤0.5	≤1.0	≤3.0
	碎玉米和杂质（%）	≤2.0	≤3.0	≤5.0	≤7.0	≤12.0
	其他（%）	≤5.0	≤5.0	≤5.0	≤5.0	≤5.0
美国	容重（Lbs/bu）	≥56.0	≥54.0	≥52.0	≥49.0	≥46.0
	损伤粒率（%）	≤3.0	≤5.0	≤7.0	≤10.0	≤15
	热损伤粒率（%）	≤0.1	≤0.2	≤0.5	≤1.0	≤3.0
	碎玉米和杂质（%）	≤2.0	≤3.0	≤4.0	≤5.0	≤7.0

8.1.4　玉米品质检验项目和方法比较

一、容重

"容重"是中国玉米的定等指标，定义为"粮食籽粒在单位容积内的质量"，也是美国和加拿大的分级指标之一。但中国和美国、加拿大在此项目上的测定器具和方法不同：中国采用的容重器为圆柱形，漏斗口到插片的垂直落差为 35 cm，玉米下落时在容器内部完成，测定时取平均样品约 1 000 g，进行筛理（上层筛孔直径 12.0 mm，下层筛孔直径 3.0 mm），取 3.0 mm 筛上物混匀，作为测定容重的试样。容量筒插好插片，放好排气砣后，将试样倒入谷物筒内，装满刮平。美国和加拿大容重器为圆锥体，漏斗口到杯口的垂直落差为 5.08 cm，玉米是在空气中下落，将从去除破碎玉米和杂质之前的有代表性样品中所分出约 1 000 g 样品进行容重检测。玉米通过规定的漏斗，落到一个容量筒内，直到样品溢出容器，以刮粮板全长沿杯口作"之"字形三次移动，刮去多余样品。然后将容量筒放在电子秤上称量。中国玉米各级整体容重指标比美国低，高于加拿大。

二、碎玉米和杂质

"杂质"在中国是限量指标，所有等级都不得超过 1.0%。美国和加拿大将杂质和碎玉米合为一项指标，是分级指标，不同的等级允许的限值也不一样。指标定义也不同，中国将杂质定义为"除玉米粒以外的其他物质"，包括"无使用价值的玉米粒"，实际操作时，3.0mm 以下的细小破碎玉米也作为筛下物算入杂质。美国"碎玉米和杂质"定义为"所有通过 6/64 英寸（2.4mm）圆孔筛的物质和留在 12/64（4.8mm）英寸圆孔筛上除玉米以外的物质"，加拿大定义为"所有能通过 No. 12 圆孔筛的，或者水分含量超过 25.0%，能通过 No. 14 圆孔筛的玉米颗粒和碎颗粒，或者其他谷物"（加拿大的 No. 12 圆孔筛即 6/64 in 圆孔筛）。

三、不完善粒

中国玉米不完善粒指"受到损伤但尚有使用价值的玉米颗粒"，包括虫蚀粒、病斑粒、破碎粒、生芽粒、生霉粒和热损伤粒，其中生霉粒有单独限制，在美国和加拿大标准中，该项相当于损伤粒和破碎粒的总量，其中热损伤粒有单独限制。两国损伤粒和热损伤各级指标都相同，但碎玉米和杂质指标不同，美国指标比加拿大指标严格。如果将美国玉米标准中的损伤粒、破碎玉米和杂质合并计算后，减去 1.0% 的杂质，则 1～5 级分别为 4.0%、7.0%、10.0%、14.0%、21.0%；中国玉米标准中的不完善粒 1～5 等分别为 4%、6%、8%、10%、15%，比美国和加拿大标准规定的限制指标更严格。

四、生霉粒

中国玉米标准中，生霉粒是指粒面生霉的颗粒，归为不完善粒。而美国对颗粒表面轻微生霉，但霉菌并未侵入到颗粒内部的玉米颗粒，只要其他方面完善，视为完善粒。加拿大标准中，受到霉菌感染的玉米颗粒，呈现黑蓝霉变，或者有可见霉斑，为生霉粒，而未侵入内部或未出现明显霉变的不被视为生霉粒。

五、水分

我国国家标准对玉米水分含量规定了最高限量值 14.0% 的统一标准，而美国和加拿大都没有相关规定，但会在合同中注明水分含量的要求。对水分含量的测定，我国标准采用烘箱法，即样品研磨后在 105℃烘箱中烘至恒重后称量计算结果；国外采用快速仪器测定法，有专用的水分测定仪，美国采用 Dickey john GAC2500 型，加拿大采用 Seedburo 1200A 型，均能提供与烘箱法误差在 ±0.2% 以内的结果。此外，在国际标准中，有专门用于玉米水分测定的标准，即整粒玉米烘干法，将原始样品（整粒玉米）置于130℃烘箱内烘40 h后，整粒称重计算结果，该方法测定的结果较高，耗时长。在国际标准中还有一种方法：将玉米研磨至规定细度，置于130℃烘箱内烘4h；计算结果显示，该方法高于105℃烘箱法，但低于130℃/40h法。

8.2 中国玉米品质检验

8.2.1 中国玉米标准

一、国家玉米标准

我国最早实行的玉米标准是1978年版GB/T1353借鉴苏联20世纪50年代标准制定的，随后于1985年进行修订，并于1986年4月正式实施GB/T 1353。1986年版标准虽然进行了多次修改，但随着玉米生产的发展和国际贸易的开展，该玉米标准与世界主要玉米生产国的标准相差甚远，与使用价值亦不同步。1986年版GB/T 1353实施12年期间，我国经济发生了巨大变化，玉米的食用比例大幅下降，主要作为饲料原料和工业用粮，玉米品种及栽培、收获方式均有较大的改变。为此，为了便于进行国际贸易开展，使得玉米标准更为科学合理和有针对性，参照其他国家玉米标准，我国于1999年重新对GB/T 1353进行了技术改进：将纯粮率定等改为容重定等级和规定检验玉米容重的新方法；将水分指标统一为不超过14.0%，增加不完善粒指标且定为不超过5.0%。玉米的容重定等实现了更科学、更合理地针对玉米的特性来划分等级。玉米标准虽然经过了再次修订，但在国际玉米贸易变得更频繁更密切的情况下，1999年修订后的玉米标准显然已不能满足我国玉米的生产发展和国际贸易的要求。因此，2009年对玉米标准进行了再次修订。2009年版的玉米标准GB/T 1353进行了多项技术改进，例如，调整了等级指标，将三个等级调整为五个等级，并增加了等外级；调整了不完善粒指标，并对应等级设定指标；增加了检验规则和有关标签标识的规定；修订了容重测定方法以及增加了规范性附录"玉米快速干燥降水设备技术条件及操作方法"。此次修订使之与国际接轨，更为科学合理，而且更适用于国际贸易，有助于我国玉米贸易的发展。

目前，最新的2009年版玉米国家标准GB/T 1353与旧标准相比，调整了等级指标和增加等外级、不完善粒指标及其对应等级设定指标；增加了检验规则、标签标识的规定和《玉米快速干燥降水设备技术条件及操作方法》；修订了容重测定方法。

二、其他用途的玉米标准概况

为了规范商品饲料用玉米的收购、贮存、运输、加工和销售，我国于1989年首次发布国家标准GB/T 10363。随后为了更进一步完善和提高饲料用玉米的标准，在参考农业行业标准的基础上制定了1990年版的饲料用玉米国家标准GB/T 17890，该标准采纳了国际、国内对玉米品质评价的先进技术，根据我国具体情况，选取容重、粗蛋白质、不完善粒作为饲料用玉米的分等级指标，以水分、杂质、生霉粒作为限制性指标，并要求色泽、气味正常等作为指标，水分指标定为≤14%，粗灰分、粗纤维指标没有采用农业行业标准 NY/T 114；标准中抽样与色泽、气味、容重、不完善粒、杂质测定、检验规则、包装、运输和贮存等均按照国家玉米标准 GB/T 1353 执行。为适应经济贸易的快速发展和规范检验，2008 年版国家标准 GB/T 17890 对原标准进行了修订，主要增加了一级玉米脂肪酸值要求，并要求脂肪酸值 A_K≤60 mg KOH/100g；取消粗蛋白质分级指标，均要求≥8%（干基）。

淀粉发酵工业用玉米标准 GB/T 8613 是 1999 年 11 月获得批准、2000 年 4 月实施的，代替 1988 年版淀粉业用玉米标准 GB/T 8613 和发酵业用玉米标准 GB/T 8614。淀粉业用玉米标准和发酵业用玉米标准都是按淀粉含量分为三个等级，其他指标包括色泽、气味、不完善粒、杂质和水分。两者不同的是，淀粉业用玉米标准使用了发芽率，而且不完善粒要求≤10%，其中发霉粒≤1%，而发酵业用玉米标准则要求不完善粒≤15%，在其他质量指标、检验规则等方面两者则基本相同，为此，新的标准将两者整合修订，将各等级玉米淀粉含量指标提高了 1 个百分点，取消了"发芽率"指标，统一"不完善粒"指标不超过≤5%，其中发霉粒≤1%。

8.2.2 中国玉米分级

中国玉米的分类与分级见表 8-2。

表 8-2 中国玉米各级质量指标

等级	容重（g/L）	不完善粒含量（%）		杂质含量（%）	水分含量（%）	色泽、气味
		总量	其中的生霉粒			
1	≥720	≤4.0	≤2.0	≤1.0	≤14.0	正常
2	≥685	≤6.0				
3	≥650	≤8.0				
4	≥620	≤10.0				
5	≥590	≤15.0				
等外	<590	—				

注："—"为不要求。

8.2.3 中国玉米品质检验方法

一、设备和用具

玉米品质检验用的主要设备及器具包括卡特除杂机、钟鼎式分样器、电动筛分机、容重器、电子天平（精确至 0.1g）、选筛和烘箱（干燥箱）等。

二、检验项目

（一）色泽与气味
色泽与气味是指一批玉米固有的综合颜色、光泽和气味。

（二）容重
容重是指玉米籽粒在单位容积内的质量，以克/升（g/L）表示。

（三）杂质
杂质是指除玉米粒以外的其他物质，包括筛下物、无机杂质和有机杂质。

（四）不完善粒
不完善粒主要是指检验受到损伤但尚有使用价值的玉米颗粒，包括虫蚀粒、病斑粒、破碎粒、生芽粒、生霉粒和热损伤粒。

（1）虫蚀粒：被虫蛀蚀，并形成蛀孔或隧道的颗粒。

（2）病斑粒：粒面带有病斑，伤及胚或胚乳的颗粒。

（3）破碎粒：籽粒破碎达本颗粒体积1/5（含）以上的颗粒。

（4）生芽粒：芽或幼根突破表皮，或芽或幼根虽未突破表皮但胚部表皮已破裂或明显隆起，有生芽痕迹的颗粒。

（5）生霉粒：粒面生霉的颗粒。

（6）热损伤粒：受热后籽粒显著变色或受到损伤的颗粒，包括自然热伤粒和烘干热损伤粒。

①自然热损伤粒：储存期间因过度呼吸，胚部或胚乳显著变色的颗粒。

②烘干热损伤粒：加热烘干时引起的表皮或胚或胚乳显著变色，籽粒变形或膨胀隆起的颗粒。

（五）水分
水分是指玉米籽粒中的水分含量，以百分比（%）表示。

三、检验方法

（一）检验流程
中国玉米的检验流程按照图8-1的步骤进行。

（二）色泽、气味
称取适量的样品用于色泽、气味的品评。分取20~50 g样品，放在手掌中均匀地摊平，在散射光线下仔细观察样品的整体颜色和光泽。对色泽不易鉴定的样品，取100~150 g样品，在黑色平板上均匀地摊成15cm×20cm的薄层，在散射光线下仔细观察样品的整体颜色和光泽。

分取20~50 g样品，放在手掌中用哈气或摩擦的方法提高样品的温度后，立即嗅其气味。对气味不易鉴定的样品，放入广口瓶，置于60~70 ℃的水浴锅中，盖上瓶塞，保温8~10 min后，开盖嗅辨气味。

第8章 玉米品质检验方法

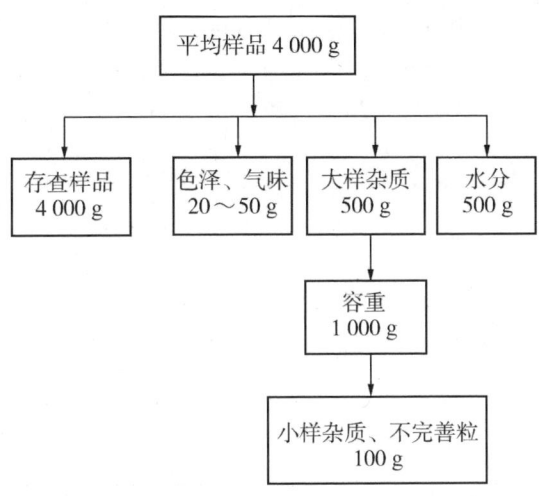

图 8-1 中国玉米检验流程

色泽、气味鉴定结果以"正常"或"不正常"表示,对"不正常"的应加以说明。

(三)杂质、不完善粒

目前现行与杂质、不完善粒检验的标准有 GB/T 5494、SN/T 0800.18 和 SN/T 0800.7,可根据实际情况选用检验标准。现在以 GB/T 5494 为依据进行玉米杂质、不完善粒的检验。

1. 样品制备

检验杂质的试样分大样、小样两种,大样用于检验大样杂质,包括大型杂质和绝对筛层的筛下物;小样是从检验过大样杂质的样品中分出少量试样,检验与玉米粒大小相似的并肩杂质。大样用量约 500 g,小样用量约 100 g。

2. 筛选

(1) 电动筛选:按质量标准中规定的筛层套好,按规定取试样放入筛上,盖上筛盖,放在电动筛选器上,接通电源,打开开关,选筛自动地向左向右各筛 1 min,(110~120 r/min),筛后静止片刻,将筛上物和筛下物分别倒入分析盘内。卡在筛孔中间的颗粒属于筛上物。

(2) 手筛:将筛层套好,倒入试样,盖好筛盖。然后将选筛放在玻璃板或光滑的桌面上,用双手以 110~120 次/分的速度,按顺时针方向和逆时针方向各筛动 1 min。筛动的范围掌握在选筛直径扩大 8~10 cm。筛后静止片刻,将筛上物和筛下物分别倒入分析盘内。卡在筛孔中间的颗粒属于筛上物。

3. 检验

(1) 大样杂质检验:按规定取大样用量 (m),精确到 1 g。选择好筛选方法,分两次进行筛选,然后拣出筛上大型杂质和筛下物合并称量(m_1),精确至0.01 g。

(2) 小样杂质检验:从检验过大样杂质的试样中,按规定取小样用量(m_2),精确至0.01 g,倒入分析盘中,按质量标准的规定拣出杂质,称量(m_3),精确至0.01 g。

(3) 不完善粒检验:在检验小样的同时,按质量标准的规定拣出不完善粒,称量(m_4),精确至0.01 g。

4. 计算公式

(1) 大样杂质、小样杂质的计算公式。

大样杂质含量以质量分数 M(%)表示。

公式为:

$$M = \frac{m_1}{m} \times 100\%$$

小样杂质含量以质量分数 N(%)表示。

公式为:

$$N = (100 - M) \times 100\%$$

杂质总量以质量分数 A(%)表示。

公式为:

$$A = M + N$$

(2) 不完善粒以质量分数 B(%)表示。

公式为:

$$B = (100 - M) \frac{m_4}{m_2}$$

(四) 水分

水分测定可参照第3章的烘干法和快速测定法,现以烘干法为例详细介绍水分测定。

(1) 当试样粒度达到通过直径1.5 mm圆孔筛的试样不少于90%时,可进行水分测定。

(2) 当试样水分含量在9%～15%时,首先用少量试样清洗粉碎机,弃去粉碎物,再取30 g试样,粉碎至通过直径1.5 mm圆孔筛的试样不少于90%,合并筛上、筛下物,混合均匀,放入密闭容器中备用。

(3) 当试样水分小于9%或大于15%时,先按两次烘干法的第一次烘干进行调节水分,然后再粉碎。

水分测定方法为烘干法,根据试样的含水量情况分为两种。

1. 一次烘干法

试样水分含量在9%～15%时,采用一次烘干法,其操作方法就是两次烘干法的第二次烘干程序。

2. 两次烘干法

试样水分含量大于15%或小于9%时，采用两次烘干。

（1）第一次烘干（水分调节）。称取水分大于15%的试样约100 g（m_2，精确至0.01g），放入已恒质的金属皿中摊平，然后再将此器皿放入干燥器中，干燥器放几个约1 cm厚的五氧化二磷的小杯子，用真空泵降压至1.3～2.6 kPa时，关闭真空泵，保持真空度。试样在干燥器中存放约2～4 d，使其水分调节到9%～15%时，空气通过干燥帘缓慢进入干燥器，避免试样被吸出损失，并使其恢复大气压，将样品放在实验室大气中至少保持24 h，温度降至实验室温度后称量（m_3，精确至0.01 g），然后迅速粉碎约30 g，混合均匀，放入密闭容器中备用。如果水分低于9%，称取约100 g试样，放在实验室大气中，直到获得9%～15%的水分。

（2）第二次烘干。用烘至恒质（m，精确至0.001 g）的金属盒称取试样约3 g（m_0，精确至0.001 g），放入皿底摊平。敞开装有试样的器皿（盖子留在干燥器里）放在干燥管封闭的一端，将装有约1 cm厚的五氧化二磷的小杯子靠近试样器皿，安装固定干燥管的两部分，开真空泵缓慢降压至1.3～2.6 kPa时，关闭真空泵。把装有试样的干燥管放入温度控制在45～50 ℃的烘箱里，约10 h后从烘箱中取出管子，冷却至室温，将该管连接于真空泵，使空气经干燥帘进行干燥管，让其恢复大气压，迅速取出试样器皿，加盖称量（m_1，精确至0.001 g）。重复上述操作，直到试样恒质为止（例如，直到间隔24 h，两次连续称量之差小于0.000 6 g）。

3. 结果计算

（1）一次烘干试样水分以质量分数 X（%）表示。

公式为：

$$X = \frac{m_0 - m_1}{m_0 - m} \times 100\%$$

（2）二次烘干试样水分以质量分数 Y（%）表示。

公式为：

$$Y = \left(1 - \frac{m_1 - m_3}{m_0 - m_2}\right) \times 100\%$$

（3）在重复性条件下，获得的两次独立测试结果的绝对差值不大于0.1%，求其平均数，即为测定结果。测定结果保留小数点后第2位。

（五）容重

玉米容重的测定参照第3章。

按照检验方法，从原始样品中缩分出两份平均样品各约1 000 g作为试验样品。每份试验样品按规定套好筛层（上层筛孔直径12.0 mm，下层筛孔直径3.0 mm，分两次进行筛选。取下层的筛上物混匀，作为测定容重的试样。

操作步骤参照第3章。

检测结果为整数，两次试样的允许差不得超过3 g/L，取算术平均值为测定结果。

8.3 美国玉米品质检验

8.3.1 美国玉米标准

1916年，美国就制定了国家玉米等级标准，迄今为止该标准的主要内容仍沿用至今。除普通玉米标准外，还编写了《谷物品质检验工作程序手册》，明确地规定品质检验相关的工作流程，详细地描述了有关品质检验的选用器具、检验方法、检验环境、人员要求及操作程序等。同时，制定了许多玉米相关产品的标准，如《罐装甜玉米等级标准》、《去皮带棒玉米消费者标准》、《青玉米标准》、《罐装奶油状玉米等级标准》、《整籽粒罐装玉米等级标准》、《整籽粒速冻玉米等级标准》、《整穗速冻玉米等级标准》等，上述标准完善了品质检验指标，提高了指标可量化程度和明确商业性用途，使得检测人员便于操作，检验结果也更加准确。美国玉米标准是以市场需要为出发点，玉米等级也是市场价格的依据，其质量是以消费者对商品的要求来衡量。因此，标准在市场中占有重要的地位，受到生产者、经营者和消费者的普遍重视。

8.3.2 美国玉米分级

一、玉米的定义

由50%或以上脱粒的整粒马牙玉米和/或整粒硬质玉米组成，且在美国谷物标准法案中已经确定标准的其他谷物含量不超过10%，其中整粒玉米是指完整度达到3/4或以上的玉米颗粒。通常情况下，直接通过样品的外观评估就可以判定是否为玉米，如果需要进行其他分析，则需使用去除破碎粒和外来物质之前的250 g的样品才能判定。

二、玉米的分级

根据玉米的分级标准，先按玉米的不同颜色进行分组，然后再对不同组别的玉米进行分级。

（一）分组

根据美国标准玉米共分成三个组别，分别是黄玉米、白玉米和混合玉米。其中，黄玉米是指颗粒为黄色的玉米，而且其他颜色的玉米含量不超过5.0%；微淡红色的黄色颗粒玉米也属于黄玉米。白玉米是指颗粒为白色的玉米，而且其他颜色的玉米含量不超过2.0%；略带浅稻草黄或淡粉色的白色玉米也属于白玉米。混合玉米是指不符合黄玉米或白玉米颜色要求的玉米，还包括白顶黄玉米。

（二）分级

在分组的基础上，再把每个组别的玉米分为六个不同等级，分别是五个数字等级和一个样品级。特殊级是用于强调影响玉米价值的特殊品质或条件,因而其只作为等级描述的一个部分,不影响数字等级或样品等级的描述。

1. 美国玉米等级分级指标(见表 8-3)

表 8-3　美国玉米的等级与定等要求

等级	容重 (磅/蒲式耳)	最大限量		
		热损伤粒(%)	损伤粒总计(%)	破碎粒和杂质(%)
美国 1 级	56.0	0.1	3.0	2.0
美国 2 级	54.0	0.2	5.0	3.0
美国 3 级	52.0	0.5	7.0	4.0
美国 4 级	49.0	1.0	10.0	5.0
美国 5 级	46.0	3.0	15.0	7.0

2. 样品级

样品级是指达不到美国 1 级至美国 5 级玉米要求的,同时还可能有以下情况:1 000 g 中含石子总质量超过样品质量的 0.1%;含 2 块或以上的玻璃碎粒;含 3 粒或以上猪屎豆种子;含 2 粒或以上的蓖麻子;含 4 粒或以上一种或多种被公认为有害或有毒的物质;含 8 粒或以上单独或成团的苍耳子;或其他类似植物或动物污染物超出样品重量的 0.20%;有霉味、酸味或者商业上令人厌恶的气味;明显受热损伤或者其他明显劣质的。

3. 特殊等级

特殊等级主要是用于描述各等级玉米的附加信息,但不影响分级。主要有四种类型,分别是硬质玉米、硬质和马牙玉米、糯性玉米以及虫蚀玉米。其中硬质玉米是指硬质玉米含量超过 95% 的玉米。硬质和马牙玉米是指所含硬质和马牙玉米混合物中硬质玉米含量超过 5%,但不足 95% 的玉米。糯性玉米是指根据联邦粮谷检验署(FGIS)指令要求所规定的方法进行测定的,由 95% 或以上的糯性玉米组成的玉米。虫蚀玉米是指由于活的象甲或其他昆虫蛀蚀损伤的玉米。该类信息是附加在等级信息后面,如美国 2 级黄玉米(虫蚀)。

(三)选择性等级描述

美国官方的玉米标准还规定一个可选性的等级描述,通常是"或更好"。根据应用的要求,玉米可被定级为"美国 2 级,或更好;美国 3 级,或更好"等等。但是,"或更好"这个等级描述是不能应用在"美国 1 级"的等级描述上。

三、判定依据

(一)明显劣质

判定明显劣质是在抽样时基于整批货物上的,其也可能会出现或可能不会出现在代表性样品或作为一个整体的样品中。

(二) 部分品质判定

老鼠和鸟的粪便、其他动物污染、破碎的玻璃、蓖麻子、苍耳、猪屎豆种子、杂物、大蒜、活的昆虫蛀蚀、大石头、水分、温度、未知杂质和被公认的有害或有毒物质等的判定都是基于样品作为一个整体的。可能存在不在代表性样品出现这些的情况，这样判定应该基于根据FGIS规则抽样时把整批货物作为一个整体。

(三) 其他判定依据

等级、损伤粒、热损伤粒、糯性玉米、硬玉米和硬质马牙玉米的判定都基于去除破碎粒和杂质之后的玉米。其他判定依据没有特别规定的都是基于整批玉米的，除了气味的判定是基于整批玉米或去除破碎粒和杂质之后的玉米（见表8-4）。

表8-4 判定依据

判定依据		
整批货物项目	去除破碎粒和杂质之前项目	去除破碎粒和杂质之后项目
明显劣质 受热 受蚀 气味	明显劣质 受热 受蚀 种类 水分 气味 石块 容重 样品级别因素	等级 损伤粒 硬玉米 硬质马牙玉米 热损伤粒 气味 糯性

1. 受热损伤

由于玉米的过度呼吸而造成玉米的受热损伤。损伤的玉米到最后通常会散发出酸味或霉味（见表8-4）。注意不要把受热损伤的玉米与由于在天气热时保存在储仓、火车或其他集装箱中发热和潮湿的玉米混合在一起。判定以抽样时或基于样品作为一个整体为依据。

2. 气味

气味的判定以抽样时，或去除杂质前，或去除杂质后的样品为依据。商业上令人反感的异味是指不适合商业使用玉米以外的气味。如果杀虫剂或熏蒸剂的气味停留在玉米上而不散去也被认为是商业上令人反感的异味。当一个样品存在杀虫剂或熏蒸剂的气味会影响对其他气味的存在判定时，应遵循以下规则：

(1) 一般检验。允许作业样品在开放的容器中通风4 h（或更短的时间）。

(2) 复检，申诉和上诉委员会复检。如果气味能在更短的时间内消散，允许非作业样品和新样品在开放容器中通风 4 h（或更短的时间）。如 4 h 通风无法符合要求，则用原始作业样品通风并且保留其作为最终档案。

根据以上规则处理后，如果杀虫剂或熏蒸剂的气味仍然存在的话，则认为该样品带有商业上令人反感的异味（见表 8-5）。

表 8-5 典型气味的类型

酸味	霉味	商业上令人反感的异味
孕穗味 发酵味 昆虫酸味 猪圈味	土壤味 昆虫味 发霉味	动物皮味 动物和蔬菜的腐烂物味 肥料味 杀虫剂和熏蒸剂味 油料产品味 臭鼬味 烟味 浓的杂草味

检验员负责所有气味最终的判定。只要有可能，对边缘气味的样品通常需由有经验的检验员协商确定的。如果不检测气味或仅是一个明显的气味检测，是不要求用协商的方法。

（四）证明

玉米分级中如美国样品级包括有明显的发霉、酸味或商业上令人反感的异味的，在证书的备注中标明"发霉、酸味或商业上令人反感的异味"。

8.3.3 美国玉米品质检验方法

美国玉米品质检验的质量指标主要包括容重、破碎粒、杂质、外观气味和水分，以及损伤粒、热损伤粒等。美国玉米规定样品数量不能小于 2 000 g。

一、设备和用具

玉米品质检验用的主要设备及器具包括卡特除杂机、钟鼎式分样器、电动筛分机、容重器、电子天平（精确至 0.1 g）、选筛和 GAC2500 水分测定仪等。

二、检验项目

（一）外观和气味

外观和气味是指玉米固有的色泽、类型、等级、健全匀整程度、外观的洁净程度及正常或非正常的气味。

(二) 容重

容重是指玉米籽粒在单位容积内的质量,以磅/温彻斯特蒲式耳表示。

(三) 杂质

杂质是通过 6/64 in 圆孔筛的全部筛下物和留存在 12/64 in 圆孔筛上的除玉米以外的其他物质。

(四) 破碎粒

破碎粒是指通过 12/64 in 圆孔筛留存在 6/64 in 圆孔筛上的物质。

(五) 损伤粒

损伤粒是指严重落地地损伤、严重气候损伤、病害、受冻、胚部损伤、受热、虫蚀、发霉、发芽或其他原因受到损伤达到规定程度的玉米整粒或碎粒。

(1) 蓝眼霉斑:被蓝眼霉斑伤及胚芽的籽粒,无论霉斑大小,均视为损伤。如霉斑清晰,不必打开或刮开籽粒,必要时轻轻揭起胚部表皮,以免清除霉斑。

(2) 轴腐病粒:生育期间穗轴腐烂,使玉米颗粒受到损伤,呈明显变色或萎缩缺损。

(3) 烘干损伤粒:人工加热烘工时引起的轻微或严重变色粒、胚部损伤、表皮皱缩起泡或脱落,或颗粒呈现裂隙的玉米。

(4) 胚部损伤粒:因颗粒的呼吸作用或高温引致的轻微或严重变色粒,除掉胚部表皮检查时,其变色范围已深入胚内。

(5) 热损伤粒:分下列两种情况。

自热热损伤粒:因过理呼吸而显著变色受损,其变色范围已超出胚部,沿颗粒两侧扩展到背部的玉米颗粒。

烘干热损伤料:人工加热烘工时引起的颗粒显著变色、变形或膨胀隆起。

(6) 虫蚀粒:玉米颗粒遭受虫蛀、虫蚀、形成蛀孔、隧道,或留有明显可见的虫尸、虫网、虫粪等。如虽受虫蚀,但未形成蛀孔或隧道,完全没有虫尸、虫网、虫粪,而且未达到破碎粒的程度者,则应作为完善粒。

(7) 发霉粒:整粒或碎粒明显发霉,或发霉虽不明显,但胚部或沿颗粒裂隙已有霉菌侵入的玉米。仅表面有浮霉的玉米,落地污损的玉米或紫胚玉米不属于发霉粒。

(8) 发芽粒:玉米颗粒已发芽或已有发芽的痕迹。

(六) 组别

组别是指根据玉米颗粒的颜色所作的商业分类。

(1) 黄玉米:指在颗粒组成中黄色颗粒不少于95%,黄色以外颗粒不多于5%的玉米。

(2) 白玉米:指在颗粒组成中白色颗粒不少于95%,白色以外颗粒不多于5%的玉米。

(3) 混合玉米：不符合黄玉米、白玉米二个组别定义的玉米。普遍由顶部为白色的黄玉米组成的玉米。

(七) 类型

类型是指根据玉米的质地等特征所作的分类。

(1) 硬质玉米：指由95%或更多的硬质玉米组成的任何级别的玉米。

(2) 硬质和马牙玉米：指硬质玉米含量在5%以上95%以下，由硬质玉米颗粒和马牙玉米颗粒组成的任何级别的玉米。

(3) 糯性玉米：指由95%或更多的经用指定方法（碘染色法）鉴定为糯性玉米的颗粒组成的任何组别的玉米。

(八) 水分

水分是指玉米籽粒中的水分含量，以百分比（%）表示。

三、检验方法

(一) 检验流程

美国玉米的检验流程按照图8-2的步骤进行。

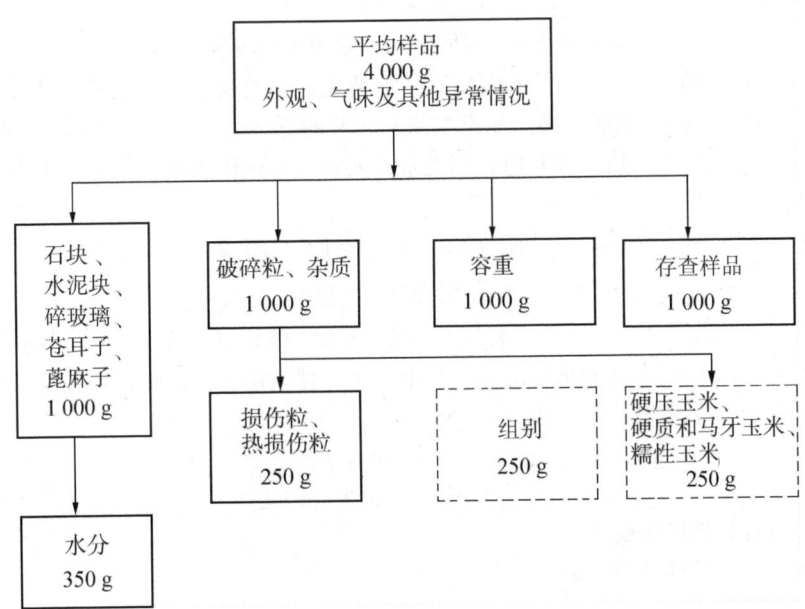

图8-2 美国玉米检验流程

(二) 检验操作流程破碎粒

每次有关分组、破碎粒、热损伤粒、糯性玉米、硬质玉米和马牙玉米的测定都是在去破碎玉米和杂质之后的基础上测定。按一般条款，没有特别规定的其他测定则是以整个样品为基础进行，只有气味测定例外。气味测定或以全部原样品为基础，或以去除破碎粒和杂质后的样品为基础进行测定。

（三）外观及气味检验

外观及气味检验主要在扦样现场进行，但室内检验人员还须在缩分平均样品前进一步检验。

（1）感官鉴定：主要依据检验员的感官对玉米的色泽、类型、等级、健全程度以及气味等进行检验。如怀疑样品有异味，难以判断，可用温水浸泡嗅辨，或制成食品品尝。

（2）化学或仪器分析法：对某些不易判断其性质或程度的异味、异物，可采取国内外通用的化学或仪器分析方法，进一步作定性定量分析。

（四）破碎粒与杂质检验

应用卡特机进行的破碎粒和杂质检验有两种不同的方法。

（1）第一步将 1 000 g 的玉米样品通过卡特机，顶筛使用 12/64 in 圆孔筛，底层直接收集破碎粒和杂质（NO.1）（见图 8-3）；第二步是从经机械筛理后的玉米中，手工挑出除玉米以外的其他物质（NO.2）（见图 8-4）。

破碎粒及杂质总量 = 破碎粒和杂质 NO.1 + 破碎粒和杂质（NO.2）。

（2）第一步将 1 000 g 的玉米样品通过卡特机，与上层使用组合筛，由 12/64 in 与 6/64 in 圆孔筛组合而成。破碎粒由 12/64 in 筛的筛下与 6/64 in 筛的筛上物组成，然后从底层直接收集杂质（NO.1）；第二步是从机械清理出来的玉米中，手工挑选杂质（NO.2）。

破碎杂质总量 = 破碎粒 + 杂质（NO.1）和杂质（NO.2）。

（五）损伤粒（总量）及热损伤粒检验

取按图 8-2 美国玉米检验流程图缩分的已拣除破碎粒和杂质后留存的 250g 样品。根据损伤粒相关定义的项目解释，从中拣出各种损伤粒，按热损伤粒及一般损伤粒归类，分别称记重量，计算百分率。

$$热损伤粒(\%) = \frac{A + F}{S} \times 100$$

式中：A 为自热热损伤粒（g）。

F 为烘干热损伤粒（g）。

S 为试样（g）。

$$损伤粒总量(\%) = \frac{D + H}{S} \times 100$$

式中：D 为一般损伤粒（g）。

H 为热损伤粒（g）。

S 为试样（g）。

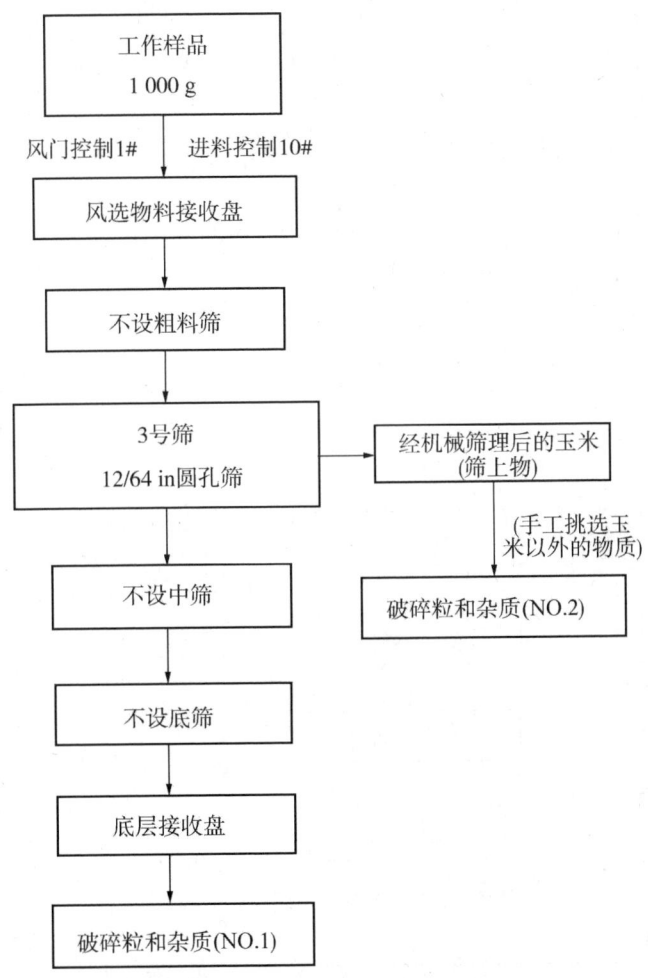

图 8-3 破碎粒和杂质检验流程一

（六）水分检验

水分测定应在去除杂质之前，样品的数量大约 350 g。美国官方使用 Dick - john 谷物分析计算机 GAC2500 进行水分测定。具体操作方法参照第 3 章。但玉米水分测定需注意以下问题。水分测定仪最基本的室内环境温度要求为 10～40 ℃，为了使温度对官方检验影响最小，在玉米检验时实验室温度应控制在 15～30 ℃。GAC2500 内置的温度限值范围是 10～40 ℃，如果仪器温度超出内置范围，则不显示水分检验结果，检测样品的温度超出仪器内置的温度范围，也不显示水分检验结果。为优化官方检验的准确性和一致性，在水分检验前，要求先将样品温度调至 10～32 ℃。GAC2500 内置的样品与仪器温度差异限值为 20 ℃，如果仪器在运行时发现温度差异

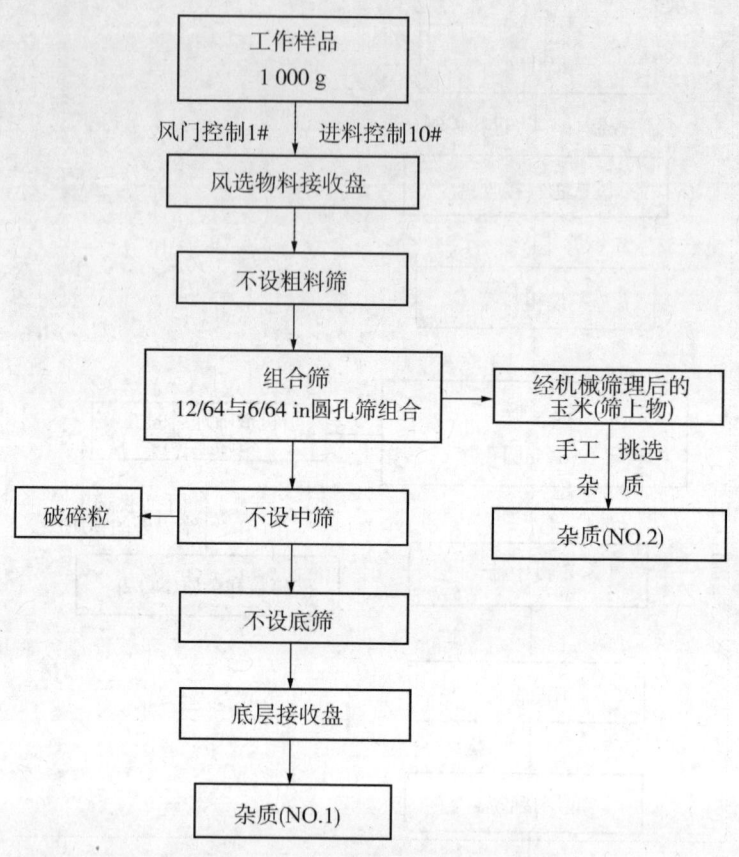

图 8-4 破碎粒和杂质检验流程二

超出 20 ℃，则不显示水分检验结果。为优化官方检验的准确性和一致性，在水分检验前，要求先将样品与仪器的温度差异调至 11 ℃。GAC2500 对分析样品的大小没有严格要求，一般情况下，检验时所需玉米样品大约 350 g。如果在 15 min 内不能进行检测，则将需进行水分检验的样品密封在水密性好的容器中，不能存放在纸袋、纤维袋等容器中，因为这类容器会吸取样品的水分。

（1）在倒入料斗之前，样品要在分样器上混匀至少一次。

（2）选择相应的谷物类型。

（3）用足够的玉米填满在设备顶上的样品料斗以填满设备里面的检测室（轻轻地将玉米填满）。除了填满检测室（大约一品脱），玉米样品的确切重量并不重要。当检测形如时，其多余的玉米溢出检测室落入样品回收盒中。如果样品不能填满检测室，按下"UNLOAD"键，倒入足够的样品再重新检测。

（4）按下"LOAD"键开始检测。

(5) 水分测定结束。

(6) 阅读测定结果并将结果记录在工作记录本中。

(7) 完成测定后，按下"UNLOAD"键，结束程序。

（七）容重测定

测定玉米容重是在去除杂质前，且要求玉米样品数量足够多以装满容量筒并有所溢出。

每蒲式耳的测定重量是指每温彻斯特蒲式耳（2 150.42 立方英寸）的重量，温彻斯特蒲式耳是美国批准使用的设备。容重的测定是基于使用样品量足够多以溢出测量筒。具体操作方法参照本书第3章。

(1) 每个测重蒲式耳容器（容量筒）在电子秤上去皮调零。

(2) 关上漏斗阀。

(3) 向漏斗中倒入工作样品。

(4) 将漏斗移至容量筒正上方。

(5) 快速打开漏斗阀门，样品通过漏斗落到测量筒中，直到样品溢出容器。

(6) 轻轻地移开漏斗，不要振动容重器，如果振动的话，会造成结果不准确。

(7) 双手握着刮粮板，让其竖向垂直于容量筒口平面，以刮粮板全长沿容量筒口作"Z"字形移动3次，刮去多余的样品。

(8) 然后将容量筒放在电子秤上称重，容量筒事先去皮重。

第9章 大米品质检验方法

9.1 概述

大米来源于稻（*Oryza sativa*），是稻成熟之后结谷，稻谷去皮之后所得。稻是禾本科稻属中作为粮食的最主要的、历史最悠久的一种作物，又称亚洲型栽培稻。稻的栽培起源于中国，其历史可追溯到公元前1.6万年的中国湖南。水稻在中国广为栽种后，逐渐向西传播至印度，中世纪引入欧洲南部。如今全世界约有一半的人口以稻谷为食，主要分布在亚洲、欧洲南部、热带美洲和非洲部分地区。稻的总产量占世界粮食作物产量第三位，仅低于玉米和小麦。

一、大米的分类

（一）籼米

大米的分类与稻谷的分类有密切关系，我国和国际市场通常根据粒型和粒质分为籼米、粳米和糯米三类。

籼米系用籼型非糯性稻谷制成的米。米粒粒型呈细长或长圆形，长者长度在7 mm以上，蒸煮后出饭率高，黏性较小，米质较脆，加工时易破碎，横断面呈扁圆形，颜色呈白色透明的较多，也有半透明和不透明的。根据稻谷收获季节，分为早籼米和晚籼米。早籼米米粒宽厚而较短，呈粉白色，腹白大，粉质多，质地脆弱易碎，黏性小于晚籼米，质量较差。晚籼米米粒细长而稍扁平，组织细密，一般是透明或半透明，腹白较小，硬质粒多，油性较大，质量较好。

在国际市场上，有按籼米米粒的长度分为长粒米和中粒米。长粒米粒型细长，长与宽之比一般大于3，一般为蜡白色透明或半透明。性脆，油性大，煮后软韧有劲而不黏，食味细腻可口，是籼米中质量最优者。我国广东省生产的齐眉、丝苗和美国的蓝冠等均属长粒米。中粒米粒型长圆、较之长粒米稍肥厚，长宽比在2～3之间，一般为半透明，腹白多，粉质较多，煮后松散，食味较粗糙，质量不如长粒米。我国湖南、湖北、广东、广西、江西、四川等省所产的大米多属于中粒米，美国的齐奈斯也属于中粒米。

泰国大米标准根据大米的长度分为特长型（7 mm以上）、长型（6.6～7.0 mm）、中型（6.2～6.6mm）和短型（6.2mm以下）等4种。

（二）粳米

粳米是用粳型非糯性稻谷碾制成的米。米粒一般呈椭圆形或圆形。米粒丰满肥厚，横断面近于圆形，长与宽之比小于2，颜色蜡白，呈透明或半透明，质地硬而有韧性，煮后黏性、油性均大，柔软可口，但出饭率低。

粳米根据收获季节，分为早粳米和晚粳米。早粳米呈半透明状，腹白较大，硬质粒少，米质较差。晚粳米呈白色或蜡白色，腹白小，硬质粒多，品质优。

粳米主要产于我国华北、东北和苏南等地。著名的小站米、上海白粳米等都是优良的粳米。粳米产量远比籼米低。

三、糯米

糯米又称江米，呈乳白色，不透明，煮后透明，黏性大，胀性小，一般不做主食，多用制作糕点、粽子、元宵等，以及作酿酒的原料。

糯米也有籼粳之分。籼糯米粒型一般呈长椭圆形或细长形，乳白不透明，也有呈半透明的，黏性大；粳糯米一般为椭圆形，乳白色不透明，也有呈半透明的，黏性大，米质优于籼糯米。

四、其他分类

在国际市场上，根据稻谷加工程度和加工方法，对大米又有糙米、白米、蒸谷米和碎米等之分类。

（1）糙米：稻谷经加工仅碾去谷壳后为糙米，糙米是一个完整的果实。糙米一般需经过进一步加工才能食用。

（2）白米：糙米经继续加工，碾去皮层和胚（细糠），基本上只剩下胚乳，即我们平时食用的白米或大米。

（3）蒸谷米：蒸谷米是将稻谷浸在热水中，经蒸汽加热再使之干燥后，经碾制而成的大米。蒸谷米刚性增强，出米率较普通稻谷高；谷皮的养分经水浸渗入大米内部，提高了大米营养价值；煮食容易，但由于米经过处理，米色变黄，带有油腥味。

（4）碎米：大米在加工时被碾碎的部分，称为碎米。泰国碎米分白碎米和小白碎米。

大米中淀粉含量最高，其次为蛋白质。一般情况下大米不会生虫、发霉（霉菌的大量繁殖）。因为大米中的水分活度值很低（水含量很少），而霉菌和虫卵生长发育需要水的存在。水分活度值低则霉菌和虫卵不能吸收水分。而在受潮后水分活度值升高，霉菌和虫卵就会吸收大米中的水分进而分解和食用大米中的养分。

9.1.1 世界大米（水稻）的生产和贸易状况

2010年全球水稻种植面积位于前10位的国家中，亚洲的国家占有9席，且前5位均为亚洲国家，亚洲的水稻种植面积占世界水稻总种植面积的56.76%，而产量占世界总产量的62.69%（见表9-1）。日本、中国和韩国是主要水稻生产国，但2010年韩国种植面积下降，而日本和中国有所上升。水稻价格的稳定，使全球水稻种植面积处于逐年上升的趋势，2010年增长了1.4%，同时水稻受转基因作物影响较小。

根据联合国粮农组织提供的数据，从2012年到2013年，全球粮食储备已经上升了7%，达到历史性的1.71亿t。在过去3年里，泰国的大米库存几乎翻了一番。联合国的数据显示，泰国大米的库存将会上升40%，达到创纪录的1 820万t。

表9-1 2010年全球水稻种植面积及产量

国家	面积 （百万hm^2）	产量 （百万t）	产率 （$t \cdot hm^{-2}$）	年面积增长率（%）		年产量增长率（%）	
				1年	5年	1年	5年
印度	44.0	94.5	2.15	5.1	0.2	6.0	0.6
中国	29.8	139.3	4.67	0.6	0.7	2.0	2.0
印度尼西亚	12.1	36.9	3.05	0.08	0.52	1.5	1.1
巴基斯坦	2.1	4.7	2.24	-25.0	-4.3	-30.9	-3.3
日本	1.6	7.7	4.74	0.6	-0.9	0.1	-1.3
美国	1.5	11.0	7.50	16.7	1.6	11.5	1.7
韩国	0.9	6.2	6.95	-3.0	-1.9	-6.7	-0.7
泰国	10.7	20.3	1.90	-2.5	0.9	0.3	20.3
越南	7.4	25.3	3.39	0.3	0.4	1.0	2.1
全球	158.11	451.58	2.86	1.36	0.73	2.38	1.56

随着产量增加，大米价格正在下跌。国际谷物理事会的数据显示，全球粮价已经从2011年的历史最高纪录下跌了12%。2012年越南提供了全球20%的大米出口量，越南大米价格甚至被视为亚洲米价的"风向标"。联合国的数据显示，2012年，越南的破碎率为5%的大米价格下降了9.4%，达到404美元/t。据美国彭博新闻社的估计，2013年12月，越南大米的价格将会下降6.6%，跌至377.50美元/t，达2010年以来的最低水平。

中国是大米的第一大消费国。海关数据显示，中国的大米进口量从2011年的约60万t上升到2012年的240万t。分析认为，中国增加大米进口是适量的，在国际米价不振时，有助于提供需求支撑，稳定国际粮价。尽管中国粮食生产相对充足，国际市场大米价格不振仍然可能波及中国，国家可以借机收储大米，保护国内米价。

中国从泰国进口的大米数量已经从2006年的65万t下降到2011年的26万t，而2012年，中国从越南进口的大米超过150万t。如果泰国继续实施稻米保护价政策，中国可能继续加大越南大米的进口量。但是，和越南大米相比，泰国大米质量更高，口感更好，品牌更硬，有稳定客源。

大米的国际贸易主要集中在亚洲，贸易来源地主要集中在泰国、越南、巴基斯坦、柬埔寨等；糯米的出口量较大的国家有泰国、越南、巴基斯坦等。据统计，2012年中国进口大米为231.6万t，为近十几年以来的最高值。越南大米占进口总量的66.7%、巴基斯坦占25%、泰国占7.6%，上述三国的进口总量的比重高达99.3%。2012年经深圳口岸进口的米总量为85.3万t，其中白米为70万t，占进口总量的

82.1%；白碎米为10.7万t，占12.5%；糯米为2.8万t，占3.3%；碎糯米为1.8万t，占2.1%。从进口国家来看，越南56万t，占进口总量的65.6%；巴基斯坦19.6万t，占22.9%；泰国9.5万t，占11.1%；柬埔寨0.2万t，占0.2%。

9.1.2 大米品质检验的主要标准和技术性规范

一、国际标准

涉及的稻谷的国际标准有 ISO 7301—1988《稻谷规格》、ISO 6646—2000《稻米、稻谷和有壳稻谷潜在的碾磨产量的测定》、ISO 14864—1998《水稻烹饪过程中的谷粒胶凝时间的评估》、ISO 711—1985《谷类水分含量的测定（基准参照法）》、ISO 520—1997《谷类千粒重测定》、ISO 2171—1993《谷类和碾粒谷类制品灰分的测定》等等。我国在1988年等效采用，1992年转为等同采用由ISO认可的如国际食品法典委员会（CAC）等国际组织制定和发布的稻米质量标准，也是各国认可的农业国际标准，如198—1995《大米》就是有关稻米质量的食品法典标准。

二、泰国大米标准

泰国重视大米的外观品质和销售品质，要求米粒细长，精米透明度、光洁度好，米饭松软有香味。泰国对精米的质量制定了严格的分级标准，根据粒型、杂质、精度、水分等24项指标将其分成10个等级。

泰国的大米标准1958年由泰国商业部制定，1997年作了部分修改，覆盖了所有等级和品种的大米，如茉莉香大米（Thai Hommali Rice）、精白米（Thai white Rice）、糙米（Thai Cargo Rice）、蒸煮米（Thai Parboiled Rice）、糯米（Thai Glutinous Rice）和碎白米（Thai White Broken Rice）。各种类型的大米又划分成若干等级，每个等级都规定了指标。

9.1.3 大米的分类和检验项目概述

国际水稻研究所（IRRI）将稻谷按不同的粒型分为超长粒稻、长粒稻、中粒稻和短粒稻。我国则分为早籼谷、晚籼谷、早粳谷和晚粳谷，粳谷相当于国际上的短籼谷。泰国、老挝、尼泊尔长粒稻占多数，泰米精米粒长平均7.3 mm。印度尼西亚中粒稻占第一位，其次为长粒稻，印尼平均6.30 mm；菲律宾长、中、短均有，以中粒为主，精米粒长平均6.99 mm；而美国、越南以长粒稻为主；日本都是短粒稻。国际优质大米平均为7.2 mm，属长粒型。而我国优质精米平均为6.8 mm，除少数几个品种如湖南软米、中优晚1号、鉴105等在7.0 mm以上，其余都在7.0 mm以下。国外优质大米千粒重平均为17.55 g，而我国优质米除中优晚1号、鉴105为17.1 g外，其余均在17.0 g以下，平均为16.7 g。

稻谷加工经过稻谷清理、砻谷脱壳和砻下物（稻壳、谷粒和糙米）的分离、碾米和成品整理后，就会成为大米。因此，各个步骤中对大米造成的不同影响，就直接成为判断大米级别的分水岭。稻谷清理脱壳后，颗粒长度、完整颗粒的多少是大米可能分为哪个级别的主要判断指标；在经过细致的谷物和碎米分离后，剩余越少的杂质和碎米的大米就能成为更好的级别；最后，根据之前米粒、杂质、碎米的含量进行不同程度的研磨，更高级别的大米能获得的研磨则更为细致，成品才能更好。

而在大米品质检验中，由于不同的国家大米品种存在差异，因此对大米的检验也有不一样的要求。现在我国进口的各国大米，都有着相关检验检疫机构在当地进行出口前的检验，需要符合国家标准，或者符合买卖双方以国家标准为基础签订的合同要求。

中国进口的泰国、柬埔寨大米的品质检验由中国检验认证集团负责，巴基斯坦主要由国际商业公司（如SGS）完成，而越南则由越南官方认证的检验公司负责。

9.2 中国大米品质检验

9.2.1 中国大米标准

我国主要是以《大米》（GB 1354—2009）对大米进行品质检验。其中明确了不同米的定义，以及对不同米的品质要求。对于大米的加工和杂质的分离等等可以参照《粮油检验 一般规则》（GB 5490—2010）、《粮油检验 粮食、油料的杂质、不完善粒检验》（GB 5494—2008）、《粮油检验 碎米检验法》（GB 5503—2009）、《粮食、油料检验 黄粒米及裂纹粒检验法》（GB/T 5496—1985）。

9.2.2 中国大米分级

我国各类大米主要按加工精度划分等级。加工精度是指糙米加工成白米时的去皮程度。不同等级的大米，加工时的去皮程度不同。将各类大米分为四个等级。就加工精度而言，特等米背沟有皮，粒面米皮基本去净的占85%以上；标准一等米背沟有皮，粒面留皮不超过1/5的占80%以上；标准二等米背沟有皮，粒面留皮不超过1/3的占75%以上；标准三等米背沟有皮，粒面留皮不超过1/2的占70%以上。

优质大米质量指标见表9-2和表9-3。其中优质籼米和优质粳米以加工精度、碎米与其中小碎米、不完善颗粒、垩白粒率、品尝评分值和杂质最大限量为定等指标，优质籼糯米和优质粳糯米以加工精度、碎米与其中小碎米、不完善粒和杂质最大限量为定等指标。

表9-2 中国大米质量指标

品种		籼米				粳米				籼糯米			粳糯米		
等级		一级	二级	三级	四级	一级	二级	三级	四级	一级	二级	三级	一级	二级	三级
加工精度		对照标准样品检验留皮程度													
碎米	总量/% ≤	15.0	20.0	25.0	30.0	7.5	10.0	12.5	15.0	15.0	20.0	25.0	7.5	10.0	12.5
	其中小碎米/% ≤	1.0	1.5	2.0	2.5	0.5	1.0	1.5	2.0	1.5	2.0	2.5	0.8	1.5	2.3
不完善粒/% ≤		3.0	4.0	6.0		3.0	4.0	6.0		3.0	4.0	6.0	3.0	4.0	6.0
杂质最大限量	总量/% ≤	0.25	0.3	0.4		0.25	0.3	0.4		0.25	0.3		0.25	0.3	
	糠粉/% ≤	0.15	0.2			0.15	0.2			0.15	0.2		0.15	0.2	
	矿物质/% ≤	0.02													
杂质最大限量	带壳稗粒(粒/千克) ≤	3	5	7		3	5	7		3	5		3	5	
	稻谷粒(粒/千克) ≤	4	6	8		4	6	8		4	6		4	6	
水分/% ≤		14.5				15.5				14.5			15.5		
黄颗粒/% ≤		1.0													
互混/% ≤		5.0													
色泽、气味		无异常色泽和气味													

表9-3 中国优质大米质量指标

品种		籼米			粳米			籼糯米			粳糯米		
等级		一级	二级	三级	一级	二级	三级	一级	二级	三级	一级	二级	三级
加工精度		对照标准样品检验留皮程度											
碎米	总量/% ≤	5.0	10.0	15.0	2.5	5.0	7.5	5.0	10.0	15.0	2.5	5.0	7.5
	其中小碎米/% ≤	0.2	0.5	1.0	0.1	0.3	0.5	0.5	1.0	1.5	0.2	0.5	0.8
不完善粒/% ≤		3.0	4.0		3.0	4.0		3.0	4.0		3.0	4.0	
垩白粒率/% ≤		10.0	20.0	30.0	10.0	20.0	30.0						
品尝评分值/分		90	80	70	90	80	70	75					

续表 9-3

品种		籼米			粳米			籼糯米			粳糯米		
等级		一级	二级	三级	一级	二级	三级	一级	二级	三级	一级	二级	三级
加工精度		对照标准样品检验留皮程度											
直链淀粉含量（干值）/%		14.0～24.0			14.0～20.0			≤2.0					
杂质最大限量	总量/% ≤	0.25		0.3	0.25		0.3	0.25		0.3	0.25		0.3
	糠粉/% ≤	0.15		0.2	0.15		0.2	0.15		0.2	0.15		0.2
	矿物质/% ≤	0.02											
	带壳稗粒（粒/千克）≤	3		5	3		5	3		5	3		5
	稻谷粒（粒/千克）≤	4		6	4		6	4		6	4		6
水分/% ≤		14.5			15.5			14.5			15.5		
黄颗粒/% ≤		1.0											
互混/% ≤		5.0											
色泽、气味		无异常色泽和气味											

9.2.3 中国大米品质检验方法

一、设备及器具

（1）筛选器：转速 110～120 r/min，可自动控制以 1 min 为间隔按顺时针或逆时针各转动 1 次。

（2）谷物选筛：长方形平整木板或塑料板，厚约 2 mm，一条长边加工成斜口，便于分样。

（3）电动碎米分离器。

二、检验项目

（1）米粒部分：指每部分为完整米粒纵长的 1/10。

（2）完整颗粒：指无任何破碎的完整米粒，包括长度达 9 部分及以上的颗粒。

（3）破碎粒：指米粒长度达 2.5 部分以上但未达到平头粒长度的破碎粒，包括留存部分小于完整粒 80% 的劈裂粒。

（4）小碎 C1：指通过 7 号金属圈孔筛的小破碎粒。

（5）低碾磨粒：指碾度低于大米规定等级精度的碾磨粒。

（6）黄粒：指米粒部分明显变黄的大米粒。

（7）损伤粒：指因水湿、受热、真菌感染、虫害或其他原因而肉眼可见明显受损的颗粒。

(8) 糠粉：通过直径1.0 mm圆孔筛的筛下物，以及黏附在筛上的粉状物质。
(9) 未发育粒：指未正常发育和瘪而无淀粉的颗粒。
(10) 不熟粒：指由未成熟稻谷碾制的浅绿色大米粒。
(11) 其他种子：指大米粒以外的其他植物种子。
(12) 杂质：指大米以外的其他物质，包括稻壳和糠粉。
(13) 精度：指大米碾磨程度。
(14) 特好精碾：指糠皮全部去净，大米粒呈特好外观。
(15) 良好精碾：指糠皮全部去净，大米粒呈良好外观。
(16) 适度精碾：指大部分糠皮去净，大米粒呈良好外观。
(17) 普通精碾：指仅部分糠皮去净。

三、检验方法

（一）检验流程

中国大米检验流程见图9-1。

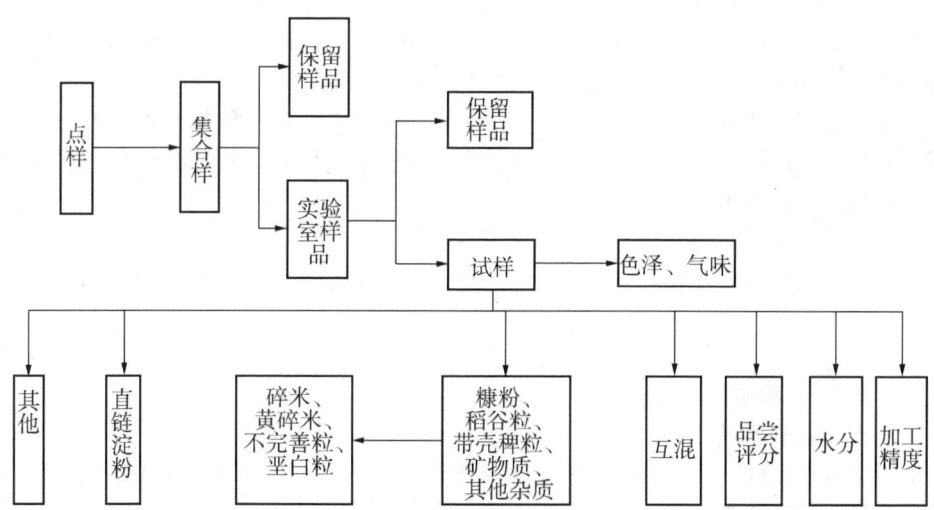

图9-1 中国大米检验流程

（二）筛选

大米的筛选有电动筛选和手筛两种。

(1) 电动筛选器法：按质量标准中规定的筛层套好（大孔筛在上，小孔筛在下，套上筛底），按规定取试样放入筛上，盖上筛盖，放在叮咚筛选器上，接通电源，打开开关，选筛自动地向左向右各筛1 min（110～120 r/min），筛后静止片刻，将筛上物和筛下物分别倒入分析盘内。卡在筛孔中间的颗粒属于筛上物。

(2) 手筛法：按电动筛中的方法将筛层套好，倒入试样，盖好筛盖。然后将选筛放在玻璃板或光滑的桌面上，用双手以110～120次/min的速度，按顺时针方向和逆时针方向各筛动 1 min。筛动范围掌握在选筛直径扩大至 8～10 cm。筛后操作与电动筛相同。

（三）米类杂质、不完善粒检验

1. 糠粉、矿物质、杂质总量检验

按照规定分取试样约 200 g（m'），精确至 0.1 g，分两次放入直径 1.0 mm 圆孔筛内，按规定的筛选法进行筛选，筛后轻拍筛子使糠粉落入筛底。全部试样筛完后，刷下留存在筛层上的糠粉，合并称量（m_1'），精确至 0.01 g。将筛上物倒入分析盘内（卡在筛孔中间的颗粒属于筛上物）。再从检验过的糠粉的试样中分别拣出矿物质并称量（m_2'），精确至 0.01 g。拣出稻谷粒、带壳稗粒及其他杂质等一并称量（m_3'），精确至 0.01 g。

2. 带壳稗粒和稻谷粒检验

按规定分取试样 500 g，精确至 1 g，拣出带壳稗粒（X）和稻谷粒（Y），分别计算含量。

3. 不完善粒的检验

按规定分取试样至 50 g（m_4'），精确至 0.01 g，将试样倒入分析盘内，按粮食、油料质量标准中的规定拣出不完善粒并称量（m_5'），精确至 0.01 g。

按照规定分取试样至规定的小样用量（m_4'）（米类小样用量与其原粮相同），精确至 0.01 g，将试样倒入分析盘内，按粮食、油料质量标准中的规定拣出不完善粒并称量（m_5'），精确至 0.01 g。

（1）米类杂质、不完善颗粒检验结果计算。

糠粉含量以质量分数 E（%）表示，按下式计算：

$$E(\%) = \frac{m_1'}{m'} \times 100$$

式中：m_1' 为糠粉质量（g）。

m' 为试样质量（g）。

在重复性条件下，获得的两次独立测试结果的绝对差值不大于 0.04%，求其平均数，即为测试结果，测试结果保留小数点后 2 位。

（2）杂质总量以质量分数 B（%）表示，按下式计算：

$$B(\%) = \frac{m_1' + m_2' + m_3'}{m'} \times 100$$

式中：m_1' 为糠粉质量（g）。

m_2' 为矿物质质量（g）。

m_3' 为稻谷粒、稗粒及其他杂质质量（g）。

m' 为糠粉质量（g）。

在重复性条件下，获得的两次独立测试结果的绝对差值不大于 0.04%，求其平均数，即为测试结果，测试结果保留小数点后 2 位。

(3) 不完善颗粒含量以质量分数 C（%）表示，按下式计算：

$$C(\%) = \frac{m_4'}{m'} \times 100$$

式中：m_4' 为不完善颗粒质量（g）。

m' 为试样质量（g）。

在重复性条件下，获得的两次独立测试结果的绝对差值：大粒、特大粒粮不大于 1.0%，中小粒粮不大于 0.5%，求其平均数，即为测试结果，测试结果保留小数点后 1 位。

4. 大米小碎米的检验

先由上至下将 2.0 mm、1.0 mm 筛和筛底套装好，再将试样放入直径 2.0 mm 圆孔筛内，盖上筛盖，安装于筛选器上进行自动筛选，或将安装好的谷物选筛置于光滑平面上，用双手以约 100 r/min 的速度，顺时针及逆时针方向各转动 1 min，控制转动范围在选筛直径的基础上扩大约 8～10 cm。

将选筛静置片刻，收集留存在 1.0 mm 圆孔筛上的碎米和卡在筛孔中的米粒，称量（m_1），精确至 0.01 g。

小碎米率 X_1 按下式计算：

$$X_1(\%) = \frac{m_1}{m} \times 100$$

式中：X_1 为小碎米率。

m_1 为小碎米质量（g）。

m 为试样质量（g）。

5. 大米碎米的检验

将检验小碎米后留存于 2.0 mm 圆孔筛上及卡在筛孔中的米粒倒入碎米分离器，根据粒型调整碎米斗的倾斜角度，使分离效果最佳，分离 2 min。将初步分离出的整米和碎米分别倒入分析盘中，用木棒轻轻敲击分离筒，将残留在分离筒中的米粒并入碎米中，拣出碎米中不小于整米平均长度 3/4 的米粒并入整米，拣出整米中小于整米平均长度 3/4 的米粒并入碎米，将分离出的碎米与（大米小碎米的检验）检出的小碎米合并称量（m_2），精确至 0.01g。

如无碎米分离器，则将 2.0 mm 圆孔筛上的米粒连同卡在筛孔中的米粒倒入分析盘，手工拣出小于整米平均长度 3/4 的米粒，与（大米小碎米的检验）检出的小碎米合并称量（m_2），结果精确至 0.01g。

碎米率 X_2 按下式计算：

$$X_2(\%) = \frac{m_2}{m} \times 100$$

式中：X_2 为碎米率。

m_2 为碎米质量（g）。

m 为试样质量（g）。

6. 大米黄粒米检验

分取大米试样约 50 g 或在检验碎米的同时，按规定拣出黄粒米（小碎米中不检验黄粒米），称重（W_1）。

大米黄粒米含量按下式计算：

$$黄米粒(\%) = \frac{W_1}{W} \times 100$$

式中：W_1 为黄粒米质量（g）。

W 为试样质量（g）。

双试验结果允许差不超过 0.3%，求其平均数，即为检验结果，检验结果保留小数点后 1 位。

9.3 泰国大米品质检验

9.3.1 泰国大米标准

泰国大米品质检验标准是依据泰国商业部发布的《大米标准 B.E.2540》实施检验，该标准根据不同的大米品种执行对应的检验要求。

9.3.2 泰国大米分级

泰国白米等级规格分为下列 10 个级别：①100% A 级别白大米；②100% B 级别白大米；③100% C 级别白大米；④5% 白大米；⑤10% 白大米；⑥15% 白大米；⑦25% 超级白大米；⑧25% 白大米；⑨35% 白大米；⑩45% 白大米。

泰国籼米的主要检验指标见表 9-4。从表中可以看出，对于籼米的级别具有细致的分类，米粒的长度是判别米的级别的一个重要标准。另外，不同碎米含量的多少也是区分等级的内容。通过这些项目内容的不同要求，可以区分出品质更好的籼米。

泰国碎籼米的分类有 3 个级别：①A1 特上白碎米；②A1 上白碎米；③A1 特白碎米。详细的检验要求见表 9-5，主要是从来源，即从哪个级别的籼米研磨所得作为区分，而研磨后的米粒大小、含量是判定碎籼米级别的更为细致的标准。

泰国糯米的等级分类比较少，主要是通过米粒的大小来区分，可根据研磨的程度不同、碎米含量的不同，更为细致的标准糯米级别（见表 9-6）。

泰国碎糯米由于都是从糯米研磨所得，级别分类只有一种，但是要符合米粒的大小，存在较少的杂质异物才能符合碎糯米的要求（见表 9-7）。

第9章 大米品质检验方法

表9-4 泰国籼米等级及检验指标

白米标准

等级	粮食分类(%) 颗粒长度 一级(>7.0mm)	一级(>6.6~7.0mm)	一级(>6.2~6.6mm)	短颗粒(≥6.2mm)	平头粒大小(部分)	破碎粒大小(部分)	完整颗粒含量	谷物成分(%) 整米含量	碎米及小碎米C1 全部(包括C1小碎米)	不达指定最低值及不能通过7号筛的碎米	小碎米C1	可能存在的米或杂质不超过(%) 红色和/或低碾磨粒含量	黄粒含量	垩白仁含量	损伤颗粒含量	糯米含量	发育不完全未成熟颗粒，其他异种子及杂物单独或总量	稻谷含量(粒/千克)	研磨程度
100% A级	≥70.0	—	≤5.0	0	≥8.0	≥5.0~<8.0	≥60.0	—	≤4.0	0	0	0	0	3.0	0	1.5	0	5	特别充分研磨
100% B级	≥40.0	—	—	≤5.0	≥8.0	≥5.0~<8.0	≥60.0	—	≤4.5	≤0.5	≤0.1	0	0.2	6.0	0.25	1.5	0.2	7	特别充分研磨
100% C级	≥30.0	—	—	≤5.0	≥8.0	≥5.0~<8.0	≥60.0	—	≤5.0	≤0.5	≤0.1	0	0.2	6.0	0.25	1.5	0.2	7	特别充分研磨
5%	≥20.0	—	—	≤10.0	≥7.5	≥3.5~<7.5	≥60.0	—	≤7.0	≤0.5	≤0.1	2.0	0.5	6.0	0.25	1.5	0.3	10	充分研磨
10%	≥10.0	—	—	≤15.0	≥7.0	≥3.5~<7.5	≥55.0	—	≤12.0	≤0.7	≤0.3	2.0	1.0	7.0	0.5	1.5	0.4	15	充分研磨

续表9-4

白米标准

等级	粮食分类(%) 颗粒长度 一级(>7.0 mm)	一级(>6.6~7.0 mm)	一级(>6.2~6.6 mm)	短颗粒(≥6.2 mm)	平头粒大小(部分)	破碎粒大小(部分)	完整颗粒含量	谷物成分(%) 整米含量	碎米及小碎米C1 全部(包括不满足7号筛及C1小碎米)	不达指定最低值及不能通过7号筛的小碎米	小碎米C1	可能存在的米或杂质不超过(%) 红色和/或低碾磨粒含量	黄粒含量	垩白仁含量	损伤颗粒含量	糯米含量	发育不全,未成熟颗粒,其他种子及异物,单独或总量	稻谷含量(粒/千克)	研磨程度
15%	≥5.0	—	—	≤30.0	≥6.5	≥3~<6.5	≥55.0	—	≤17.0	≤2.0	≤0.5	5.0	1.0	7.0	1.0	2.0	0.4	15	合理研磨
25%超级	≥50.0	≥50.0	≥50.0	≤50.0	≥5.0	<5.0	≥40.0	—	≤28.0	—	≤1.0	5.0	1.0	7.0	1.0	2.0	10.0	15	合理研磨
25%	≥50.0	≥50.0	≥50.0	≤50.0	≥5.0	<5.0	≥40.0	—	≤28.0	—	≤2.0	7.0	1.0	8.0	0.2	2.0	2.0	20	普通研磨
35%	≥50.0	≥50.0	≥50.0	≤50.0	≥5.0	<5.0	≥32.0	—	≤40.0	—	≤2.0	7.0	1.0	10.0	0.2	2.0	2.0	20	普通研磨
45%	≥50.0	≥50.0	≥50.0	≤50.0	≥5.0	<5.0	≥28.0	—	≤50.0	—	≤3.0	7.0	1.0	10.0	0.2	2.0	2.0	20	普通研磨

9.3.3 泰国大米品质检验方法

一、设备及器具

（1）筛选器：筛选器转速为110～120 r/min，可自动控制，以1 min为间隔按顺时针或逆时针各转动1次。

（2）谷物选筛：长方形平整木板或塑料板，厚约2 mm，一条长边加工成斜口，便于分样。

（3）电动碎米分离器。

（4）7号筛：指金属圈孔筛，厚0.79 mm（0.031英寸），孔径1.75 mm（0.069英寸）。

二、检验项目

白米、糯米的主要检验项目如下：

（1）米粒部分：指每部分为完整米粒纵长的1/10。

表9-5 泰国碎籼米等级分类及标准

级别	从研磨的大米中获得的含量	碎米标准						可能存在的米或杂质，不能超过（%）		
		谷物成分（%）						糯米		
		完整颗粒	完整颗粒和长度超过6.5的碎米，两者结合	长度超过5的碎米	长度从5开始和无法通过7号筛的碎米	长度从6.5开始和无法通过7号筛的碎米	C1小碎米	总量（包括C1）	C1小碎米	杂质
A1 Extra Super	100%	≤15.0	—	≥74.0	—	≤10.0	≤1.0	1.5	0.5	0.5
A1 Super	100%，10%，5%	—	≤15.0	—	≥80.0	—	≤5.0	1.5	0.5	0.5
A1 SPECIAL	15%，25% super	—	≤15.0	—	≥79.0	—	≤6.0	2.5	0.5	1.0

表9-6 泰国糯米等级分类及标准

粮食等级	糯米标准											
	整米大小（部分）	碎米大小（部分）	谷物成分（%）				可能存在的米或杂质，不能超过（%）						研磨程度
			完整颗粒	整米	碎米及C1小碎米		白米含量（包括未成熟的糯米）	红色和/或经研磨颗粒含量	黄粒含量	损伤颗粒含量	发育不完全，不成熟颗粒其他杂质，单独或总量	稻谷含量（粒/千克）	
					总量（包括不能通过7号筛的碎米及C1小碎米）	不达指定最低值及不能通过7号筛的碎米							
10%	≥7.0	≥3.5～<7.0	≥55.0	—	≤12.0	≤0.7	≤0.3	15.0	2.0	1.5	0.5	0.5	10	从分研磨
25%	≥5.0	≤40.0	≥40.0	—	≤28.0	—	≤2.0	15.0	6.0	4.0	2.0	3.0	20	普通研磨

表9-7 泰国碎糯米标准

级别	A1碎糯米标准						
	从研磨的大米中获得的含量	谷物成分（%）			可能存在的米或杂质不能超过（%）		
		完整颗粒和长度超过6.5的碎米，两者结合	长度从6.5开始和无法通过7号筛的碎米	C1小碎米	糯米		杂质
					总量（包括C1）	C1小碎米	
A1	10%和25%	≤15.0	≥80.0	≤5.0	15.0	5.0	0.5

(2) 完整颗粒：指无任何破碎的完整米粒，包括长度达9部分及以上的颗粒。

(3) 平头粒：指米粒长度大于破碎粒但未达到完整颗粒长度的破碎粒，包括留存部分达完整粒80%以上的劈裂粒。

(4) 破碎粒：指米粒长度达2.5部分以上但未达到平头粒长度的破碎粒，包括留存部分小于完整粒80%的劈裂粒。

(5) 小碎粒C1：指通过7号金属圈孔筛的小破碎粒。

(6) 低碾磨粒：指程度低于大米规定等级精度的碾磨粒。

（7）红粒米：指表面整粒或部分由红色糠皮覆盖的大米粒。

（8）黄粒：指米粒部分明显变黄的大米粒。

（9）垩白仁：指50%以上被不透明垩状所覆盖的非糯性大米。

（10）损伤粒：指因水湿、受热、真菌感染、虫害或其他原因而肉眼可见明显受损的颗粒。

（11）未发育粒：指未正常发育和瘪而无淀粉的颗粒。

（12）不熟粒：指由未成熟稻谷碾制的浅绿色大米粒。

（13）其他种子：指大米粒以外的其他植物种子。

（14）杂质：指大米以外的其他物质。包括稻壳和糠粉。

（15）精度：指大米碾磨程度。

（16）特好精碾：糠皮全部去净，大米粒呈特好外观。

（17）良好精碾：糠皮全部去净，大米粒呈良好外观。

（18）适度精碾：大部分糠皮去净，大米粒呈良好外观。

（19）普通精碾：仅部分糠皮去净。

三、检验方法

依照泰国大米的检验程序，商品标准检验应当按装船前检验和船上检验两步进行。

（一）装船前检验

（1）检验人员根据下列方法之一执行装船前检验：

1）商品已经分装和堆放好的，抽检数量不得少于总包装数量的5%。

2）如所使用的包装材料是买卖双方商定的人造纤维、塑料及其他材料，以致无法用上述方法进行取样的，检验人员应打开包装袋从中抽检样品，抽检的包装袋不得少于所有包装袋的5%。

3）当商品储藏在仓库中，将商品取出，并对每1 t商品抽检样品，抽检量不得少于总量的2%。

4）当商品将运输到仓库、简仓或其他储藏设备中储存时，检验人员应当从每卡车上或相当于一卡车商品量的商品中抽检样品。

5）当商品用大型包装运输时，检验人员应定期抽检样品，并且抽检数量不得少于总包装件数的5%。

（2）当包装处于监管条件下，检验组织者要求装船前检验方式与船上检验相同时，标准检验应当按照下列原则和方法进行：

1）进行船上检验前，检验人员应当遵照船上检验所规定的原则和方法执行检验。

2）在签发商品标准证书之前，要抽检足够的样品检验，并同时检验商品的外包装。

3)在进行船上检验时,每200 t泰国大米就必须检验其湿度、纯度、颗粒大小、组成成分、杂物等,除此之外,还要根据附件所规定的程序去执行初期检验。

4)重量检验也是商品标准证书所必需的,然而,当利用自动称量器称量包装袋时,检验人员应该称量所有抽检样品的重量,而且所称量的样品重量不应少于标准证书所签发的商品量的1%。

(3)将上述"(一)装船前检验"(1)和(2)抽检的样品混合,然后分成6份,每份不少于0.5 kg,将每一份放在袋中或容器中保存,将写有抽样年月日和数量的标签粘贴在所抽检的商品包装袋上或筒仓上。商品标准检验人员和检验组织者应在包装袋或包装袋的封条上签名,当封条印上印章后,检验人员和检验组织者还需在封条上再一次签名盖章,然后将样品送给商业部规定的有关部门,样品的检验结果将作为海关官员签发样品标准证书的参考。

(二)船上检验

(1)为了保证船上检验的工作质量,该商品必须在装船前检验中获得较好的检验结果,商品检验结果不得低于样品的标准或购买者已定下的要求。

(2)船上检验之前,检验人员必须抽取足够数量的样本,检查大米的湿度、纯度、颗粒大小、组成成分和杂物、机械加工程度以及活虫体等。如果部分或所有商品的质量不符合或不能满足购买者的要求,商品标准检验人员应通知检验组织者提高商品的质量;只有当商品符合标准时,检验人员才能继续进行船上检验。

(3)检验人员应该抽取商品样品通过下列方式之一作物理质量方面的检查:

1)如果商品已经入包装袋中,检验人员应该从每一袋中都抽取样品。

2)如果买卖双方商定采用塑料或人造纤维和其他材料进行包装,致使无法按1)来抽取样品的,检验人员就应该定期从所有袋中取样,且取样的数量不少于所有包装袋总数的0.5%,进行商品质量检验时必须打开包装袋。

3)如果储存在筒仓中或举行麻袋中的大米即将运至包装时,检验人员应该在运输过程中定期抽检样品,抽取的样品数量不得少于总包装数量的5%;然而如果商品还未装袋,检验人员应在运输过程中从每一卡车或每相当于一卡车数量的商品中抽检样品,抽取的样品数量不得少于0.5 kg/卡车。

(4)在船上检验时,每200 t大米,检验人员就要检验大米的湿度、纯度、颗粒大小、组成成分以及杂物,还必须根据其他附件所规定的要求进行预检。

(5)如果检过的大米即将以袋装出口,商品质量检验人员应检查包装袋,以确保包装袋符合商品质量证书的要求。

(6)对于经过"(一)装船前检验"(2)监装的商品,则不必进行检验和抽取样品。然而,如果商品的放置时间超过标签注明的日期15天,"(二)船上检验"中提到的检验仍要执行。

(7)检验人员应当对"(二)船上检验"(3)所抽取的样本及时予以保存,以防止样品被增加、替换或混淆。

(8) 重量检验。当商品以袋进行包装时，至少需要对检验证书申报数量的1%进行称重检验；如果商品以卡车为单位进行称量的，申请检验证书上所申报的所有商品都需称重。

若商品不是以袋包装时，检验证书上所申报的所有商品都需要进行称重。

(9) 在进行每项检验时，按"（二）船上检验"（3）和相关原则及方法抽取和制作样品，然后将制好的样品送至"（一）装船前检验"（3）所规定的部门。

如果出口商在所有检验过程没有全部完成的情况下，要求对商品的每一步检验的分析与结果进行确认，检验人员应提供已经检验的每一批商品的抽样样品，并依据出口商的要求而进行所有分析的平均结果来签发证明标准检验和样品分析的证书。

(10) 如果商品需运输到离指定检验场所非常远的港口进行装运，那么必须对运输工具上的商品张贴封条，以防商品在装运前被增加、替换或转换。

(11) 如果在规定的检验时间内没有完成检验，或者检验已经完成，但装船前检验抽检的样品还有剩余，且检验组织人员还要求检验人员进行另一条船的检验工作，在这种情况下，检验人员则需在所剩余的样品和未检验的筒仓盖上印章，以防止商品被添加、替换或转换。

9.4 越南大米品质检验

9.4.1 越南水稻品种资源分类

越南地处热带地区，农作物种植以水稻为主体，是世界上第二大稻米出口国。由于历史原因及气候因素，越南北方和南方种植的水稻品种及水稻生产方式有明显差异。越南于2000—2001年对全国种植的水稻品种资源进行了调查，并根据越南农作物种子管理条例，对调查的水稻品种进行分类。

经调查，越南共有676个水稻品种，年种植面积共583.73万hm^2。水稻品种资源的调查为越南以及国际水稻育种工作者提供了品种资源利用的科学资料，也为越南国家实施品种保护提供了科学依据。

9.4.2 越南大米品质检验方法

越南出口的大米一般都是参照泰国大米的检验标准，但更多的是以双方签订的合同要求来对大米进行检验。操作方法可参照泰国大米的检验方法。

一、设备与器具

(1) 筛选器：转速110~120 r/min，可自动控制以1 min为间隔按顺时针或逆时针各转动1次。

(2) 谷物选筛：长方形平整木板或塑料板，厚约2 mm，一条长边加工成斜口，便于分样。

(3) 电动碎米分离器。

二、检验项目

(一) 白米

越南白米的主要检验项目包括破碎粒 [Broken (2/3basis)]、杂质 (Foreign Matter)、损伤粒 (Damaged Kernel)、发黄粒 (Yellow Kernel)、糯米粒 (Glutinous Kernel)、未成熟粒 (Immature Kernel)、红色和红色条纹粒 (Red & Red Streaked Kernel)、垩白仁粒 (Chalky Kernel)、稻谷 (Paddy)、水分 (Moisture)、研磨程度 (Milling Degree) 和米粒平均长度 (Average Length of Whole Grain) 等。

越南白米的质量要求见表9-8。

表9-8 越南白米质量指标

项目	指标
破碎粒（少于基本长度的2/3）	15%
杂质	≤0.1%
损伤粒	≤1.0%
发黄粒	≤1.0%
糯米粒	≤1.0%
未成熟粒	≤0.5%
红色和红色条纹粒	≤0.5%
垩白仁粒	≤7.0%
稻谷	≤20 粒/kg
水分	≤14.0%
碾磨程度	完全碾磨和粒粒光亮
米粒平均长度	6.2 mm

(二) 碎白米

越南碎白米的检验项目包括破碎粒 (Broken Grains)、水分 (Moisture)、杂质和稻谷 (Foreign Matter and Paddy)、整米长度8/10~10/10的破碎粒 (Broken Kernels from 8/10th~10/10th Grain)、整米长度3/10~8/10的破碎粒 (Broken Kernels from 3/10th~8/10th Grain)、小碎米 [Small Broken (C1)] 和垩白仁粒 (Chalky Kernels) 等。

越南碎白米的质量要求见表9-9。

表9-9 越南碎白米质量指标

项目	指标
破碎粒	≤100%
水分	≤14.0%
杂质和稻谷	≤0.7%
整米长度8/10～10/10的破碎粒	≤5.0%
整米长度3/10～8/10的破碎粒	≥95.0%
小碎米（C1）	≤5.0%
垩白仁粒	≤7.0%

（三）碎糯米

越南碎糯米的检验项目包括破碎率（Broken Grains）、水分（Moisture）、损伤粒（Damaged Kernel）、杂质（Foreign Matter）、稻谷（Paddy）、红色及红色条纹核心（Red & Red Streaked Kernel）、水稻混合（Rice Admixture）、全谷物平均长度（Average Length of Whole Grain）和黄色内核（Yellow Kernel）等。

越南碎糯米的质量要求见表9-10。

表9-10 越南碎糯米质量指标

项目	指标
破碎粒	≤10.0%
水分	≤14.0%
损伤粒	≤4.0%
杂质	≤0.2%
稻谷	≤10粒/kg
红色及红色条纹核心	≤2.5%
水稻混合	≤8.0%
谷物平均长度	≥5.7 mm
黄色内核	≤1.5%

第10章 美国主要粮食品质检验图谱

10.1 美国大豆品质检验图谱

一、严重的落地损伤/或气候损伤（Badly Ground and/or Weather Damage）

试样量约需125 g。大豆或大豆碎粒的种皮变色的面积和程度相当于或者超过图10-1所示的状况则被认为损伤。如果大豆变色的面积没有达到最低要求，损伤就要视变色的程度而定。例如，变色的程度是图10-1所示的2倍，所要求的变色面积就可减少一半。大豆的一侧或两侧都可能变色，受影响的大豆也可能拉长和/或畸形。

图10-1 大豆损伤症状

二、气候损伤（灰色/黑色）[Weather Damage (Gray/Black)]

试样量约需125 g。大豆种皮变为灰色或黑色的变色面积和程度相当于或者超过图10-2所示的状况视为损伤。如果大豆变色的面积没有达到最低要求，损伤就要视变色的程度而定。例如，变色的程度是图10-2所示的2倍，所要求的变色面积就可减少一半。

大豆的一侧或两侧都可能变色。不要把变色大豆和含有色素的大豆相混淆，通常这种大豆被视作其他颜色的大豆（见图10-13）。

图10-2 大豆气候损伤症状

三、受热损伤（Damaged by Heat）

试样量约需 125 g。大豆或大豆碎粒受热损坏的面积和程度相当于或者超过图 10-3 所示的状况视为损伤。如果大豆变色的面积没有达到最低要求，损伤就要视变色的程度而定。例如，变色的程度是图 10-3 所示的 2 倍，所要求的变色面积就可减少一半。

大豆的一侧或两侧都可能变色，受影响的大豆也可能拉长和/或畸形。

（1）整个大豆的横截面：只有一半横截面的大豆必须满足图 10-3 的要求。

（2）豆瓣：检查开裂的表面；不要横截豆瓣和大豆碎粒。

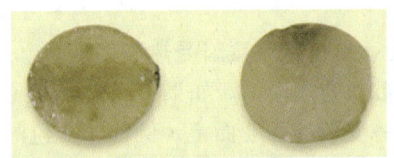

图 10-3　大豆受热损伤症状

四、绿色损伤（Green Damage）

试样量约需 125 g。大豆或大豆碎粒变成绿色的面积和程度相当于或者超过图 10-4 所示的状况则被视为损伤。如果大豆横截面或大豆碎粒变色的面积没有达到最低要求，损伤就要视变色的程度而定。例如，变色的程度是图 10-4 所示的 2 倍，所要求的变色面积就可减少一半。

绿色部分必须达到大豆横截面的一半才能视为损伤，碎粒不计入绿色损伤。

图 10-4　大豆绿色损伤症状

五、霜冻损伤（蜡质）[Frost Damage（Waxy）]

试样量约需 125 g。大豆或大豆碎粒外观呈透明或蜡质状，受影响大豆的颜色可能会不同，颜色的程度相当于或超过图 10-5 所示，可视为霜冻损伤。如果大豆横截面或者大豆碎粒变色的面积没有达到最低要求，损伤就要视变色的程度而定。例如，变色的程度是图 10-5 所示的 2 倍，所要求的变色面积就可减少一半。

（1）整个大豆的横截面：只有一半横截面的大豆必须满足图 10-5 的要求。

(2) 豆瓣：检查开裂的表面；不要横截豆瓣和大豆碎粒。

图 10-5　大豆霜冻损伤症状

六、热损伤（极度损伤/受热）[Heat Damage (Materially Damaged/Heating)]

试样量约需 125 g。大豆或大豆碎粒因受热极度变色和损伤，面积和程度相当于或超过图 10-6 所示，则被视为热损伤。如果大豆横截面或大豆碎粒变色的面积没有达到最低要求，损伤就要视变色的程度而定。例如，变色的程度是图 10-6 所示的 2 倍，所要求的变色面积就可减少一半。

(1) 整个大豆的横截面：只有一半横截面的大豆必须满足图 10-6 的要求。

(2) 豆瓣：检查开裂的表面；不要横截豆瓣和大豆碎粒。

图 10-6　大豆热损伤症状

七、未熟粒（呈薄片状）[Immature (Wafer)]

试样量约需 125 g。大豆或大豆碎粒未成熟并且外观干瘪、皱缩或呈薄片状。未成熟的大豆应视为完好粒，除非另有损伤。如果薄片状的大豆横截面不含胚乳，则认定它们是受损伤的。（见图 10-7）

图 10-7　大豆未熟粒症状

八、虫蛀粒（Insect Bored Kernel）

试样量约需 125 g。大豆或大豆碎粒有明显的豆象甲孔，表明其中可能有虫、网衣或排泄物（见图 10-8）。不要探测或进一步找开昆虫或豆象蛀孔，切勿混淆虫孔和压裂痕。

图 10-8　大豆虫蛀粒症状

九、发霉损伤（Mold Damage）

试样量约需 125 g。图 10-9 左侧大豆是霉菌侵染：大豆变色，细长或畸形，种皮可能破裂。种皮含有白色或灰色霉斑的量相当于或大于图 10-9 所示的视为损伤。图 10-9 右侧大豆示表面有霉斑生长：大豆没有明显损伤，表面有白色或灰色霜霉生长，种皮不变色，不破裂。霉斑在种皮分布的面积相当于或大于种皮面积的 50%，视为损伤。

如果霉斑穿透了种皮，则不论量的多寡，均判定为损伤。

图 10-9　大豆发霉损伤症状

十、发霉损伤（粉红色）[Mold Damage (Pink)]

试样量约需 125 g。大豆或大豆碎粒种皮由于真菌作用而变成粉红色，其面积和程度相当于或者大于图 10-10 所示。如果大豆变色的面积没有达到最低要求，损伤就要视变色的程度而定。例如，变色的程度是图 10-10 所示的 2 倍，所要求的变色面积可减少一半。

图 10-10　大豆发霉损伤（粉红色）症状

大豆的一侧或两侧都有可能变成粉红色;不要将真菌引起的粉红色与商陆汁渍污染、处理或紫色的杂色大豆相混淆。

十一、发芽损伤(Spout Damage)

试样量约需 125 g。大豆或大豆碎粒发芽相当于或大于图 10-11 所示即可判定为损伤。图 10-11 所示的大豆已经发芽,冲破了种皮,延伸到了种脐末端的上部。

图 10-11 大豆发芽损伤症状

十二、蝽象或昆虫咬的颗粒(Stinkbug or Insect Stung Kernel)

试样量约需 125 g。大豆或大豆碎粒种皮有缺口或变色,通常需要横剖大豆才能判断损伤的程度。图 10-12 中上一行包含受蝽象或昆虫咬的大豆,豆粒变色程度必须达到左起第三颗豆粒的状况才可视为损伤。图 10-12 中下一行为疑似虫蛀大豆。要判断损伤的程度,通常要横剖豆瓣或大豆碎粒,并选择在有症状的区域横剖。假如豆粒为其他损伤应出现其他的危害状。

损坏面积若达实际面积的 1/4,则视为损伤。

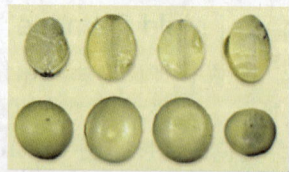

图 10-12 大豆虫咬粒症状

十三、其他颜色的大豆 [Soybeans of Other Colors(SBOC)]

试样量约需 125 g。大豆种皮呈绿色、黑色、棕色或双色。种皮为绿色的大豆横截面也为绿色。双色大豆种皮有两种颜色:黄色和棕色、黑色或灰绿色。黄色以外的其他颜色覆盖面积至少为种皮面积的 50%。图 10-13 从左到右,显示了双色大豆的最低要求。种粒 A:黄棕双色大豆;种粒 B:黄色大豆(对照);种粒 C:黑色或灰绿双色大豆。

在检验实际工作中，其他颜色的大豆如发生损伤或破碎应计入损伤粒或破碎粒；与完整粒一样，破碎粒需 50% 或以上的色泽符合满足其他颜色的大豆。

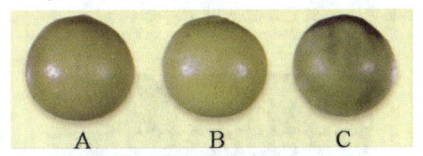

图 10-13　其他颜色的大豆

十四、萎蔫和皱缩（Shriveled and Wrinkled）

试样量约需 125 g。可通过 10/64 in × 3/4 in 筛子，且留在 8/64 in 筛子上的整粒大豆判定为萎蔫和皱缩（见图 10-14）。

十五、白色种脐（White Hilum）

试样量约需 125 g。种脐颜色：大豆 A——白色、黄色，清澈；大豆 B——浅黄色；大豆 C——棕色；大豆 D——不完全黑色；大豆 E——黑色（见图 10-15）。上述描述交替使用，只代表种脐颜色为"白色种脐"的大豆。

图 10-14　皱缩大豆症状

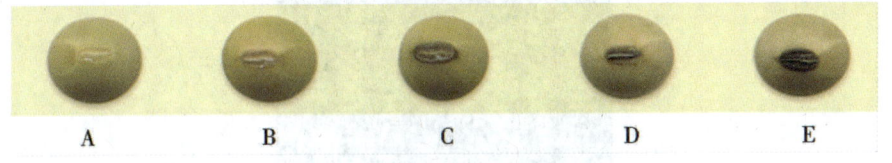

图 10-15　白色种脐大豆

十六、紫斑或污染粒（美洲商陆）[Mottled or Stained (Pokeberry)]

大豆种皮被商陆染色应视为紫色斑点或染色（见图 10-16）。许多大豆分级标准认为紫色斑点或染色是合格的，其证书等级指定为"紫色斑点或污染（Purple Mottled or Stained）"。

图 10-16　紫斑或美洲商陆污染大豆

十七、紫斑或污染粒（真菌）[Mottled or Stained (Fungus)]

大豆种皮呈粉红色或紫色应被视为紫色斑点或染色（如图10-17）。这种变色是由真菌生长引起，可能涵盖全部或部分种粒。许多大豆分级标准认为紫色斑点或染色是合格的，其证书等级指定为"紫色斑点或污染"。

图10-17　紫斑或真菌污染大豆

十八、紫斑或污染粒（污垢）[Mottled or Stained (Dirt)]

大豆种皮因污垢、类似污垢或其他无毒物质如无毒添加剂而变色（如图10-18）。用水可以很容易地去除，这种大豆被视为紫斑或污染。许多大豆分级标准认为紫斑或污染是合格的，其证书等级指定为"紫色斑点或污染"。

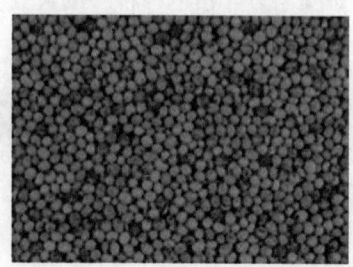

图10-18　紫斑或污垢污染大豆

10.2　美国小麦品质检验图谱

一、黑尖损伤（真菌）[Black Tip Damage (Fungus)]

试样量约需15g。麦粒受黑尖真菌侵染变为黑色，变色范围超出胚芽，并且至少沿着一半谷粒延伸到腹沟里，从而形成一个"连续带"。以上所有条件必须得到满足，认为是损伤。

图10-19从左到右显示，麦粒A为变色及真菌覆盖的最低要求；麦粒B为"连续带"变色的最低要求，不考虑带的宽度；麦粒C为腹沟变色的最低要求，不考虑面积。

第 10 章 美国主要粮食品质检验图谱

图 10-19 小麦黑尖损伤症状

二、凋萎病或疮痂病损伤（Scab Damage）

分析样品量约需 15 g。麦粒外观灰暗、毫无生气、呈白垩状。整个表面必须满足图 10-20 外观的最低标准。符合此标准的麦粒有时会含有粉红色的霉菌。不符合这些要求的麦粒，应检查是否含有霉菌（如图 10-20）。

图 10-20 小麦疮痂病损伤症状

三、霜冻损伤（泡状）[Frost Damage (Blistered)]

试样量约需 15 g。麦粒受霜冻起泡涨破。起泡涨破和起皱效果不同（如图 10-21）。

图 10-21 小麦泡状霜冻损伤症状

四、霜冻损伤（蜜饯状）[Frost Damage (Candied)]

试样量约需 15 g。麦粒有蜡样或蜜饯的外观，麦粒必须两边变色，程度等于或大于图 10-22 所示，应视为损伤。图 10-22 从左到右显示：A 为麦粒变棕色；B 为麦粒变绿色。

图10-22 小麦蜜饯状霜冻损伤症状

五、霜冻损伤（变黑或变褐色）[Frost Damage (Discolored Black/Brown)]

分析样品量约需15 g。麦粒变黑色或褐色，带有漂白色或泡状外观两侧显示深色线条；或者麦粒完全成黑色或褐色。图10-23从左到右显示：A为麦粒外观漂白状，变黑色；B为麦粒变褐色。

麦粒必须两边变色，程度等于或大于图10-23。

图10-23 小麦霜冻变色损伤症状

六、霜冻损伤（脱皮状）[Frost Damage (Flaked)]

试样量约需15 g。麦粒由于霜冻麸皮轻度剥落，脱皮状区域单独或组合的面积必须等于或大于图10-24所示。麦粒必须呈现霜冻的痕迹。不要和处理时擦掉麸皮的麦粒相混淆。

图10-24 小麦脱皮状霜冻损伤症状

七、胚芽损伤（刮除法）[Germ Damage (Scraped)]

试样量约需 15 g。麦粒的胚芽变色，颜色如图 10-25 所示，或者更深；小心刮胚芽，避免刮得太深，刮掉变色部分或胚芽。如果胚芽变色的面积达不到图 10-25 的最低要求，应考虑变色的程度。例如，当麦粒胚芽变色的程度为图 10-25 的两倍，只有一半胚芽区域变色即可。

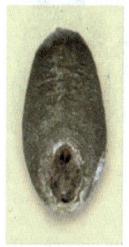

图 10-25　小麦胚芽损伤症状（刮除法）

八、发霉损伤（Mold Damage）

试样量约需 15g。麦粒胚芽含有霉斑，数量不限，或者腹沟处含有适量霉斑（图 10-26 显示了最低要求）。小心刮胚芽，避免刮太深，破坏损伤的证据。霉斑可呈现多种颜色。

图 10-26　小麦发霉损伤症状

九、胚芽损伤（漂白法）[Germ Damage (Bleach Method)]

试样量约需 15 g。谷粒经漂白后，有变色的胚芽，颜色如图 10-27 所示，或者更深。如果胚芽变色的面积达不到图 10-27 所示的最低要求，应考虑变色的程度。例如，当麦粒胚芽变色的程度为图 10-27 的两倍，只有一半胚芽区域变色即可。漂白后必须小心除去偶尔黏附在胚芽区域的种皮；刮得太深，可能会刮掉霉斑。

图 10-27　小麦胚芽损伤症状（漂白法）

十、绿色损伤（Green Damage）

试样量约需 15 g。麦粒呈深绿色（未成熟），两侧颜色深度必须满足图 10 - 28 的最低要求。实际上，也可能没有绿色偏黄的情况出现。不要将绿色损伤的麦粒和蜜饯状麦粒相混淆（如图 10 - 28）。

图 10 - 28　小麦绿色损伤症状

十一、热损伤（杜伦麦）[Heat Damage（Durum）]

试样量约需 50 g。麦粒变色达到图 10 - 29 所示的程度。必要时横切麦粒，确认两面变色达到图 10 - 29A 或 B 所示的程度。图 10 - 29 所示从左到右：A 为麦粒横切面最低程度的变色（玻璃状）；B 为麦粒横切面最低程度的变色（粉质状）；C 为需要横切的可疑麦粒。

既有粉质状又有玻璃状变色的谷粒按照图谱标准认定为热损伤。

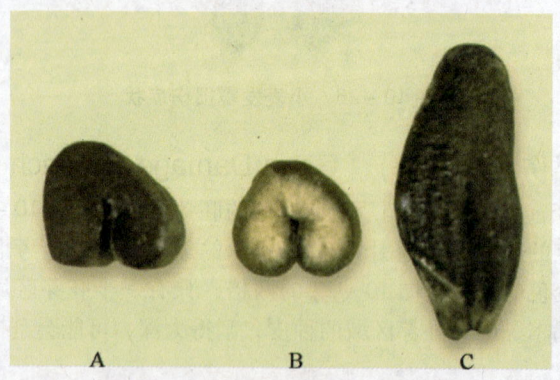

图 10 - 29　杜伦小麦热损伤症状

十二、热损伤（杜伦小麦除外）[Heat Damage（Other Than Durum）]

试样量约需 50 g。谷粒变色达到图 10 - 30 所示的程度。必要时横切谷粒，确认两面变色达到图 10 - 30A 或 B 所示的程度。图 10 - 30 从左到右显示：A 为谷粒横切面最低程度的变色（玻璃状）；B 为谷粒横切面最低程度的变色（粉质状）；C 为需要横切的可疑谷粒。

既有粉质状又有玻璃状变色的谷粒按照图谱标准认定为热损伤。

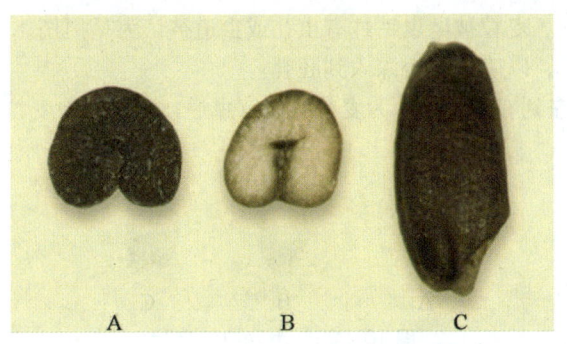

图 10-30　非杜伦小麦热损伤症状

十三、其他损伤（霉斑）[Other Damage (Mold)]

试样量约需 15 g。麦粒带有裂纹、破损或虫咬痕迹以及在露出的胚乳中含有霉斑，不论大小，都视为损伤。霉斑可呈现多种颜色。

图 10-31 从左到右显示：A 为破裂的谷粒含有霉斑；B 为麸皮剥落含有霉斑；C 为被昆虫叮咬后含有霉斑。

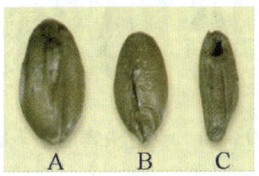

图 10-31　小麦霉斑损伤症状

十四、发芽损伤（Sprout Damage）

试样量约需 15 g。麦粒发芽冲破胚芽处的种皮，萌芽可能是完好、可见；或由于处理不当，可能会折断。萌芽在胚芽区明显的运动/生长表明出现发芽。"萌芽"可能伸向胚芽的顶部或底部，或向上抬起在萌芽和胚芽腔之间留出空间；不一定要萌芽延伸超越胚芽区域，才视为发芽损坏。

图 10-32 从左到右显示：A 为萌芽折断，在胚部留下部分胚芽盖；B 为胚芽处

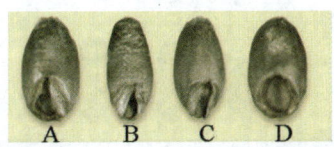

图 10-32　小麦发芽损伤症状

种皮破开显示一个萌芽在底部；C 为胚芽处种皮破开显示一个萌芽在顶部；D 为萌芽折断，在胚部没有留下胚芽盖，萌芽胚部通常类似于一个"马项圈"。

十五、象甲或昆虫钻蛀（Weevil or Insect Bored）

试样量约 15 g。麦粒被昆虫钻蛀有虫孔或虫道被认为是损伤。在胚芽区的小孔必须作进一步的检查，以确定是否深入到胚乳。

图 10 - 33 从左到右显示：A 为麦粒胚乳有虫道；B 和 C 为麦粒有虫孔。

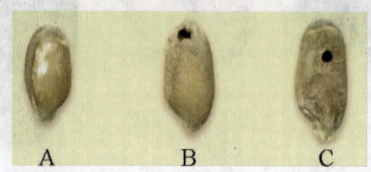

图 10 - 33　小麦虫蛀症状

十六、昆虫叮咬过的小麦（未损伤）[Insect Chewed Wheat（But Not Damaged）]

试样量约需 15 g。胚芽周围完整的边缘以及可见的折皱。

图 10 - 34 从左到右显示：A、B、C、D 为麦粒被昆虫从外部轻微取食，但在内部未损坏。E 为谷粒的胚芽已经被昆虫取食，除非另有损坏。

图 10 - 34　受过虫害的小麦症状

十七、粉红色小麦（Pink Wheat）

样品作为一个整体进行分析。因杀真菌剂或类似的外源物质处理造成麦粒变色。图 10 - 35 为所示一种类型的处理，没有显示覆盖的量。处理的种子在黑光灯下可能会或可能不会发光。

有些霉斑在黑光灯下会发光，不应该被认为是处理的种子。

图 10 - 35　粉红色小麦粒

十八、脱粒和未脱粒小麦（Threshed & Unthreshed Kernel）

可通过粗筛的物质作为分析样品。当测定小麦含杂量时，通过筛子的脱粒麦粒不被认为是谷物杂质，未脱粒麦粒考虑为杂质。粘连一个或少量护颖的麦粒，应视为脱粒小麦；粘连一个以上护颖的麦粒，应视为未脱粒小麦。

图 10-36 从左到右显示：A 为脱粒麦粒黏连一个护颖；B 为未脱粒麦粒粘连一个以上护颖。

图 10-36　脱粒和未脱粒小麦

10.3　美国大麦品质检验图谱

一、损伤粒

（一）黑尖损伤（Blight Damage）

试样量约需 25 g。籽粒受疫病影响，表面（单一或混合区域）至少 1/3 的面积变色，受损程度等于或大于图 10-37 所示。

黑尖对所有科级的大麦都被认定为损伤。不要将黑尖损伤和严重染色、风化或水污染相混淆。啤酒大麦受黑尖损伤的不能超过 4%，超过 4% 的判定为特别分级——"疫病级"。

图 10-37　大麦黑尖损伤症状

(二) 发霉损伤 (Mold Damage)

试样量约需 25 g。籽粒斑点状变色；变色可能出现在籽粒的一侧或两侧，但必须等于或大于图 10-38 所示的面积。

霉斑对所有等级的大麦都被认定为损伤，二棱啤酒大麦不能包含 0.4% 以上的霉斑损伤。

图 10-38　大麦发霉损伤症状

二、脱皮粒 (Skinned Broken)

试样量约需 25 g。图 10-39 从左至右显示：A 为胚芽的两侧和前部的外壳缺损。B 为 1/3 或者以上的外壳缺损。C 为外壳缺失或者胚芽区的外壳裂开（只从上面看时胚芽区必须是可见的）。D 为超过 1/4 的籽粒断开。E 和 F 为籽粒两侧的外壳剥开。

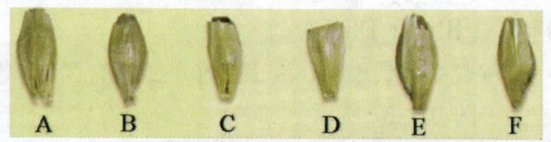

图 10-39　大麦脱皮粒

三、二棱和六棱大麦 (Two-rowed & Six-rowed)

试样量约需 25 g。图 10-40 从左到右显示：A 中二棱大麦的特征是丰满，左右对称；通常稍有皱褶，皮薄。B-D 中六棱大麦的特征是形状不规则，大约 2/3 的折痕是扭曲的，1/3 的折痕是直的；皮厚；六棱大麦的脉络通常比二棱大麦的突出。

图 10-40　二棱和六棱大麦

四、发芽伤害 [Injured-by-sprout (IBS)]

试样量约需 25 g。大麦籽粒或破碎粒经过脱壳,胚有发芽的迹象,或者 2/3 或以上部分的胚缺失被视为发芽伤害。胚断裂,剩下至少 2/3 的籽粒,也被视为发芽伤害。要注意发芽伤害不视为损伤。(图 10-41)

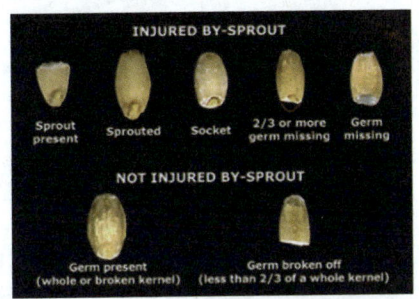

图 10-41 大麦发芽伤害症状

五、霜冻伤害 [Injured-by-frost (IBF)]

试样量约需 25 g。籽粒明显凹陷,未成熟,萎缩或因霜变色。霜害仅影响麦粒发芽,不视为损伤;啤酒大麦受霜害的量不能超过 1.9%。

图 10-42 从左到右显示:A 为最低程度的萎缩;B 为最低程度的变色(绿色、棕色或黑色)。

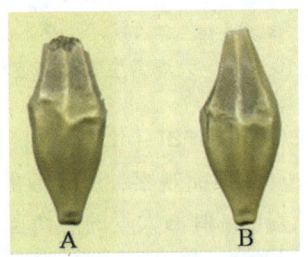

图 10-42 大麦霜冻伤害症状

六、霜冻损伤 (Frost Damage)

试样量约需 25 g。大麦籽粒(有壳或无壳)明显变色,呈绿色、棕色或黑色,受损程度等于或大于图 10-43 所示。籽粒通常萎缩,啤酒大麦受霜冻的量不能超过 0.4%。

图 10-43 从左到右显示:A 为变绿色的最低程度;B 为变棕色的最低程度。

图 10-43　大麦霜冻损伤症状

七、微生物损伤（Germ Damage）

试样量约需 25 g。籽粒变色或因呼吸结果而导致霉斑萌发，小心刮去霉斑，以免因刮的太深破坏损伤的证据。除了图 10-44 所示的颜色以外，霉斑会呈现出其他颜色。

图 10-44 从左到右显示：A 为判断籽粒因霉斑生长而变色，受损程度应等于或大于图 10-44 所示；变色霉斑的面积如果达不到最低要求，要依据变色的程度判断。B 为籽粒含有大量霉斑。

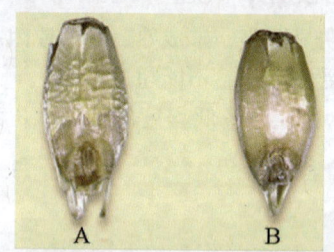

图 10-44　大麦微生物损伤症状

八、受热伤害 [Injured-by-heat（IBHT）]

试样量约需（50±1.5）g。从顶面观察，脱壳后的大麦籽粒面积的 1/3 以上轻微变色至图 10-45 所示的最低程度。啤酒大麦的热伤害率不能高于 0.2%，不能和热损伤相混淆。

图 10-45 从左至右显示：A 为大麦（蓝色）的最浅颜色（90% 或以上的籽粒有蓝色糊粉层）；B 为大麦的最浅颜色（90% 或以上的籽粒有白色糊粉层）。

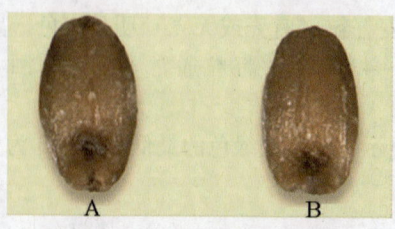

图 10-45　大麦受热伤害症状

九、热损伤（Heat Damage）

试样量需（50±1.5）g，允许按比例检验。从顶面观察，脱壳后的大麦变色（红色、黑色或棕色）面积和程度等于或大于图10-46所示。表面无须均匀变色，评估整体颜色强度时，无须考虑被刮去的部分。

图10-46从左到右显示：A为大麦（蓝色）最浅颜色；B为除蓝色以外的其他颜色的大麦的最浅颜色。

图10-46 大麦热损伤症状

十、虫蛀粒（Weevil or Insect Bored）

试样量约需25 g。大麦籽粒被虫蛀破损或有坑道。

图10-47从左到右显示：A为大麦被虫蛀形成坑道；B和C显示大麦被虫蛀有虫孔。

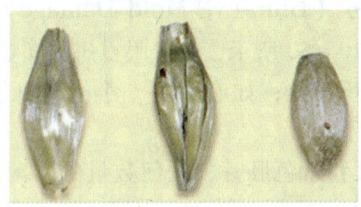

图10-47 大麦虫蛀粒症状

十一、发霉损伤［Injured-by-mold（IBM）］

试样量约需25 g。大麦籽粒或碎粒表面带有少量霉斑，霉斑面积等于或大于图10-48所示，或者表面轻微风化，也被认定为发霉损伤。在二棱大麦上被视为麦芽化的因素，不看作损伤；啤酒大麦霉斑伤害率不能超过1.9%，霉可以是任何颜色。

图10-48 大麦发霉损伤症状

十二、发芽损伤（Sprout Damage）

试样量约需 25 g。大麦已经发芽或者胚肿胀，经检查后显示发芽。注意胚肿胀不一定是发芽的迹象。图 10-49 从左到右显示：A 为胚底部有可见的胚芽。B 为小心除去种皮，能发现发芽的迹象。

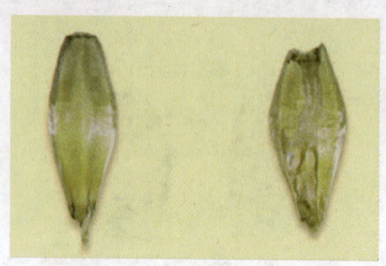

图 10-49　大麦发芽损伤症状

10.4　美国玉米品质检验图谱

一、损伤粒

（一）蓝眼霉斑损伤（Blue-eye Mold Damage）

试样量约 250 g。如图 10-50 所示，带蓝眼霉斑的胚芽且无论霉斑的大小，如果霉斑清晰，可不打开或剥开籽粒；如有必要，小心揭开胚芽皮，避免破坏霉变的证据。

注意不要混淆蓝眼霉斑和紫色胚芽，任何数量的霉菌穿透种皮应被认为是损伤（例如表冠、尖、侧面或背面）。

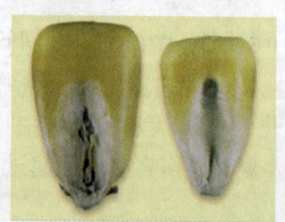

图 10-50　玉米蓝眼霉斑损伤症状

（二）紫色幼芽（未损伤）[Purple Plumule (Not Damage)]

试样量约 250 g。紫色幼芽（见图 10-51）不是损伤。变色由浅紫到暗紫是由于遗传或品种的特点，并仅限于胚芽区（胚芽中心）。外观类似蓝眼霉菌，因此，可能有必要轻轻掀起或移除胚芽皮作出准确的判定。

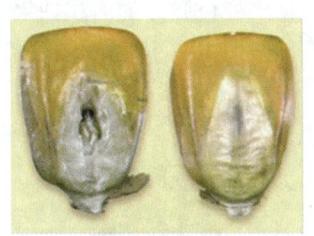

图 10 -51　紫色幼芽

二、玉米芯腐烂损伤 [Cob Rot Damage]

试样量约 250 g。由于真菌侵染而引起明显变色或腐烂，因为损害明显，不必剥开种粒检查。如果谷粒不符合上述说明，可能需要打开籽粒，确定是否有其他损伤。

图 10 - 52 所示从左到右显示：A 为"明显变色"玉米的最小变色面积和程度要求；B 为"腐烂"玉米的最小变色面积和程度要求。

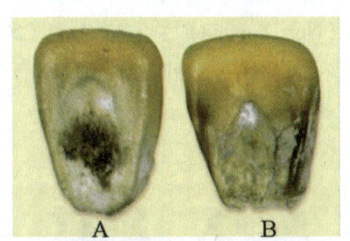

图 10 -52　玉米芯腐烂损伤症状

三、烘干损伤（Drier Damage）

样品试样量约 250 g。图 10 - 53 从左到右显示：A 为籽粒变色，起皱，起泡。B 为籽粒肿胀，轻微变色，往往有损坏的胚芽。C 为籽粒种皮脱落，稍微变色。D 为籽粒种皮脱落（或已剥离），外观斑驳古怪。

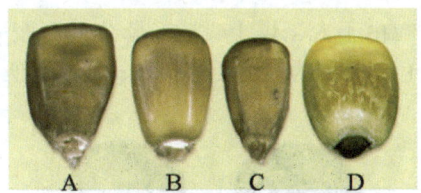

图 10 -53　玉米烘干机损伤症状

四、胚芽损伤（Germ Damage）

试样量约 250 g。玉米粒由于呼吸作用或受热损伤，但并无严重变色，应视为已损伤；胚芽变色程度如图 10 - 54 所示或严重的，认为损伤。如有必要，小心地去除胚芽皮，刮得太深容易毁灭证据。变色胚芽的面积如果不符合上述最低要求，应考虑变色的程度。例如，当变色程度是图10-55所示的两倍，变色的胚芽面积减少一半，即可判断为损伤。

图10-54　玉米胚芽损伤症状

确定胚芽损伤时注意区别于胚芽（未损伤），参阅图10-55胚芽（非损伤）。

胚芽（未损伤）[Germ（Not Damage）]：试样量约250 g。玉米仅胚芽变色不视为损伤（图10-55）。外观和蓝眼霉菌侵染相似。因此，有些情况下有必要轻轻揭开胚芽皮作出准确的判定。

图10-55　胚芽变色玉米

五、烘干热损伤 [Heat Damage（Drier）]

试样量250 g。玉米粒由于人工烘干过热、膨化或膨胀并极度变色（如图10-56）。整个玉米粒极度变色，是因为极度受热损伤；适用于所有种类的玉米。

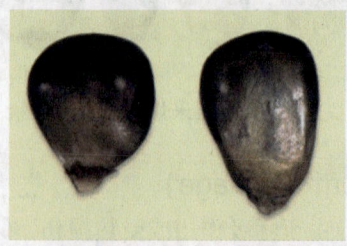

图10-56　玉米热损伤（烘干机）症状

（一）热损伤（白色）[Heat Damage (White)]

试样量约 250 g。玉米粒由于过度呼吸严重变色，变色源于胚芽，并延伸到玉米粒的侧面和背面（连续带）；变色带是连续的，不存在最小宽度要求。不要与热损伤的黄玉米混淆。整个"带"的变色程度，必须等于或大于图 10-57 所示，如果"变色带"的面积不符合最低要求，将视为热损坏。

图 10-57 从左到右显示：A 为变色延伸出胚芽，B 为左右两侧的变色，C 为整个背面变色。

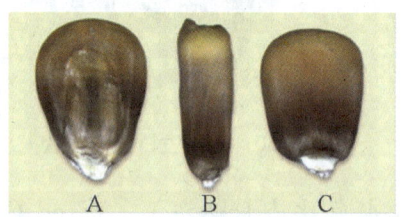

图 10-57　玉米热损伤（白色）症状

（二）热损伤（黄色）[Heat Damage (Yellow)]

试样量约 250 g。玉米粒由于过度呼吸严重变色，变色源于胚芽，并延伸到玉米粒的侧面和背面（连续带）；变色带是连续的，不存在最小宽度要求。热损伤（烘干机）和白玉米的热损伤分别参考图 10-56 和图 10-57。

图 10-58 从左到右显示：A 为变色延伸出胚芽，B 为左右两侧的变色，C 为整个背面变色。

图 10-58　玉米热损伤（黄色）症状

六、昆虫损伤（Insect Damage）

试样量约 250 g。玉米粒有明显的象甲虫的孔或有虫道，表明玉米粒中可能存在昆虫、虫蛹或昆虫排泄物（如图 10-59）。注意不用进一步揭开虫孔或虫道，若虫孔完全可见，无虫网或排泄物的视为无损伤。

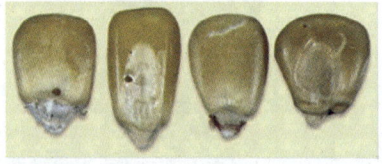

图 10-59　玉米昆虫损伤症状

七、发霉损伤 (Mold Damage)

试样量约 250 g。玉米在暴露的胚乳上含任何数量的霉斑均被认为损伤。注意不要混淆霉斑与污垢，霉斑呈现多种色彩（图 10 - 60）。

图 10 - 60　玉米发霉损伤症状

（一）混合玉米（颜色比麦秆略深）[Mixed Corn (More Than Slight Tinge-straw)]

试样量约 250 g。白玉米有麦秆色，颜色强度和面积必须等于或大于图 10 - 61 所示。

图 10 - 61　混合玉米（颜色比麦秆略深）

（二）混合玉米（白顶的黄玉米）[Mixed Corn (White-capped Yellow Corn)]

试样量约 250 g。黄玉米有白顶，不符合黄色或白色的标准视为其他颜色的玉米。颜色和覆盖程度应等于或大于图 10 - 62 所示。

图 10 - 62　混合玉米（白顶黄玉米）

(三) 混合玉米（颜色比轻微粉色深）[Mixed Corn (More Than Slight Tinge-pink)]

试样量约 250 g。白玉米颜色比轻微粉色深，白玉米的粉红色占 50% 或更多，颜色强度必须等于或大于图 10-63 所示。

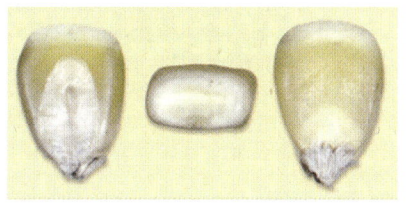

图 10-63 混合玉米（颜色比轻微粉色深）

(四) 霉斑（粉红色附球菌）[Mold (Pink Epicoccum)]

试样量约 250 g。胚芽受霉菌侵染，无论霉斑的大小，均视为损伤（如图 10-64）。如果霉斑明显，没有必要打开或刮开玉米皮。如果必须打开玉米粒，小心打开胚芽皮，避免破坏证据。注意不要混淆粉红色附球菌和一些杂交玉米的遗传特性。

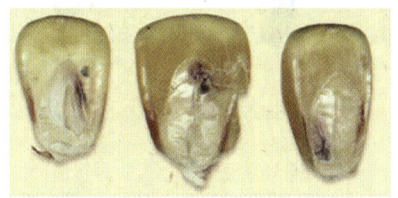

图 10-64 霉斑玉米（粉红色附球菌）

(五) 紫斑玉米（Purple Pigmented Corn）

试样量约 250 g。其他颜色的玉米如图 10-65，注意玉米不必两侧都褪色。当玉米变色和变色的面积是以下情况称为其他玉米：

玉米背面变色面积等于或大于图 10-65A 所示。

玉米胚芽变色面积等于或大于图 10-65B 所示。

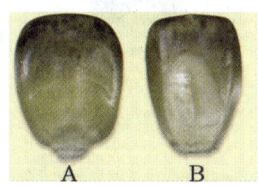

图 10-65 紫斑玉米

(六) 浅黄色（白糯）玉米 [Slight Yellow in (White Waxy) Corn]

试样量约 250 g。黄色或以上的特级（白糯）玉米粒（见图 10-66）。

图10-66 浅色玉米

(七) 蜡质和非蜡质（Waxy & Non Waxy）

试样量约100粒。玉米粒纵向切开，用碘液处理。图10-67A：黄色或白色玉米染成红色或红褐色应分级为特殊等级"蜡质"。图10-67B：黄色或白色玉米染成蓝色或紫色，分级为特殊等级"非蜡质"。

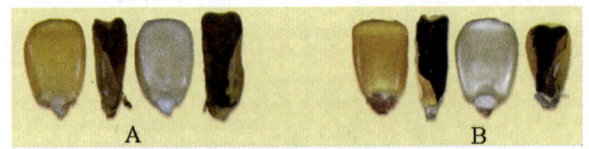

图10-67 蜡质和非蜡质玉米

(八) 其他颜色的玉米（Corn of Other Colors）

试样量约250 g。玉米粒是黄色和暗红色，暗红色占50%或更多；颜色强度必须等于或大于图10-68所示。

图10-68 其他颜色的玉米

八、应力裂纹（Stress Crack）

分析样品量约25 g样品中取50粒分析，50 g样品中单、双和多分析则取100粒。注意所取样品不应包括破裂的玉米（例如破裂种皮），或者其他无法确定应力裂纹的玉米，例如蜡状物或变色的玉米。

图 10-69 从左到右显示：A 为无应力裂纹；B 为单条应力裂纹；C 为双条应力裂纹；D 为多条应力裂纹。

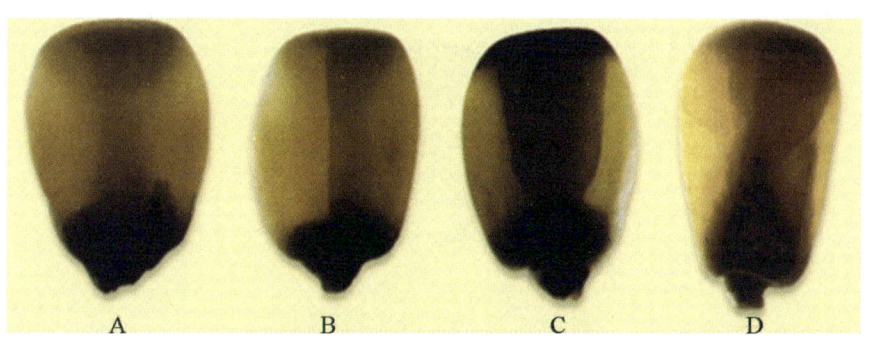

图 10-69 玉米应力裂纹症状

九、丝线裂纹（Silk Cut）

试样量约 250 g。玉米粒在丝线裂纹处有霉斑，不含霉斑的丝线裂纹玉米视为好的玉米（如图 10-70）。

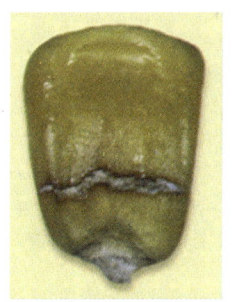

图 10-70 玉米丝线裂纹症状

十、发芽损伤（Sprout Damage）

试样量约 250 g。发芽或有发芽的迹象认为是损伤（如图 10-71）。注意萌芽延伸出胚芽区，不管它是否真正突破种皮都归属于发芽损伤。

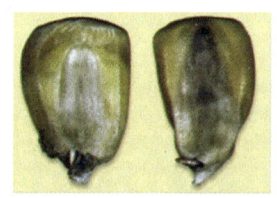

图 10-71 玉米发芽损伤症状

十一、表面霉斑(轻微)[Surface Mold (More Than Slight)]

试样量约 250 g。玉米粒表面含霉斑,等于或大于图 10 – 72 所示。

图 10 – 72 玉米表面霉斑症状

十二、表面霉菌(枯萎病)[Surface Mold (Blight)]

试样量约 250 g。玉米粒带有霉斑,因玉米枯萎病产生的霉斑看似只在表面,但实际上深入种皮下;玉米粒表面的一侧或两侧带有霉斑(枯萎病),等于或大于图 10 – 73 所示,视为损伤。注意不要与表面霉斑(轻微)混淆。如果玉米符合图 10 – 73,无须进一步检查。

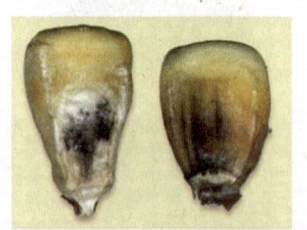

图 10 – 73 玉米表面霉菌症状

十三、洪涝损伤(Flood Damage)

美国食品药品管理局(FDA)认为洪水是不卫生的,谷物、油籽、饲料、饲料成分(包括酒糟)以及食物与洪水接触后不宜供人食用或用作动物饲料,除非进行加工处理(见图 10 – 74)。按照 FGIS – FDA 谅解备忘录,对于某些批次的谷物、大米、豆类或食品是"采取行动"的,FGIS 应按照食品、药品和化妆品法向 FDA 报告。

图 10-74 玉米洪涝损伤症状

10.5　美国大米品质检验图谱

一、不可接受的种子（Objectionable Seed）

酿酒大米试样量不得少于 25 g，其他大米不得少于 500 g。大米和稗草（*Echinochloa crusgalli*，通常称为稗 Barnyard grass，水草 Water grass 和 粟 Japanese millet）之外整粒或破损的种子（如图 10-75）。注意不包括所有的种子。

图 10-75　大米中不可接受的种子图谱

二、可接受的种子（Non-objectionable Seed）

酿酒大米试样量不少于 25 g，其他大米不少于 500 g（见图 10-76）。稗草（*Echinochloa crusgalli*，通常指稗 Barnyard grass、水草 Water grass 和 粟 Japanese millet）破损种子的全部。

图 10 -76 大米中可接受的种子图谱

三、热损伤（Heat Damage）

试样量不少于 500 g。大米变色的程度和面积等于或大于图 10 -77 所示。图 10 - 77 从左到右显示：A 为最低程度的变色；B 为胚芽部分变色的最小面积。大米其他部分的变色面积可以此作参照。

图 10 -77 大米热损伤症状

四、受热损伤（染色）[Damage by Heat (Stain)]

试样量约需 25 g。大米明显变色，其程度达到图 10 -78 所示的最低要求，变色面积无最小要求。非半熟米中出现任何半熟米视为损伤。

图 10 -78 大米受热损伤症状

五、轻微变色（非损伤）[Light Stained (Not Damage)]

试样量约需 25 g。整粒或破碎大米不认为损坏，但有轻微变色（染色），在米粒上部变色程度等于或大于图 10 -79 所示，无最低面积的要求。

图 10 -79 从左到右显示：A 为轻微变色的大米；B 为没有变色的大米。

出证示例：本批大米含____% 的轻微变色米粒；轻微变色大米不视为损伤粒，因此不计入损伤结果。

图10-79 轻微变色大米

六、发霉或虫蛀损伤（Pecky Kernel Damage）

试样量约需25 g。大米因昆虫或其他原因损伤。从左到右显示：如果颜色程度等于或大于图10-80所示，认为大米明显受损；如果受损面积等于或大于图10-80所示，认为大米明显受损。图示中显示霉菌斑点。

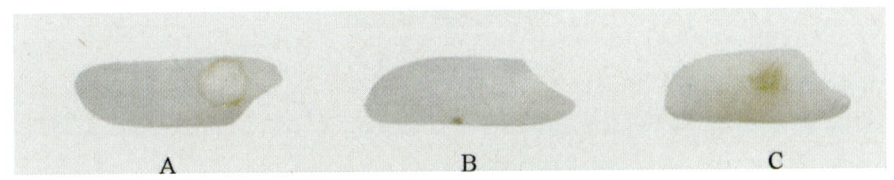

图10-80 大米发霉损伤症状

七、水、染色、发霉或虫蛀损伤（糯米）[Water, Stain & Peck Damage (Glutinous Rice)]

试样量约需25 g。整粒或破碎大米因水、昆虫或其他因素引起的可察觉的变色应视为损伤。图10-81从左到右显示：一个水斑（环形）、一个污点和一个虫孔。

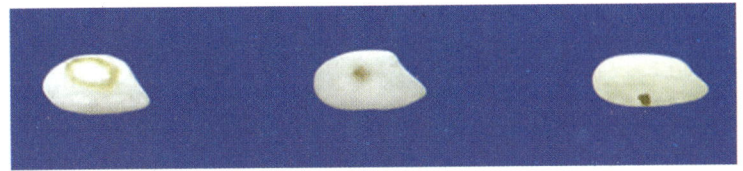

图10-81 大米变色损伤症状

八、黑粉病损伤（Smut Damage）

试样量约需25 g。糙米感染黑粉病等于或大于图10-82所示被认为损伤。当必须确定"黑粉病损害"等级时，应用上述描述确定"明显受黑粉病侵染"的大米百分比。

图 10 -82　大米黑粉病损伤症状

九、大米色泽

（一）奶油色（Creamy）

根据美国一级大米标准，糙米必须呈现白色或奶油色（如图 10 -83）。

图 10 -83　奶油色大米

（二）深灰色（Dark Gray）

深灰色糙米，其等级不高于美国五级大米（如图 10 -84）。

图 10 -84　深灰色大米

（三）灰色（Gray）

灰色糙米，其等级不高于美国四级大米（如图 10 -85）。

图 10 -85　灰色大米

(四) 浅灰色 (Light Gray)

浅灰色糙米,其等级不高于美国三级大米(如图10-86)。

图10-86 浅灰色大米

(五) 玫瑰色 (Rosy)

玫瑰色糙米,其等级不高于美国五级大米(如图10-87)。

图10-87 玫瑰色大米

(六) 略带灰色 (Slightly Gray)

略带灰色糙米,其等级不高于美国二级大米(如图10-88)。

图10-88 略带灰色大米

(七) 略带玫瑰色 (Slightly Rosy)

糙米略带玫瑰色,其等级不高于美国第二等级(如图10-89)。

图10-89 略带玫瑰色大米

(八) 白色 (White)

根据美国一级大米定义,糙米必须呈现白色或奶白色(见图10-90)。

图 10-90　白色大米

（九）特精研大米（Hard Milled）

糙米外观不符合图 10-91 所示最低加工精度要求，可认定为"精研"、"适度精研"或"普研"。根据图谱的描述，确定"精研"或"适度精研"。

图 10-91　特精研大米

（十）精研（Well Milled）

糙米外观不符合图 10-92 所示的最低加工精度要求，可认定为"适度精研"或"普研"。根据图谱的描述，确定为"适度精研"。

图 10-92　精研大米

（十一）适度精研（Reasonably Well Milled）

糙米外观不符合图 10-93 所示的最低加工精度要求，则被认定为"普研"。

图 10-93　适度精研大米

参 考 文 献

[1] AOAC 920.175, General guidelines on sampling [S].
[2] AOAC 992.23, Crude protein in cereal grains and oilseeds generic combustion method [S].
[3] Baik B K, Ullrich S E. Barley for food: Characteristics, improvement, and renewed interest [J]. J. Cereal Sci, 2008 (48): 233-242.
[4] Caldwell D G, McCallum N, Shaw P P, et al. A structured mutant population for forward and reverse genetics in Barley [J]. Plant J., 2004 (40): 143-150.
[5] Canadian Grain Commission. Official grain grading guide [EB/OL]. http://www.grainscanada.gc.ca/.
[6] CNAS-CL26:2007, 检测和校准实验室能力认可准则在感官检验领域的应用说明 [Z].
[7] Food and Agriculture Organizaton (FAO) of the United Nations. FAOSTAT crop production and trade Web sites [EB/OL]. http://faostat.fao.org/.
[8] GB 10220—1988, 感官分析方法总论 [S].
[9] GB 1351—2008, 小麦 [S].
[10] GB 1352—2009, 大豆 [S].
[11] GB 1353—2009, 玉米 [S].
[12] GB 1354—2009, 大米 [S].
[13] GB 22504.1—2008, 粮油检验 粮食感官检验辅助图谱 第1部分:小麦 [S].
[14] GB 5490—2010, 粮油检验一般规则 [S].
[15] GB 5491—1985, 粮食、油料检验 扦样、分样法 [S].
[16] GB 5492—2008, 粮油检验 粮食油料的色泽、气味、口味鉴定 [S].
[17] GB 5493—2008, 粮油检验类型及互混检验 [S].
[18] GB 5494—2008, 粮油检验 粮食油料的杂质不完善粒检验 [S].
[19] GB 5497—1985, 粮食油料检验水分测定法 [S].
[20] GB 5498—1985, 粮食油料检验容重测定法 [S].
[21] GB 5499—2008, 粮油检验 带壳油料纯仁率检验法 [S].
[22] GB 5502—2008, 粮油检验 米类加工精度检验 [S].
[23] GB 5503—2009, 粮油检验 碎米检验法 [S].
[24] GB 5511—2008, 谷物和豆类 氮含量测定和粗蛋白质含量计算 凯氏法 [S].
[25] GB/T 10221—1998, 感官分析 术语 [S].

[26] GB/T 13868—2009,感官分析 建立感官分析实验室的一般导则 [S].
[27] GB/T 22505—2008,粮油检验 感官检验环境照明 [S].
[28] GB/T 22515,粮油名词术语 粮食、油料及其加工产品 [S].
[29] GB/T 4716—2008,啤酒大麦 [S].
[30] GB/T 5519—2008,谷物与豆类千粒重的测定 [S].
[31] Grain Inspection, Packers & Stockyards Administration. Grain inspection handbook—Soybeans [EB/OL]. http://www.gipsa.usda.gov/.
[32] Grain Trade Australian. Wheat standards 2010/11 Seson [EB/OL]. http://www.graintrade.org.au/.
[33] ISO 8589:2007,感官分析、实验室设计通用指南 [S].
[34] Newman C W, Newman R K. A brief history of barley foods. Cereal Foods World, 2006 (51):4-7.
[35] SN/T 0798—1999,进出口粮油、饲料检验名词术语 [S].
[36] SN/T 0799—1999,进出口粮油、饲料检验一般规则 [S].
[37] SN/T 0800.1—1999,进出口粮油、饲料检验抽样和制样方法 [S].
[38] SN/T 2088—2008,进境小麦、大麦检验检疫操作规程 [S].
[39] SN/T 2504—2010,进出口粮食检验检疫操作规程 [S].
[40] 边秀秀,李志兰,任红艳,等.我国大麦产业发展现状和遗传育种研究重点趋势分析 [J].生物技术进展,2012,2 (5):309-314.
[41] 陈茂彬.非酿造大麦的开发利用和加工技术研究 [J].粮食与饲料工业,1999 (10):49-50.
[42] 陈明贤,张国平.大麦的利用现状及前景探讨 [J].大麦与谷类科学,2010 (3):11-14.
[43] 陈明贤,张国平.全球大麦发展现状及中国大麦产业发展分析 [J].大麦与谷物科学,2010 (4):1-4.
[44] 陈萍,刘辉,华丽,等.进口大豆质量比较分析 [J].中国粮油学报,2010,25 (6):125-128.
[45] 程艳,李先德.中国与世界大麦主要出口国生产贸易的比较分析 [J].世界农业,2012,394 (2):23-29.
[46] 迟维念,于承东.进口散装大豆残损贬值要素分析 [J].检验检疫科学,2002,12 (4):36-37.
[47] 崔晓玲.中国玉米进口大幅增长不会重蹈大豆沦陷覆辙 [J].中国对外贸易,2012 (6):64-65.
[48] 戴景瑞,鄂立柱.我国玉米育种科技创新问题的几点思考 [J].玉米科学,2010,18 (1):1-5.
[49] 顾根宝,郭军,顾闽峰,等.越南水稻品种资源分类及其利用状况 [J].杂交

水稻，2004，19（1）：60-61．

[50] 顾尧臣．谷物取样和取样器［J］．食品与饲料工业，2008（10）：45-47．

[51] 顾尧臣．谷物取样和取样器（续前）［J］．食品与饲料工业，2008（11）：44-48．

[52] 郭清保．当前中国玉米产业发展现状及趋势［J］．农业展望，2008（6）：29-33．

[53] 国娜．粮油质量检验［M］．北京：化学工业出版社，2011．

[54] 韩萍，李海燕，侯长希，等．中国玉米生产30年回顾［J］．中国农学通报，2007，23（11）：202-206．

[55] 贾伟，杨艳涛，秦富．世界主要国家玉米贸易的现状及特征［J］．世界农业，2012，396（4）：35-41．

[56] 李静梅．小麦质量等级标准的比较研究［D］．北京：中国农业科学院研究生院，2005．

[57] 李明．世界玉米生产回顾和展望［J］．玉米科学，2010，18（3）：165-169．

[58] 李少昆，王崇桃．我国玉米产量变化及增产因素分析［J］．玉米科学，2008，16（4）：26-30．

[59] 李霞辉，王乐凯，廖辉，等．黑龙江省大豆与美国大豆质量比较［J］．中国粮油学报，2003，18（4）：26-29．

[60] 李新华，李泉木．我国玉米深加工产业的现状、存在问题及其解决对策［J］．沈阳农业大学学报，1999，30（2）：137-139．

[61] 林澄菲，张丽华．我国大麦种质资源主要品质性状分析［J］．山东农业科学，1991（1）：30-35．

[62] 刘春霞，王芳，郝庆升．中国玉米供求及贸易格局演变的分析［J］．当代生态农业，2011（2）：25-30．

[63] 刘新娇，李秋枫，余道坚，等．主要大豆贸易国品质检验方法之比较研究［J］．植物检疫，2012，26（5）：53-56．

[64] 刘宗慧，刘作华，钟正泽，等．不同加工方法对大麦饲用价值影响的研究［J］．饲料博览，2001（10）：4-7．

[65] 卢敏．大麦在食品中的应用与加工技术的研究［J］．粮食与饲料工业，1997（11）：40-41．

[66] 路立平，赵化春，赵娜，等．世界玉米产业现状及发展前景［J］．麦类文摘，2007（3）：31-33．

[67] 马雷．稻米与小麦质量标准的中外比较研究［D］．扬州：扬州大学，2005．

[68] 马兴林，屈宝香，王庆祥，等．中国玉米产业贸易现状与趋势［J］．中国农业资源与区划，2004，25（6）：40-45．

[69] 缪斌，张红，马松高．啤酒大麦生产现状与前景的探讨［J］．大麦与谷物科

学, 2006 (4): 8-9.

[70] 牛广财, 朱丹, 董静. 大麦深加工现状及其发展趋势 [J]. 农业科技与装备, 2011, 201 (3): 11-15.

[71] 潘良文, 邬宏. 进口美国小麦品质稳定性研究 [J]. 粮食与油脂, 1998 (4): 13-15.

[72] 任嘉嘉. 大麦食品加工及功能特性研究进展 [J]. 粮食加工, 2009 (4): 99-101.

[73] 孙辉, 吴尚军, 姜薇莉. 我国和美国、加拿大小麦质量标准体系的比较 [J]. 粮油食品科技, 2006, 6 (14): 14-15.

[74] 孙丽, 刘钟钦, 高国栋, 等. 中国玉米生产及贸易现状分析 [J]. 经济研究导刊, 2009, 42 (4): 174-175.

[75] 佟屏亚. 中国玉米生产形势和发展策略 [J]. 农业科技通讯, 2011 (9): 5-7.

[76] 王春玉, 蔡容, 祁春节. 澳大利亚小麦生产及贸易现状研究 [J]. 世界农业, 2007 (4): 33-35.

[77] 王积军. 我国小麦国际竞争力及发展对策研究 [D]. 北京: 中国农业大学, 2004.

[78] 王继峰, 赵小铭. 浅谈大豆外观品质对化学品质的影响 [J]. 黑龙江农业科学, 2006 (5): 23-24.

[79] 王江, 谷凤久, 景波, 等. 国内外玉米加工产业发展比较研究 [J]. 经济视角, 2007 (2): 32-34.

[80] 王立丰, 王振华, 邢东光, 等. 玉米加工的现状和趋势 [J]. 黑龙江农业科学, 2001 (2): 36-38.

[81] 王晓丽, 李伟. 浅谈粮食破损粒的形成原因及应对措施建议 [J]. 粮油加工, 2006 (11): 27-28.

[82] 王晓曦, 王修法, 温纪平, 等. 世界小麦产量及加工发展概况 [J]. 粮食加工, 2008, 33 (4): 11-13.

[83] 王永春, 刘洪霞, 赵伟, 等. 世界玉米产业发展形势分析 [J]. 经济研究导刊, 2011, 143 (33): 207-208.

[84] 王志坚. 谈国产大麦制麦工艺 [J]. 啤酒科技, 2001 (2): 24-25.

[85] 吴宏伟, 吴斌, 常亮. 玉米的种类及用途 [J]. 农资科技, 2004 (4): 44-45.

[86] 席志勇, 王凤花. 谷物品质无损检测方法的研究进展 [J]. 食品工业科技, 2012, 33 (15): 394-400.

[87] 邢勇. 国内粮食扦样装备现状及研发方向探讨 [J]. 粮食储藏, 2011, 40 (3): 53-56.

[88] 徐颖. 杜马斯燃烧法在进出口谷物和油料检测中的应用 [J]. 安徽农业科学, 2010, 38 (25): 14180 – 14181.

[89] 杨红旗, 路凤银, 郝仰坤, 等. 中国玉米产业现状与发展问题探讨 [J]. 中国农学通报, 2011, 27 (6): 368 – 373.

[90] 杨建明, 林峰, 尚毅, 等. 2009—2010 年大麦产业技术现状与发展趋势 [J]. 浙江农业学报, 2010, 22 (5): 683 – 688.

[91] 杨万风, 刘翔, 秦国勋, 等. 中美大豆检验检疫法规及标准比较研究 [J]. 植物检疫, 2010, 24 (1): 37 – 40.

[92] 杨子刚, 郭庆海. 世界玉米市场供求分析 [J]. 农业经济, 2011 (6): 80 – 82.

[93] 张伟. 我国玉米加工利用现状分析 [J]. 现代化农业, 2007, 340 (11): 19 – 21.

[94] 张春雷, 任艳军. 大豆种子外观品质的影响因素及对策 [J]. 农业与技术, 2004, 24 (1): 29 – 30.

[95] 张明生, 张彦平, 朱春海, 等. 食用大麦开发前景探讨 [J]. 大麦与谷物科学, 2008 (4): 59 – 60.

[96] 张引平, 曹景珍, 高林霞. 玉米加工利用现状也发展趋势 [J]. 农业技术与装备, 2010, 196 (8B): 9 – 10.

[97] 郑万里, 高志方, 张振民. 进境大豆中存在的检验检疫问题及控制对策 [J]. 植物检疫, 2006, 20 (1): 41 – 42.

[98] 钟永玲. 中国小麦贸易现状及前景展望 [J]. 中国食物与营养, 2011, 17 (12): 48 – 51.